Gabriel Heim
Wer sind Sie denn wirklich, Herr Gasbarra?

GABRIEL HEIM

WER SIND SIE DENN WIRKLICH, HERR GASBARRA?

Eine Vatersuche
auf zwei Kontinenten

Edition Raetia

Alles ist so merkwürdig –
oder sollte es so sein?

Claudia Junge geb. Gasbarra

Jeder Mensch hat ein Geheimnis,
manche ahnen es, andere nicht;
aber mitunter kann es geschehen,
dass es vor dich hintritt und dich anspricht.
Und du erschrickst …

Hans Sahl

*Für Doris, Livia und Claudia,
die auch meine Lebensgeschichte
mitgeschrieben haben*

Bei der Suche nach meinem Vater Felix Gasbarra habe ich in Brasilien einen Traum gefunden:

„Ich denke sehr oft an dich, in der letzten Zeit habe ich sogar wieder öfter von dir geträumt, das letzte Mal wartete ich auf dich im Abteil eines Zuges, der bald abgehen sollte, und war sehr unruhig, weil du nicht kamst. Schließlich, im letzten Moment, kamst du aber doch, in einem dunklen Anzug, und warst auffallend still, aber ich war doch sehr erleichtert und sagte: ‚Na, da bist du ja endlich.' Und dann weiß ich nur noch, dass wir und noch ein paar andere um die Ecke in einer südlichen Stadt bogen, über der ein knallblauer Himmel stand."

Sein Traum galt nicht mir. Ich durfte Gasbarra nie begegnen. Er hatte sich mir zeitlebens verborgen.

Seinen Namen hörte ich zum ersten Mal mit siebzehn von meiner Mutter Ilse. Von da an haben wir voneinander gewusst und aneinander gedacht. Er in seiner Beklemmung, dem unbekannten Sohn Antwort zu schulden, ich mit dem Verlangen, meine Herkunft zu ergründen. Doch den Vorhang des Schweigens, den meine Mutter zwischen ihre beiden Männer – den Geliebten und den Sohn – gezogen hatte, hielt uns Zeit seines Lebens voneinander ab. Später tauchte der Vater immer wieder in meinen Träumen auf. Na, da bist du ja endlich! Den Sohn an der Hand. Die so erträumte Zweisamkeit berührte mich, blieb in mir und wurde nach und nach zu meinem Bild des Vaters. Fünfunddreißig Jahre nach seinem Tod mache ich mich auf den Weg, um ihn, und durch ihn auch mich, zu entdecken.

Felix Gasbarra verstarb 1985 in Bozen. Ich stehe an seinem Grab – in einer südlichen Stadt – unter knallblauem Himmel. Es war meine erste Begegnung mit dem *babbo*.

Da bist du ja endlich!

Felix Gasbarra vor Burg Kampenn, etwa 1960

Felix Gasbarra lebte von 1945 bis zu seinem Tod in Bozen. Angekommen war er am 4. Mai 1945 mit der 88. Infanterie-Division der 5. US-Armee. Er gehörte als erfahrener Propagandamann und mehrsprachig Gebildeter zur Psychological Warfare Branch, zu der er im Juni 1944 per Zufall – oder einer Vorsehung folgend – gestoßen war. Gasbarra trug eine britische Uniform ohne Rangabzeichen, was kein Manko war, denn schon wenige Tage nach Ende des Krieges wurde er zum Oberzensor von Presse und Funk der Provinz Bozen ernannt. Schon bald nach seiner Ankunft hielt er Ausschau nach der Verwirklichung eines Lebenstraums, ein Anwesen mit weitem Blick im Rund der Gipfel und Bergzinnen.

Im Sommer 1946 war es so weit. Felix Gasbarra zog gemeinsam mit seiner Frau, der Berliner Malerin Doris Homann, und der gemeinsamen Tochter Claudia in die unter glücklichen Umständen erworbene Burg Kampenn über Bozen. Ob die Wahl eine Weltflucht war oder ein Neuanfang werden sollte, bleibt unbestimmt. Doch da ihn Doris und Claudia schon wenige Jahre darauf verließen, wurde es nach bewegten Jahrzehnten ein Ort des Rückzugs. Er fand als Burgherr von Kampenn eine Bestimmung, die er schon zeitlebens in sich getragen haben mag, denn in seiner Beschreibung der Burg Kampenn waren sie eins: „Es scheint ihr Schicksal zu sein, immer wieder in Vergessenheit zu geraten und immer wieder neu entdeckt zu werden. Die wenigsten kennen Kampenn, nur selten verirrt sich ein Wanderer hinauf. Es liegt eine verwunschene Stille über ihr wie eine Tarnkappe" – so auch über Felix Gasbarra.

Die stilvolle, mit Fresken des sagenumwobenen Zwergenkönigs Laurin bemalte Hotelbar im Zentrum von Bozen ist mein Treffpunkt mit Elisabeth Pohl, die Anfang der Siebzigerjahre Burg Kampenn von meinem Vater erworben hat. „Ein äußerst zuvorkommender und kultivierter Herr war der Dottore Gasbarra – schade, dass Sie ihn nicht kennenlernen durften, sehr bedauerlich für Sie. Wir haben die Burg sehr gerne von ihm erworben, mit allem Mobiliar. Vieles davon hat er selbst getischlert – Stühle, Konsolen, Regale –, sogar das gedrechselte Himmelbett. Er war ein guter Handwerker und dabei so gescheit und belesen." Frau Pohl schwärmt vom Dottore, der sich beim Verkauf eine kleine Wohnung im Erdgeschoss der Burg ausbedungen hatte; dort sollte er seine Sommermonate verbringen, bis er in das Blindenheim Bozen-Gries umziehen musste. Frau Pohls warme, vom Tiroler Dialekt gefärbte Stimme entwirft mir ein erstes Bild, wenn auch das des stark gealterten und gebrechlichen Gasbarra. Ich habe die wenigen Fotos von ihm mitgebracht, die ich nach dem Tod meiner Mutter in einem Schuhkarton gefunden hatte. Frau Pohl erkennt ihn sogleich wieder, wie er da schalkhaft im Einmanntor steht. Er lacht, er posiert, er stellt sich hin; für meine Mutter, die ihn von 1948 an oft auf Kampenn besucht haben muss, als er dort – von seiner Familie verlassen – allein hauste. „Wollen Sie uns nicht droben besuchen, sich die Burg ansehen, morgen Nachmittag zur Marende kommen?" Gerne will ich das und vermute, dass die Gastgeberin sich von mir einige Geschichten aus dem Leben des Dottore erhofft, denn ich spüre, dass auch ihr das Vorleben dieses Mannes, der 1945 hier auftauchte, ein Rätsel war.

Die Straße den Kohlerer Berg hinauf ist eng und kurvig. Als Felix, Doris und Claudia einzogen, hatte Kampenn noch keine Zufahrt. Hinauf führte ein steiler Fußweg. Ich betrete Burghof, Palas, Bergfried, Söller, tiefe Keller, den Rittersaal und auch die Kapelle, in der Gasbarras Schreinerei untergebracht war, und Räume mit Kassetten- oder Balkendecken, mächtigen Kachelöfen und Erkern mit Weitblick. Am Horizont leuchtet König Laurins Rosengarten in der untergehenden Sonne. Im Tal erstreckt sich die Stadt mit ihren angehenden Lichtern und Autokolonnen. In den Nischen der vielen Treppenaufgänge sehe ich Fresken von heiligen Frauen und weiter oben Glasmalereien mit Fabelwesen und verschlungenen Ornamenten. Bei meinem ersten Besuch habe ich diese Hinterlassenschaften von Doris Homann im Gemäuer kaum beachtet, sie war mir damals noch eine Unbekannte. Bei meinem ersten Besuch interessierten mich Gasbarras Tischlerarbeiten – besonders das breite Himmelbett. Ich stand staunend davor und versuchte mich in die kalte Winternacht des Jahres 1950 zu denken, in der ich möglicherweise darin gezeugt worden war. Diese Fantasie begleitet mich seither.

Viel Neues vom Dottore Gasbarra hatte ich nicht zu erzählen. Ich hatte kein Vaterbild. Dass er ein Theatermann war, lange in Berlin und Rom lebte und arbeitete und sich nach dem Krieg als Autor von Hörspielen einen Namen machte, wusste ich – viel mehr aber auch nicht. Die Erinnerungen an sein Leben hatte er sorgsam gehütet – auch hinter diesem mächtigen Mauerwerk. Ob er denn bei seinem Tod eine Bibliothek, ein Archiv, Korrespondenzen, Fotoalben, Objekte hinterlassen habe? Irgendwo müsste es doch Hinweise auf ihn geben, versuche ich in Erfahrung zu bringen. „Nein, ganz und gar nichts", wiegt Frau Pohl verneinend den Kopf. „Was da war, hat er wegschaffen lassen. Der alte Thaler, unser Faktotum, hat das für ihn erledigt – verbrannt und auf den Müll geworfen. Das war sozusagen sein letzter Wunsch. Ein Passbild aber habe den Scheiterhaufen unbemerkt überlebt." Der Sohn von Frau Pohl, Peter Masten, der auf Kampenn lebt, steht auf und kramt in einer kleinen Schatulle. Zum ersten Mal blicke ich auf meinen Vater im Alter von etwa vierzig Jahren. Ich war einen kleinen Schritt vorangekommen. Magari, vielleicht?

Gasbarra hat sein Leben besenrein hinterlassen. Was es seither zu sammeln gab, begann ich zusammenzutragen. Doch mehr als das Gerüst seines Lebens hat sich nicht ergeben, ergänzt um das Wenige, das mir meine Mutter vor ihrem Tod im Jahr 1999 weitergegeben hat: „Gasbarra war die Liebe meines Lebens. Er hatte drei Töchter. Alle sind in Berlin zur Welt gekommen, Victoria, die wenige Tage nach der Geburt verstarb, Livia 1926, und zuletzt Claudia 1932. Die kleine Claudia hatte ich mir damals kurz nach ihrer Geburt in Doris' Wohnung Am

Kampenn, wie ich es bei meinem Besuch im Jahr 2012 zum ersten Mal gesehen habe

Friedrichshain angeschaut. Ich war damals sehr neidisch auf die Frau, die ein Kind von ihm geboren hatte. So eines wollte ich auch. Das bist dann du geworden. Doch Vater zu sein hat Gasbarra kaum interessiert. Als überzeugter Kommunist lehnte er die bürgerliche Familie strikt ab. Er war ein Verfechter der freien Liebe, dafür war ich ihm die Richtige! Als die Nazis an die Macht kamen, bin ich als jüdische Schauspielerin raus aus Deutschland.

Die Gasbarras haben die Stadt etwa zur selben Zeit verlassen. Zunächst Doris mit den beiden Mädchen, kurz darauf auch er. Später haben die Gasbarras zunächst in Rom und dann in Frascati gelebt, wo sie ein kleines Landgut gekauft hatten. Nach dem Krieg ist zunächst Livia und zwei Jahre darauf auch Doris mit der jüngeren Tochter Claudia nach Brasilien ausgewandert. Er ging nicht mit. Ich wusste immer, wo Gasbarra gerade war. Wir haben uns geschrieben und, wenn immer möglich, auch getroffen. Wir haben uns geliebt. Ich wollte ein Kind von ihm."

Ein einziges Mal habe ich versucht, Felix Gasbarra das Bekenntnis seiner Vaterschaft abzutrotzen. Er hat mir nur drei Zeilen geschrieben. Seine eigentliche Antwort erhielt Ilse, die mir gegenüber seinen Brief zur „Sache mit G." nie erwähnte. Erst nach dem Tod der beiden Verschworenen finde ich den Brief bei meiner Mutter und mich darin als G. Meinen Namen vermochte der feine Herr G. darin nicht zu benennen.

Castello di Campegno
10. November 1977

Nun zu der Sache mit G., die mich sehr beschäftigt. Er hat mir, wie von Dir angekündigt, einen langen Brief geschrieben, der zielsicher auf die Frage zusteuert, wo seine geistige Herkunft liegt. Aus allem spricht die eigentlich schon gewonnene Überzeugung, in mir den Richtigen gefunden zu haben, wofür er nur noch die Bestätigung haben möchte. Nun gibt es nichts Schlimmeres, als jemanden in seinen Instinkten unsicher zu machen.

Er verdiente eine klare Antwort. Ohne auf seine vielen Fragen einzugehen, habe ich ihm für sein Vertrauen gedankt, von dem ich nicht wüsste, ob ich es würde rechtfertigen können, und ihn herzlich gegrüßt. Mehr konnte ich nicht tun. Aber es ist bei mir ein bitterer Nachgeschmack. Wahrlich fast ein „Kreidekreis-Fall", in dem die Gefühle zurücktreten müssen, um das Kind vor Schaden zu bewahren. So viel, damit Du im Bilde bist.

Lass Dich umarmen in alter Zuneigung und Verbundenheit von Deinem alten Gas.

Was blieb mir anderes übrig, wollte ich dem Tarnkappenvater ins Gesicht schauen, als meine beiden Halbschwestern in Brasilien ausfindig zu machen, um dort zu erforschen, was Gasbarra zur Seite geschafft und meine Mutter als dessen Komplizin verheimlicht hatte? Doch nach welchen Namen sollte ich in diesem riesigen Land suchen? Lebten sie überhaupt noch? In Brasilien gibt es viele ausgewanderte Italiener mit dem Namen Gasbarra. So musste ich nach einer Zeit die Suche nach der Stecknadel im Heuhaufen wieder aufgeben. Felix Gasbarra hatte es mit der Hilfe meiner Mutter geschafft, mir für immer zu entschwinden. Ich beschimpfte ihn am Bozner Grab für seine Feigheit, und meiner Mutter, die weit über seinen Tod hinaus dichtgehalten hatte, schickte ich unflätige Worte hinterher.

Ein Jahr nach meinem ersten Besuch auf Burg Kampenn legte ich die Vatersuche endgültig – wie ich dachte – ad acta, auch wenn mir die „Sache mit G." keine Ruhe ließ. Was ich nicht ahnen konnte: Jenseits des Atlantiks gab es mich als Gerücht einer unerledigten Familiengeschichte. Die beiden nun schon betagten Schwestern Livia und Claudia lebten seit Jahrzehnten mit der Vermutung, dass ihr Vater nochmals ein Kind gezeugt hatte. Ihre Mutter Doris, sie war 1974 in Rio de Janeiro verstorben, hatte dazu geschwiegen – auch wenn sie mehr gewusst haben mag. Das alles war weit weg und lange her. Für den verbleibenden Rest des Lebens war es mittlerweile unerheblich geworden, ob Halbbruder oder nicht.

Dennoch, im Frühsommer 2019 trifft auf Facebook eine kurze Anfrage ein: „Kann es sein, dass Sie der Halbbruder meiner Mutter Claudia Junge, geborene Gasbarra, sind?" Absender ist Claudias Sohn Mark.

Sechs Monate nach diesem Lebenszeichen aus der anderen Welt sitze ich in einem Überlandbus, der mich von São Paulo zu meiner Halbschwester Claudia nach Campinas-Sousas bringt. Es ist ein berührendes Wiedersehen zweier miteinander Verbundener, doch Fremder; Claudia siebenundachtzig, ich neunundsechzig. Und noch eine Entdeckung: In ihrem Landhaus wartet eine verschollene Fundgrube auf mich: die Lebensgeschichten von Felix Gasbarra und Doris Homann, die in einer mächtigen Seekiste ruhen. Ich bleibe drei Wochen – nachts in der Kiste wühlend, tags in der Lebenserzählung meiner so wunderbar gewonnenen Schwester Claudia gefangen.

Das Geheimnis um Gabriel hatten unser gemeinsamer Vater und seine Geliebte nie preisgegeben und bei den Gasbarra-Frauen gab es mich nur als ein Vielleicht. In den zweihundertvierzig Schreibmaschinenseiten der Lebenserinnerungen von Doris Homann, die in der Kiste überdauert haben, taucht ein Gabriel nicht auf. Ich war den Gasbarra-Frauen letztlich so verborgen gewesen wie mein Vater mir.

Das unscharfe Trugbild des Mannes, von dem ich kaum mehr weiß, als dass er mein Vater ist, beginnt sich im Herbst 2019 zu entpuppen. In Sousas habe ich den Anfang gemacht, Fäden in sein Leben zu spinnen. Fäden, die nun auch in mir verstrickt sind und nicht mehr gelöst werden können. Er hatte viel unternommen, um es zu verhindern, doch nun ist Felix Gasbarra ohne Gegenwehr. Seine ironische Lebensweisheit, mit der er die Missgeschicke anderer – frei nach Molière – so süffisant bedachte: „Tu l'as voulu, George Dandin!", fällt nun auf ihn zurück.

An Erwin Piscator
Dramatic Art School
New York – USA

13. Januar 1948

Mein lieber Erwin –

Meine Frau und jüngste Tochter verlassen mich nun tatsächlich, um von Genua aus nach Brasilien auszuwandern. Das wäre an und für sich nicht so tragisch, wenn es eine zeitweilige Trennung wäre, nach deren Ablauf ich dann nachkommen würde. Aber es sieht, von Seiten meiner Frau, sehr rasch nach einer endgültigen aus, ganz abgesehen davon, dass heute eigentlich jede Trennung eine endgültige bedeutet. Es ist ja sonderbar, Alter, Dir ist Hilde mit einem anderen Kerl davongelaufen und mir läuft meine Frau einfach in die Welt hinaus davon. Jedenfalls das Fazit ist, dass ich hier allein zurückbleibe und zusehen muss, wie ich mir nun den Rest des Lebens einrichten kann. Großer Gott, was braucht schon ein einzelner Mensch, ein paar Kartoffeln, eine Handvoll Reis, ein bisschen Gemüse und etwas Milch und ein Ei.

Bitte gib Nachricht, wenn Dich dieser Brief erreichen sollte. Adresse: Schloss Kampenn bei Bozen, Italien. Sei gegrüßt von Deinem alten
Felix

Claudia erinnert sich an die letzten gemeinsamen Tage von Felix und Doris:

„Den 14. April 1948, den Tag vor ihrer Abreise, verbringt meine Mutter in großer Unruhe. Es ist ein windiger, fast schon stürmischer Frühlingstag im Tal der Etsch. Über den Latemar fliegen die Wolken und erst gegen Ende des Nachmittags beleuchten eilige Sonnenflecken den Felssporn des Kohlerer-Bergs, aus dem Kampenn mächtig emporragt. Felix macht sich – um der Unrast zu entgehen – in der kleinen Kapelle, die er mit Bandsäge und Hobelbank ausgestattet hat, an einem Fensterladen zu schaffen. Morsche Teile nachbauen und einpassen. Als gelernter Tischler kann er das."

Gelassen ist er nicht, obwohl in den vergangenen fünfzehn Jahren Abreisen, Trennungen und Neubeginn den Takt seines Lebens geschlagen haben: Berlin, Zürich, Rom, Frascati und seit drei Jahren Bozen. Distanzen und Dissonanzen, die er vor und auch während des Krieges mit Geschick und Kalkül leichtfüßig zu meistern wusste. Dass ihn Doris nach mehr als fünfundzwanzig gemeinsam durchlebten Jahren nun verlässt, ist ein Schlag, den er sich nicht zugestehen will. Er hobelt und sägt.

Am Tag zuvor hat eine Mailänder Spedition siebzehn Holzkisten, die Felix für die Überseefracht gezimmert hatte, abgeholt. Doris' Malatelier im zweiten Stockwerk des Burg-Palas, wo sie sich im Sommer 1945 nach ihrer Ankunft aus Rom eingerichtet hat, steht nun leer. Etwa sechzig Leinwände, groß- und kleinformatige, bemalte, grundierte und rohe, hat sie in den vergangenen Wochen reisefertig gemacht, dann die schwere Staffelei zerlegt und schließlich die unzähligen Tuben, Töpfe, Spachtel und Pinsel bruchsicher verpackt. Sie nimmt Abschied. Auch die sechs Kleiderkoffer sind abgeholt. Bleibt unter dem Kreuzbogen des Innenhofs nur noch, was auf der Bahnfahrt nach Genua im Coupé verstaut werden kann. Einen Monat lang hatte Doris geräumt, Brauchbares von Sentimentalem getrennt und die ihr nützlichen Kleinteile des gemeinsam gelebten Hausrats für den Umzug bereitgelegt. Die breite Bettcouch, die den Weg vom Berliner Friedrichshain – mit vielen Zwischenstationen – bis hierher mitgemacht hatte, lässt sie leichten Herzens zurück.

In ihrem fünfzigsten Jahr wird sie ein neues Leben beginnen. Den klappbaren Dantestuhl aus Rom hingegen und die von ihr mit verschlungenen Ornamenten kräftig bemalte Kommode hätte sie gerne mitgenommen. Doch darum gab es Streit – ‚Plünderung' und hässlicher. Ein wenig verschämt hat auch Felix eine Kiste vollgepackt. Vielleicht komme er doch eines Tages nach, und falls nicht, so hätten die Töchter immerhin einige Erinnerungen an ihren Vater in Griffnähe. Doris sieht Ballast auf sich zukommen: „Lauter unnützes Zeug packst du da ein, erwarte nicht, dass ich mich damit später herumschlage!" Viele Jahre später – erinnert sich Claudia – wünscht Felix den hastig verfrachteten „Ahnenkram" inständig zurück.

Und tatsächlich, das mit Intarsien belegte Schlüsselkästchen seiner Großmutter, der Stahlstich des kalabrischen Urahns Conte Georgius Basta und manch ein

Kelch aus Böhmischem Kristall wird Jahrzehnte später auf die Burg zurückkehren, wo ihnen je nach Bedeutung ein Winkel oder eine Nische im noch letzten von Felix bewohnten Raum zugewiesen werden. Seine Schreibmaschine der Marke Senta oder der Papageienkäfig in Messing, aus dem Lora bis 1933 ihr „Rot-Front" aus der Wohnung seiner Mutter in die Berliner Yorckstraße krächzte, sind verloren gegangen. „Wir hatten in Brasilien andere Mühen zu bewältigen, als uns mit den Requisiten aus Felix Gasbarras Leben abzuplagen!"

Der Willys-Jeep aus U.S.-Army-Beständen, der auf Bestellung von Livia mitgebracht werden soll, ist längst mithilfe eines Bankkredits gekauft. Livia, die von ihrem Ehemann mit dem kleinen Sohn Fabrizio sitzen gelassen wurde und auf der Fazenda Araponga am Rand des Mato Grosso als Verwalterin für einen ägyptischen Gutsbesitzer arbeitet, braucht für ihre Fahrten auf den unwegsamen Terrains der Plantage ein robustes Fahrzeug, das Doris nach zähen Verhandlungen mit der Zollbehörde als unerlässliches Umzugsgut einschiffen lassen kann. Nun wartet der Willys in Genua darauf, zusammen mit den Seekisten und Koffern an Bord gehievt zu werden.

Was Flucht war, wurde Auswanderung.

Den Augenblick des letzten Adieus hat auch Doris festgehalten:

Der Abschied wurde uns allen sehr schwer, aber was half es – es musste sein. Das Schicksal wollte es so. Auf dem Bahnhof sagte Gasbarra ganz weich zu mir: „Fahre doch nicht, bleib hier." Ich sah ihn erstaunt an: „Jetzt ist es zu spät, ich muss fahren." Ich saß auf meinem kleinen Stühlchen, was ich mir zum Arbeiten in der Landwirtschaft gekauft hatte, und wartete auf den Zug, der auch bald angebraust kam. Noch mal eine letzte Umarmung. Wir stiegen ein.

Wir winkten und Gasbarra und Bozen verschwanden aus unserem Blickfeld. Es war das letzte Mal. Ich schreibe das im Juli 1965 auf. Damals war es der 15. April 1948.

Die Lebenserinnerungen von Doris, denen sie den Titel *Die Quelle* gab, umfassen zweihundertvierzig eng getippte Blätter. Mehrmals hatte sie Anlauf genommen, ihr bewegtes Leben niederzuschreiben. Was von ihren vielen Versuchen erhalten ist, lässt sich nach Jahrzehnten nur mühsam zusammenfügen. Zunächst Livia, die kurz vor meiner Ankunft in Brasilien verstorben ist, dann Claudia allein und zuletzt wir beide gemeinsam haben den Versuch unternommen, die lückenhaften und mehrfach überarbeiteten Fragmente zu ordnen, zu fügen und leserlich zu machen. Immer wieder findet sich ein Blatt, ein Brief, ein Gedanke, der scheinbar Gesichertes infrage stellt. Spuren verlieren sich wieder, Fährten führen ins Leere und mancher Gedanke bricht plötzlich ab. Einzelne Blätter bleiben unauffindbar, ganze Episoden fehlen, als ob sie beiseitegeschafft worden wären. Doris' Memoirenprojekt ist zu keinem Ende gekommen. Nach ihrem Tod im Jahr 1974 bewahrt die letzte noch in Sousas erhaltene Auswandererkiste das unvollendete und doch so reiche Vermächtnis ihres Lebens.

Daraus die Herkunft von Felix Gasbarra:

Die Familie Felix Gasbarras stammte mütterlicherseits aus Bremen. Hermine, seine Mutter, war eine geborene Gravenhorst. Die Großmutter wurde, da sie eine Waise war und kein Geld hatte, konvenient mit einem zu Geld gekommenen Lotterie-Einnehmer verheiratet, der später als Generalvertreter des französischen Christofle-Silbers in Berlin residierte. Ein Vetter der Großmutter, ein Upmann, war als „Mauvais Sujet" nach Kuba abgeschoben worden. Er machte dort sein großes Glück, denn er begründete in Havanna eine Zigarrenfabrik, die in der ganzen Welt berühmt wurde. Jeder feine Herr steckte sich nach dem Essen eine Upmann an!

Hermine war in ihrer Jugend eine bekannte Sängerin gewesen, Mitglied der königlichen Opern von Berlin und Rom. Laura, wie sie sich fortan nannte, war klein von Wuchs, hatte aber einen eisernen Willen. Wer ihr nicht gefiel, der hatte nichts zu lachen. Sie ließ sich von einer vorgefassten Meinung nicht abbringen. Das war so und das blieb so: Basta! In mir witterte sie sofort die Nebenbuhlerin in der Liebe ihres einzigen Sohnes und so lehnte sie mich sofort mit den Worten ab: „Unanständig anständig!" Ich nannte sie den „Charakterkopf", weil ich mich scheute, ein härteres Wort zu gebrauchen.

Ich brachte nur Mädchen zur Welt und das passte meiner Schwiegermutter gar nicht. In ihrer Familie waren immer nur Söhne geboren worden. Kleine Mädchen zählten nicht viel. Der „Charakterkopf" hoffte auf ein zweites Enkelkind, das endlich den ersehnten Enkel bringen sollte. Und wieder war es ein Mädchen. Ich selbst empfand es als besondere Gnade, dass ich nur Mädchen bekam. Die würde ich schon richtig erziehen, schwor ich mir. Sie sollten an Intelligenz keinem Mann nachstehen und sie sollten zärtlich und in meinem Alter bei mir sein.

Der gasbarrasche Vater, der nie erwähnt wurde – und nicht Gasbarra hieß –, war ein adeliger Mann aus Kalabrien, dessen Geschlecht im 13. Jahrhundert aus

Der leibliche Vater:
Graf Enrico Basta

Griechenland eingewandert war. Er soll ein berühmter Redner des italienischen Parlaments gewesen sein. Der Italiener ist der geborene Liebhaber. Wie tief seine Liebe sitzt, ist eine andere Sache, doch die nordischen Mädchen sind rasch von „Amore" bezaubert. So erging das auch Laura Weil, geborene Gravenhorst aus Bremen, Sopranstimme am Teatro Dell'Opéra di Roma.

Die Geschichte seiner elterlichen Liebe erfuhr Gasbarra, als er achtzehn Jahre alt war und zu Besuch in Rom. Ich kann mir lebhaft vorstellen, mit welch großem Vergnügen sich seine Nenntante – „Zia Rita" – sich dieser heiklen Aufgabe widmete. Später wurde der Vater nie mehr erwähnt, sodass Gasbarra nur eine frauliche Erziehung genoss und das männliche Prinzip vollkommen in den Hintergrund geschoben wurde. Das erklärt vieles in seinem Charakter. Doch was sollte Laura mit dem kleinen Jungen machen? Der Vater des Jungen, ein Conte Enrico Basta, jagte längst wieder neuen Affären hinterher, also gab sie den kleinen Felix zu einer Amme in Pflege. Die hieß Marietta und war Personalköchin im königlichen Quirinal – eine echte Garibaldinerin.

Gleichzeitig mit ihrer Milch nährte sie den kleinen Felix auch mit ihrer republikanischen Gesinnung. Aber das hielt nicht lange an. Mit dem Alter kam die andere Blutmischung zum Vorschein.

Felix, der 1895 mit dem Namen Gasbarra ins Leben tritt, wird mit dieser von seiner Mutter durch Scheinheirat erworbenen Abstammung weder seine Herkunft noch seine Identität verbinden wollen. Dem wohlklingenden Namen Gasbarra, den er zeitlebens als Leihgabe eines ihm Unbekannten betrachtet, wird er mit Beginn der Zwanzigerjahre weitere Masken aufsetzen. Das Spiel mit der Camouflage beherrscht er virtuos. Mithilfe vieler fantasievoll arrangierter Pseudonyme beginnt er schon früh, eigene Spuren zu verwischen und Verwirrung zu stiften. Seinem Vornamen Felix hingegen wird er stets treu bleiben. So sehr, dass er den beiden von ihm nie anerkannten Söhnen den zweiten Vornamen Felix gab. Mir selbst, Jahrgang 1950, und dem 1960 in Bozen geborenen Sohn seiner damaligen Lebensgefährtin Elly.

Für unseren leiblichen Vater bleibt der Name Felix das einzige Kontinuum in einem Leben voller Mimikry und Verkleidungen, an dessen Beginn ein käuflicher Jemand namens Gasbarra mit Pass und Personalie Pate gestanden hat. Das herrschaftliche Standesbewusstsein, seine Arroganz, seine Autorität holt er sich aus seiner Blutsverwandtschaft mit dem Uradel der Grafen Basta, einem Geschlecht, das er über Jahrhunderte herzuleiten weiß, woran er offensichtlich Gefallen findet. Trotz seiner nie erfolgten Anerkennung als Spross des Conte Enrico Basta, der Mutter Laura, mit bürgerlichem Namen Hermine Weil, dem Separee und nicht der Loge zugedacht hatte, trachtet Felix mit zur Schau getragener Noblesse, mit dem

Hang zu gut sitzenden Uniformen und später auch mit seinem Castello immer danach, standesgemäß zu leben. 1958 wird sein treuester Weggefährte, der Theaterregisseur Erwin Piscator, darum gebeten, eine Sendereihe des Norddeutschen Rundfunks mit Hörspielen von Felix Gasbarra mit einigen Worten zur Person einzuleiten: „Über Felix Gasbarra etwas zu sagen, ist nicht leicht, besonders für jemanden, der alles und nichts über ihn weiß, weil er seit Jahrzehnten mit ihm befreundet ist. Immer hat Gasbarra etwas leicht Geheimnisvolles umgeben; immer hat seine Wirkung viel weiter gereicht, als sein Name bekannt war."

Als kleiner Junge wurde Gasbarra zu einer Amme gegeben, deren Mann dem Kleinen oft Wein zu trinken gab, damit das Gegreine aufhören sollte, denn es war ein schwächliches Kind, das der dicken Marietta an die Brust gelegt wurde. Erst ein großes Erdbeben im Jahr 1897 rührte das Herz der Mutter so sehr, dass sie das Kind zu sich nahm, um sich ihm mehr widmen zu können. Der Vater des „Charakterkopfs" war verstorben und Amöne Gravenhorst, wie die Großmutter hieß, kam nach Rom, um ihre Hermine nach Deutschland zu holen, denn sie fand es merkwürdig, dass die Tochter nicht selbst zurückkehren wollte.

Als Amöne den kleinen Jungen der gefeierten Laura dort vorfand, fiel sie aus allen Wolken. Da sie eine resolute, praktische Frau war, regelte sie die Angelegenheit und reiste mit ihrer Tochter und dem kleinen Felix über die Alpen zurück in die nördliche Heimat. Es wurden verschiedene Lösungen im Haushalt versucht, um glücklich zu leben. Doch da beide Frauen „Charakterköpfe" waren, wurde das Zusammenleben schwierig.

Ein Muttersohn in Samt und Seide: Felix um 1907

Manchmal half nur Lauras Flucht in ein Sanatorium, denn es war genügend Geld da, um sich das leisten zu können, um so auf das Ableben der alten, reichen Dame zu warten. Aber wie das ältere Leute so an sich haben: Sie lieben das Leben und ihren Komfort und denken gar nicht daran, den Jüngeren Platz zu machen, die danach bibbern, endlich mal selbst die Puppen tanzen zu lassen.

Für Laura war es nicht leicht, die Wünsche ihres eleganten Jungen zu erfüllen, denn Amöne führte Buch über die Ausgaben. Felix war es gewohnt, seidene Hemden zu tragen. Nur die teuersten Stiefel waren gut genug für ihn und die Anzüge wurden bei Hoffmann, dem elegantesten Berliner Herrenschneider, besorgt.

Doch sie hatte Grund, auf Felix stolz zu sein. Er war ein guter Schüler und sehr sprachbegabt. Zu den Ferien wurde er ins Ausland geschickt, um dort die jeweilige Sprache zu lernen. Einmal nach England, dann nach Frankreich, und später wurde ein Internat bei Lausanne ausgesucht, wo für den vornehmen Jüngling auch ein Reitpferd gehalten werden musste.

1912 schüttete Fortuna ihren Geldsegen über die Mutter und den Sohn aus. Die alte Amöne hatte endlich das Zeitliche hinter sich gebracht. Doch die Freude war nicht von Dauer. 1914 war man gerade in den Vorbereitungen, um die kalten Wintermonate in der milden Sonne Ägyptens zu verbringen, als der Erste Weltkrieg ausbrach. Aus der Traum! Sogleich wurde das ganze Vermögen von Felix und seiner Mutter beschlagnahmt, denn beide gehörten nun dem feindlichen Lager an, waren sie doch in Rom zu Italienern geworden. Das war das Ende der ganzen Herrlichkeit. Als das Vermögen vier Jahre später freigegeben wurde, war nur noch ein kläglicher Rest vorhanden.

Nach dem Ende ihrer Engagements in Rom im Jahr 1900 hatte Laura ein Engagement am Wallner-Theater, einer populären Berliner Bühne, angenommen. Das an der Jannowitzbrücke gelegene Haus war bekannt für Operetten, Volksstücke und zugkräftige Komödien, in denen die „Berliner Schnauze" nicht zu kurz kommen durfte.

Für Laura waren diese Spielpläne ein Abstieg aus den Höhen der Königlichen Opernhäuser, an denen die klein gewachsene, stimmmächtige Frau Ovationen hinnehmen durfte. Doch auch im *Wallner* hatte sie vermutlich weiterhin ein dankbares Publikum. Sie war nun jenseits der vierzig, was von ihr viel Durchsetzungskraft und Anstrengung forderte. Doch sie war zäh und kämpfte bis Ultimo um „ihre Auftritte". Viele Jahre später erinnert

Kurze Berliner Studienjahre: Gasbarra um 1914

sich Felix daran, dass im muffigen Foyer des Theaterbaus noch Anfang der Dreißigerjahre ein „leicht angegrautes" Bühnenfoto seiner Mutter hing.

Laura liebt ihren Sohn Felix abgöttisch. Keine Frau darf Blicke mit ihm wechseln, ohne dass sie dadurch in nagende Eifersucht verfällt. Sie versucht, ihm jeden Wunsch von den Augen abzulesen, und wo kein Wunsch ist, ist Hingabe. 1914 – rechtzeitig bei Ausbruch der deutschen Kriegseuphorie – hat Laura ihr Werk beinahe vollendet.

Felix fehlt es an nichts zum Sprung auf das hohe Parkett. Er ist wortgewandt, beherrscht drei Sprachen, ist exquisit – beinahe dandyhaft – gekleidet und weltläufig. Obwohl sein Wuchs die hundertsiebzig Zentimeter nicht übertrifft, erweckt er mit seinem schmalen, länglich gewachsenen Kopf den Eindruck von gut gelungener Statur. Das volle Haar von südländischem Glanz, die hohe Stirn, die sich eindrucksvoll bis zu den Klippen des Jochbogens zieht, die lang gezogenen Brauen und die kastanienbraunen Augen, das vermittelt Willensstärke und Temperament; im Kontrast dazu seine vollen, beinahe feminin gezeichneten Lippen, die schon der heranwachsende Felix spöttisch zu den Mundwinkeln hinzieht. Ein Ausdruck, der ihm anhaften wird und der dem strengen, prüfenden Blick einen Hauch Ironie beimengt. Diesen Auftritt erinnern später viele Weggefährten als herablassend, andere hingegen als umwerfend.

Felix wirkt. Laura ist entzückt. Und nicht nur sie. Die auffallende Melange aus südlichem Ungestüm und nördlicher Zurückhaltung beeindruckt. Forsch komme er daher, kühn, meinen die Damen in ihrem Frauenkränzchen. Von wem sie denn diesen jungen Mann habe? Dazu eisernes Schweigen, doch ein bisschen Adel sei beigemischt.

Mutter und Sohn schlingern durch die Kriegsjahre. Es fehlt an allem. Möglich, dass der in den guten Jahren angeschaffte Hausrat nach und nach in die Pfandleihanstalt wandert, wodurch der Anschein der gehobenen Bürgerlichkeit allmählich hinter dem Lebensnotwendigen des Kriegsalltags verblasst. Mutter und Sohn leben gemeinsam in der vierten Etage eines bürgerlich bewohnten Mietshauses in der Berliner Yorckstraße. Diese für beide schweren Jahre formen aus Mutter und Sohn eine unverbrüchliche Schicksalsgemeinschaft.

Für Felix war Laura die einzige Frau in seinem Leben, der er hingebungsvoll völlig vertraute. Nur sie verstand ihn. Nur sie sah ihm alles nach.

Felix, der sich sein ganzes Leben lang den Titel Herr Doktor oder, in Italien wohlklingender, Dottore Gasbarra mit einem milden Lächeln gefallen lassen wird, muss seinem Studium – mal Juristerei, mal Philosophie – an der Friedrich-Willhelm-Universität Adieu sagen. Um seine Mutter und sich durch die schweren Jahre zu bringen, ist er gezwungen, Arbeit zu finden. In den ersten zwei – vergleichsweise erträglichen – Kriegsjahren lässt sich für Laura noch leidlich Geld mit Gesangsunterricht verdienen, doch mit der dann folgenden rasanten Verarmung ihrer Klientel versiegt auch diese Quelle. Was tun? Felix muss in die Hände spucken. Auch wenn er dies nie ernstlich in Erwägung gezogen hat, weiß er längst, dass neben seinen anderen Gaben auch die handwerklichen Fähigkeiten taugen. Damit ließe sich für Mutter und Sohn ein wenn auch bescheidener Lebensunterhalt sichern, wird er sich gedacht haben.

Und so tritt Felix Gasbarra mitten im Krieg eine Tischlerlehre an. Die Stadt ist ohne Männer. Entweder sie stehen noch an der Front oder sie kehren von dort nie mehr zurück. Handwerker sind rar. Jungen, gesunden Kerlen begegnen die Berliner selten auf der Straße. Da wird doch ein geschickter Tischler sein Brot verdienen können! Felix entdeckt beim Bau von Stühlen, Tischen, Betten nun auch seinen Sinn für die gute Form, der ihm ein Leben lang an der Hobelbank Freude machen wird und so ausgeprägt ist, dass ihm 1930 die Leitung der Möbelwerkstätten am Bauhaus in Dessau angetragen werden wird. Doch zunächst bricht der belesene, vielsprachige und von der Mutter vergötterte Felix jeden Morgen zu seinem Meister nach dem Berliner Proletarierbezirk Wedding auf.

Die erste Wandlung: Tischler

Das behütete Leben der ersten zwanzig Jahre wird nun abgehobelt. Felix lernt Genossen kennen und wird einer von ihnen. Er hört Rosa Luxemburg, sieht Karl Liebknecht und begeistert sich für den „Spartakus". Er wird im Januar 1919 Zeuge des gleichnamigen Aufstands, nicht an vorderster Front, doch ganz bei der Sache, die nun auch die seine werden wird: Klassenkampf und Revolution. Der rhetorisch begabte, scharf argumentierende und akademisch geschulte Tischler macht bald von sich reden. Schon öffnen sich ihm Türen, hinter denen nächtelang debattiert und agitiert wird. Immer öfter zieht er – mal Jakobiner, mal dichtender Tischler – mit seinen neuen Freunden, den Genossen, durch die Kaschemmen und Künstlerkneipen Berlins. Sein liebstes Werkzeug wird nun die Schreibmaschine.

Felix Gasbarra redigiert, schreibt und polemisiert – wie hier in einem später in der satirischen Berliner Zeitschrift *Der Knüppel* erschienenen Text:

> Der Zimmermann geht selten allein, gewöhnlich tritt er in Rudeln auf. Denn wie soll auch ein einzelner Zimmermann ein Zimmer machen? Wenn er bei der einen Ecke beginnt, fällt ihm inzwischen die andere ein. Also muss ein zweiter zur Stelle sein und den Balken halten, damit er sehen kann, wo der Zimmermann das Loch gelassen hat.
>
> Auch der zweite arbeitet mit dem kragenlosen Hemd, in den weiten Flatterhosen, trägt nach Feierabend den Zylinder und grüßt: „Gott grüß die Kunst!", obwohl sie schon lange an keinen Gott glauben. Aber dieser Kunstgruß gehört zu ihnen wie Feilsack, Säge und Zylinderhut. Bei ihnen gilt: Erst einmal muss der Mensch die Welt sehen, in zweiter Linie müssen Häuser gebaut werden. Denn die meisten Häuser werden ja doch nur für die gebaut, die eins gar nicht nötig haben. Und so werden die Zimmerleute die Ersten, die eines Tages ein gewisses Gebäude sachgemäß zerlegen helfen werden, weil es einen Dreck taugt! Und sie werden mit die Ersten sein, die das neue Haus, unser Haus, bauen werden.

Felix Gasbarra habe ich gesucht, Doris Homann habe ich gefunden. Die beiden Leben bedingten sich. Auch wenn Gasbarra und Homann nur immer wieder für kurze Zeit miteinander glücklich waren, so haben sie doch auf eigentümliche Weise ein ganzes Leben miteinander verbracht, trotz langer Trennungen und einem endgültig gewordenen Adieu.

Wer war diese Doris Homann, die als begabte Künstlerin so vollkommen in Vergessenheit geraten ist? Wer war diese Frau, der Felix Gasbarra immer wieder das Überleben verdankte? Wer war die Mutter meiner Halbschwestern Livia und Claudia?

Ihre Lebensgeschichte beginnt am 16. Mai 1898 im damals Königsstadt genannten Stadtteil Berlins, Barnimstraße 11, dem Haus ihres Großvaters. Der idyllische Radetzkypark gegenüber muss im Zug der rasanten Gründerjahre zwei imposanten Wohnanlagen Platz machen, weshalb statt des vielen Grüns und des satten Dufts von Flieder im Frühling nun nur noch die Pferdestallung des „Juden Herschmann" im zweiten Hof des großväterlichen Anwesens an Landluft erinnert. Die kleine Doris wächst in die behütete Welt einer bürgerlichen Behaglichkeit hinein.

Ihr Großvater mütterlicherseits, Hermann Schulze, hatte das Karree mit dreißig Wohnungen als Kapitalanlage für seine Kinder erworben. Dank einer soliden Rendite kam um 1880 eine weitere Immobilie – diesmal mit fünfundfünfzig Wohnungen – an der damals vornehmen Prenzlauer Allee hinzu, was allerdings als Fehlspekulation zu enden drohte. Doch der alternde Schulze war zäh. Es gelang ihm nach dem Freitod des in Pleite geratenen Kompagnons sein Geld zu retten und dem Schlamassel zu entkommen. Zu den frühesten Kindheitserinnerungen von Doris gehören die Gänge zu den vielen Wohnungstüren, auf die sie der Vater mitnimmt, wenn er die Miete zu kassieren hat.

Mit dem Beginn des neuen Jahrhunderts zieht die Familie Homann an die Friedenstraße (heute Am Friedrichshain). Hier lösen die süßlich-herben Schwaden aus der Mälzerei der nahe gelegenen Schultheiss-Brauerei den beißenden Geruch von Pferdeäpfeln und vergorenem Stroh ab. Von früh an entwickelt Doris einen feinen Sinn für die Gerüche und Düfte der vielen Stationen ihres Lebens: die Nadelhölzer im Riesengebirge, den Rausch von Glyzinie, Ginster und Akazie in den Alleen und Giardini Roms, die Nachtschatten über der dunklen Erde ihres römischen Landguts, das beißende Javelwasser auf den blank gescheuerten Steinböden von Kampenn und später die schwerblütigen Jakobinien und Gardenien in der sirrenden Hitze Brasiliens.

Mutter Gertrud erzieht ihre Tochter mit Blick auf die herannahende „Moderne". Sie selbst hat trotz des Wohlstands ihrer Familie eine anstrengende Kindheit und Jugend durchlebt: Ihre Mutter war kränklich und musste viele Jahre auf dem Canapé verbringen. Gertrud wurde mit zwölf aus der Schule „gerissen", um sie zu pflegen, die Geschwister zu beaufsichtigen, die Einkäufe für einen Zehn-Personen-Haushalt zu überwachen und die zwei erwachsenen Dienstboten zu dirigieren. „Alles viel zu viel für so ein junges Ding", schreibt Doris auf. Die jahrelange Überforderung, der Gertrud ausgesetzt war, mag dazu beigetragen haben, dass sie sich schon früh für die technischen Neuerungen zur Erleichterung der täglichen Mühen begeistern konnte. Sie besuchte regelmäßig Industrieausstellungen, und schon bald brummte eine der ersten Staubsaugerpumpen Berlins in der mit schweren Orientteppichen ausgelegten Zwölfzimmerwohnung.

Gertrud erwartete mit Ungeduld die ersten Erfolge der Frauenemanzipation. Sie selbst mochte nicht als „alter Besen in der Ecke" enden. Die älteste Tochter des „Coupon-Schulze", wie Gertruds Vater an der haussierenden Börse gerufen wurde, galt als gute Partie. Offenbar handelte er so einträglich mit Wertschriften, dass er das Vermögen der Familie mit Auslandsgeschäften und Währungsspekulationen mehrfach verdoppeln konnte. Sein Safe war mit englischen Pfund und Schweizer Franken prall gefüllt.

Den Grundstock für diesen Reichtum hatte ein russischer Ahne gelegt, der sich 1807 in Berlin niederließ. Er soll adeliger Abstammung gewesen sein und sein Vermögen in napoleonischen Diensten erworben haben. Berlin wurde seine neue Heimat, in der er sich „Werkenthin" (= Wer kennt ihn) rufen ließ. Er erwarb eine Alt Ruppiner Apotheke mit dazugehörigem Wohnhaus und hatte sieben Kinder.

„Alles, was wir bis jetzt in der Familie Gutes und Schönes haben, das Silber von 1807, die Rubinglasteller, von denen jeder ein anderes Muster hat, oder die herrlichen Empiretassen – alles kommt von meiner Großmutter Karoline Werkenthin-Schulze. Einen kleinen einfachen Silberbecher habe ich in alle Länder mitgenommen und nie versetzt, auch wenn ich das manches Mal bitter nötig gehabt hätte", vermerkte Doris in ihren Lebenserinnerungen.

Doris' Vater Hermann Homann stammte aus einer Mühle in Neubabelsberg. Sein Charakter war von einem unerschütterlichen Instinkt für das Reelle geprägt. Diesem Sinn hatte die Schulze-Sippe später den Erhalt ihrer beiden Mietskasernen zu verdanken, denn als sich die „Gründer" im Inflationsjahr 1920 panikartig von Grund und Boden trennten und es vorzogen, mit Schein-Milliarden zu prahlen, hielt Hermann eisern an den entwerteten Immobilien fest.

Für Gertrud war die erste Begegnung mit Hermann Homann ein „coup de foudre" – ein Blitzschlag. „Den oder keinen", setzte sie sich zum Entsetzen ihrer Eltern in den Kopf. Nach dem ersten Schrecken, denn der junge, stattliche Mann war „arm wie eine Kirchenmaus", ließ sich „Coupon-Schulze" als Erster erweichen. Die Hochzeit von Hermann und Gertrud wurde im *Bristol* Unter den Linden mit viel Pomp und Berliner Talmi gefeiert. „Coupon-Schulze" ließ sich nicht lumpen. Dem frisch vermählten Ehemann konnte eine Lebensstellung am Kaiserlichen Patentamt verschafft werden, wo er es im Lauf der Jahre zum Rechnungsrat brachte. Für Gertrud dazumal eine herbe Enttäuschung, sie wäre gerne als Frau Geheimrat durch die Stadt promeniert.

Die Kindheit von „Klein-Dodel", wie Doris in der Familie gerufen wurde, ist von einer drohenden Verkrümmung der Wirbelsäule überschattet. Statt wie ein Junge – der Doris gerne geworden wäre – herumzutoben und Indianerabenteuer im Park zu bestehen, muss sie ins Streckbett und stundenlang in einem Lederkorsett am Türbalken baumeln. Dabei wird sie von ihrem drei Jahre älteren Bruder Heinz bei jeder Gelegenheit verhöhnt und gepiesackt. Ihr Großvater aber erfüllt ihr alle Wünsche: Rollschuhe, ein Fahrrad, Schlittschuhe und Tennisschläger. Bei ihm gibt es Ananas aus Jamaika oder Weintrauben aus Italien und an den Weihnachtsfeiern der weitverzweigten Familie biegt sich seine lange Tafel unter der Last der Schüsseln, der Silberteller und des

Meissener Porzellans. Auch als „Klein-Dodel" längst nicht mehr auf den Schoß des Patriarchen hüpft, bleibt sie seine Favoritin. Doris trägt blonde Haarzöpfe, die ihr bis zu den Hüften baumeln und – wie ihre Puppen – Kleider, die Mutter Gertrud nach Maß schneidert.

Der Park war unser Alles. Von unserer Wohnung konnten wir auf die vielen Baumgipfel sehen – einer hinter dem anderen – bis zu unserer Unendlichkeit. Man wusste wohl, dass dahinter, wo früher die Lauben der Schrebergärten gestanden hatten, das neue Bötzowviertel gebaut wurde. Aber man sah es nicht – man sah nur den schönen Springbrunnen und roch den Duft der vielen Kastanienbäume, der in der Blütezeit wie ein Duftmeer in alle Zimmer brandete. Wenn man im Erker saß, kam man sich vor wie ein Kanarienvogel, der in seinem Käfig hin und her hüpft und singt und nicht viel von seiner Gefangenschaft merkt. Wir waren zwar alle Stadtkinder, aber wir hatten den Park.

Mutter Gertrud liebt die Stadt mit all ihren köstlichen Verführungen: Konzerte, Theater, Feste und Einladungen. Ihr Hermann hingegen hält es zwischen Patentamt und Familienleben nur schwer aus. Seine große Leidenschaft ist das Segeln. Jeden freien Tag zieht es ihn hinaus zum Müggelsee, zu seinem Verein AHOI. Dort findet er seine wahre Bestimmung und ist glücklich.

Er segelte mit Leidenschaft, auch auf der Kieler Förde, wo der Belt sich schon wie ein Meer gebärdet, und brachte viele Trophäen nach Hause. Wenn er wiederkam, war er braun gebrannt und strahlte voller Lebenslust und Gesundheit. Meine Widerstandskraft, die ich bis heute bewahrt habe und die mir geholfen hat alle Tücken und Fallstricke des Lebens zu überwinden, war von ihm in den einsamen Stunden auf dem Wasser, wenn er mit den anderen Seglern und dem Meer kämpfte, aufgespeichert worden und ich bekam sie als Erbe von ihm.

Als Doris elf wird, schenkt ihr der Vater eine Jolle. Sie wird das „Schönste, das Herrlichste, Wunderbarste, Kostbarste" ihrer Welt werden, ihre Wonne und ihr Schatz, mit dem sie im Schilf verschwinden, dort lesen und träumen kann. In ihren kleinen Verstecken ist Stille, außer wenn sich die Spreedampfer nähern, deren Bordkapellen man schon von ferne hört.

Mit vierzehn verbringt Doris erstmals die Sommermonate im Haus ihres Onkels Alfred Köppen im schlesischen Schreiberhau. Köppen ist ein renommierter Kunsthistoriker, der von Vorträgen für das bildungshungrige Bürgertum und von populär gehaltenen Künstlermonografien gelebt hat. Als er ausgesorgt hatte, ließ er sich in der von den Brüdern Carl und Gerhart Hauptmann begründeten Künstlerkolonie am Fuß des Riesengebirges nieder, wo sein Freund Hermann Hendrich, der als Mythenmaler bekannt war, eine „Nordische Sagenhalle" gebaut hatte, in der das Publikum für geringes Geld in die Welt der Nibelungen eintauchen konnte.

Im Sommer 1912 begegnet Doris zum ersten Mal der Kunst und Künstlern, denn in der Kolonie von Schreiberhau geben sich Schriftstellerinnen, Maler und Musikerinnen die Klinke in die Hand. Es ist ein frohes Treiben, das sich von Haus zu Haus mit Konzerten, gegenseitigen Atelierbesuchen und Lesungen sorglos durch die Sommermonate zieht. Doris beginnt sich zu entdecken.

Dieser Sommer war etwas noch nie Dagewesenes. Eine neue, herrliche Traumwelt hatte sich mir aufgetan. Claire Hendrich nahm mich unter ihre Fittiche und ich ging oft und gerne zu ihr. Jedes Mal durchströmte mich eine warme Welle, die sie in goldenem Licht erscheinen ließ. Dabei war sie von stürmischem Willen und dann auch wieder von so taubensanftem Temperament, dass man nie wusste, was als Nächstes kommen würde.

Nach ihrer Rückkehr in den Berliner Alltag ist Doris nicht mehr dieselbe. In Schreiberhau hat sie zum ersten Mal den weiten Horizont der „Kunstmenschen" erblickt. Ahnungen und Wünsche steigen in ihr hoch und die Magie eines Lebens in der Ungezwungenheit der freien Natur hält Einzug in ihre Träumereien. In ihrem letzten Schuljahr an der Kaulschen Höheren Mädchenschule reift ihr Entschluss, Malerin zu werden.

Eigentlich hätte Hermann Homann für seine Tochter eine Ausbildung zum Telefonfräulein vorgesehen. Dafür ist seiner Ansicht nach ihre Intelligenz ausreichend. Es ist auf Wunsch von Mutter Gertrud vereinbart, dass Doris die erste Frau in der Familie wird, die einen Beruf erlernt und eigenes Geld verdient. Doch die Vorstellung, acht Stunden am Tag Zahlen zu plappern und Verbindungen zu „stöpseln", ist für Doris – trotz der Aussicht auf ein Einkommen mit Pensionsberechtigung – unerträglich. Sie kämpft dagegen an und lässt so lange nicht locker, bis der Vater bereit ist, sich im Atelier des berühmten Marinemalers Willy Stöwer, zu dem er als Vorsitzender seines Segelvereins Vertrauen hat, anzumelden. Er will hören, ob Doris' Malversuche Zukunft hätten.

„Schicken Sie Ihre Tochter in die Malschule des Vereins

der Berliner Künstlerinnen." Mit diesem für ihn unerwarteten Bescheid kehrt der Kundschafter nach Hause zurück. Doris jubelt und der Vater muss über und über berichten, was der Professor Stöwer denn genau gesagt habe.

Ich fühlte in mir alle Kräfte wachsen und machte mich alleine auf den Weg nach dem Schöneberger Ufer, zu dem Verein Berliner Künstlerinnen.

„Ich wünsche, mit der Direktorin zu sprechen", und warf einen halben Blick auf die Zeichnungen und Bilder. Mir war gar nicht mehr so heldisch zu Mute. Ich dachte: Na, da hast du aber eine Menge zu lernen, und deine Sachen zeigst du nicht, die passen gar nicht hierher, du machst dich nur lächerlich.

Jetzt kam die Direktorin, ein kleines, ältliches Fräulein, Kopf tief in den Schultern steckend. Ja, so hättest du auch ausgesehen, wenn du nicht fünf Jahre im Korsett gegangen hättest – fuhr es mir durch den Kopf. Name: Hildegard Lehnert, energisches Richard-Wagner-Profil, Spitzenjabot und Monokel. Hier wäre zwar die Malschule, aber sie nähmen keine Schülerinnen an, ohne dass deren Arbeiten geprüft würden. Meine Antwort lautete, das ginge nicht, denn ich hätte keine Arbeiten. So was gäbe es doch nicht, ich solle die Arbeiten bringen, und zwar morgen. Ich wiederholte ständig, dass ich keine Arbeiten hätte, während ich streng durch das Monokel angesehen wurde: „Aber irgendetwas müssen Sie doch haben?"

„Ja", sagte ich, „große Lust."

Da fiel das Monokel, und die Lehnert lachte schallend: „Das ist sehr viel. Kommen Sie morgen und fangen Sie auf Probe an."

Nach meiner Probezeit erschien die Lehnert und ging an meine Staffelei. Sie kniff die Augen zusammen und war der Meinung, dass ich die Beste der Klasse war.

„Du, sieh mal", sagte meine Mutter kurze Zeit später zu mir, eine Zeitung in der Hand, „ich glaube, das ist etwas für dich, da musst du hingehen." Eine Kabarettkünstlerin, Lautenspielerin, ehemalige Frau des Dichters Hans Hyan machte ein Kunstasyl für junge Künstler auf. Sie forderte alle künstlerisch interessierten Leute auf, sie zu besuchen. Die Klosterstraße war nicht weit, so nahm ich einige meiner Arbeiten unter den Arm und pilgerte da hin.

Altes, verfallenes Haus. Ich war neugierig, ging die paar Stufen nach oben und klopfte an die schmale Tür, durch die Farbgeruch drang. Die Tür öffnete sich und ein über und über bekleckertes Gesicht mit großen, dunklen Augen stand mir gegenüber: „Fritz Kohlberg", sagte er. Ich nickte, wusste ja nicht, wer Kohlberg war, und fragte nach Käthe Hyan. Frau Hyan war zu sprechen: Pagenkopf, viel Traurigkeit im Gesicht, aber auch etwas Lausbübisches – eine richtige Berliner Göre. Ich hatte dann auch gleich raus, dass die Hyan und Kohlberg verheiratet waren, trotzdem sie wie Mutter und Sohn wirkten.

Kohlberg war Architekt. Der Raum sah prachtvoll aus. Man ging unter tobenden Kreisen. Die ganze Decke wirbelte in den tollsten Farben. Beide waren von meinen Arbeiten sehr beeindruckt und nahmen mich als erste Ausstellungspartnerin dazu. Einen Tag vor der Eröffnung sah ich mir meine Bilder an und war sehr glücklich, denn sie waren gut platziert und versprachen Erfolg.

Die Hyan erzählte mir von einem jungen Dichter, der von meinen Bildern sehr angetan sei und mir vorgestellt werden möchte. „Ja", sagte ich, wusste ich doch nicht, dass das mein Schicksal sein würde.

An einem kalten Januarabend 1920 eröffnet Käthe Hyan die Räume ihres Kunstasyls in der Klosterstraße. Das schmale, doch tiefe Haus ist brechend voll, und es strömen immer noch mehr Neugierige herein, die sich diesen Abend mit Lyrikvorträgen, kabarettistischen Darbietungen der Hausherrin und den Bildern einer noch unbekannten, jungen Berliner Malerin nicht entgehen lassen wollen.

Es ist ein Sichzeigen und Sichwiedersehen. Von einem großen Samowar wird Tee gereicht, dazu Kuchen und Gebäck. Nach einer guten Weile drängt das Publikum in den Vortragsraum, dessen rückwärtige Wand mit einer bodenlangen, roten Stoffbahn verhängt ist. Doris ist aufgeregt und glücklich, steht doch auch sie im Mittelpunkt einer angeregten Gesellschaft Gleichgesinnter. Mit dabei ist auch die junge Schauspielerin Renée Kürschner, die bei Max Reinhardt debütiert hat und an diesem Abend vor dem roten Vorhang Gedichte von François Villon vorträgt. An ihrem Schicksal wird Doris viele Jahre später schwer tragen. Es ist ein langer Abend im Kunstasyl.

Endlich stellt sich auch ein sichtlich erschöpfter junger Mann nach vorne. Er trägt eigene Gedichte vor, Moritaten über Charles Henri Sanson, den „Henker von Paris". „Er sprach sehr gewaltig, das Blut troff nur so herunter und erfüllte den Raum mit einem ekeligen Geruch", erinnert Doris ihren ersten Eindruck vom Tischlerdichter. Als es danach zurück zum Samowar geht, stellt er sich vor.

Doris und Felix: das Glück der ersten Jahre

Felix Gasbarra. Doris ist von seiner „weichen, melodischen" Stimme sofort gefangen. Verflogen sind die blutrünstigen Moritaten.

Es dauert nicht lange, bis Felix in Doris' Atelier Am Friedrichshain ein und aus geht. Sie malt ihn – er wird ihr Schatten.

———

Felix Gasbarra wirkt auf Menschen. Der fremdländisch klingende Name weckt Neugierde in Berlin und sorgt für Gesprächsstoff. Woher er denn stamme, wie es denn komme, dass er die deutsche Sprache so makellos, so raffiniert beherrsche? Ob er denn im Krieg gedient habe, und wenn ja, auf welcher Seite? Felix will ungern als Italiener gelten, auch wenn er mit seinem vollen, schwarzen Haar, dem lässig über dem Hosenbund getragenen, weißen Hemd und dem bunten Tüchlein um den Hals südländisch in Erscheinung tritt. Er habe nur eine

Heimat, pflegt er auf alle Fragen nach seinem Ursprung zu antworten, die deutsche Sprache. In ihr lebe, denke und träume er. Auch viele Jahre später, als die Familie in Rom zu Hause ist, müssen die Gasbarras auf sein Geheiß untereinander Deutsch sprechen. Einberufen wird er nicht. Ob ihn der Befehl seiner italienischen Passheimat an der Wohnadresse Yorckstraße 16 nicht erreicht hat oder ob ihn einige Theatertränen von Laura vor dem Marschbefehl bewahrt haben? Es bleibt vergessen.

Sein Auftritt jedenfalls ist nicht, wie bei den vielen jungen Männern, die in den Monaten nach dem verlorenen Krieg in der großen Stadt einen Anfang suchen, von Entbehrungen und Albträumen gezeichnet. Zudem hat es den Anschein, als wäre er bei Kasse. Auch das macht ihn interessant.

Nur wenige Fotografien des jungen Felix Gasbarra haben sich bei Doris in Brasilien erhalten. Seine Lebenserinnerungen hatte er weggeschafft. Selbst Kinder- und Jugendbilder von Livia und Claudia sind rar. Auf den wenigen noch vorhandenen Bildern aus den Zwanzigerjahren ist ein Mann von starker Anziehungskraft zu erkennen: selbstbewusst und stattlich. Es wird dem jungen Gasbarra leichtgefallen sein, Menschen für sich zu gewinnen. Was die Bilder nicht erzählen können, die Erinnerung an ihn aber weit über das Leben hinaus geprägt hat, ist seine Stimme: ein dunkles und zugleich raumgreifendes Timbre, das schmeichelhaft – Doris beschrieb es als „samt" – Worte und Sätze umgarnt und dem Redner ohne Stakkato und angestrengtes Atemholen die ungeteilte Aufmerksamkeit seines Gegenübers und auch eines großen Publikums einbringt, es regelrecht an ihn bindet.

„Handball-Wirkung" nannte sein politischer und literarischer Freund Franz Jung diesen Sog, denn Gasbarras Zuhörer blieben offenbar an der „unverwechselbaren Stimme und der Betonung von Bedeutung" kleben wie ein mit Harz eingeriebener Ball in der Hand des Kreisläufers beim Sprung zum Torwurf.

Auch wenn Doris – bestimmt war sie nicht die Einzige – seiner Stimme schon gleich bei der ersten Begegnung verfallen ist, wird es noch dauern, bis Felix Gasbarra seinen ersten Radioauftritt bei der Berliner Funkstunde hat. Der allerdings beschert ihm gleich körbeweise Verehrerinnenpost. Funk, das ist Stimme!

Gasbarra ist Zaungast der deutschen Novemberrevolution, deren blutige Niederschlagung ihn radikalisiert. Was er in seiner Tischlerzeit während der Kriegsjahre aufgenommen, gelernt und für sich weitergedacht hat, bricht sich nun Bahn. Was sich der zwanzigjährige Sohn einer behütenden Mutter noch nicht zugetraut hat, packt der mittlerweile marxistisch geschulte „Kulturproletarier" Felix Gasbarra nun in seinen Ranzen, um aufzubrechen, um Teil jener zu werden, die den Arbeiter aus der Vormundschaft des Bürgertums befreien wollen. Die gescheiterte Revolution hat sein Klassenbewusstsein geschärft.

„Der Proletarier irrte weniger menschlich umher, sondern stand Posten für seine politische Idee, die er geistig zu erklären suchte. Der Kampf ging nicht nur um Brot, sondern um die Macht über Geist und Kultur", schreibt 1928 der Theaterkritiker Alfred Mühr. So denkt auch Gasbarra.

Doris erinnert daran, dass er seit dem Frühjahr 1919 einen Bücherkarren in Berlin laufen hatte. Mit dieser Fuhre zog er zu Fuß durch die nördlichen Arbeiterkieze der Hauptstadt. Er war schon von weither zu sehen, denn über seiner Ladung von Kampfschriften, aufklärerischen Broschüren, hektografierten Flugblättern und selbst verfassten Moritaten war ein Tuch aufgespannt, auf das er in fetten, roten Buchstaben „Wissen ist Macht" gemalt hat. Das Umherziehen und die damit verbundenen Gelegenheiten zur Rast in dumpfen Arbeiterkneipen und Stehbierhallen beschert Gasbarra ein nicht immer dankbares, doch wissbegieriges Publikum.

Hier zettelt er Diskussionen an, agitiert die Genossen und deklamiert die blutrünstigen Verse oder Schüttelreime aus der eigenen Werkstatt. Auch wenn er keiner von ihnen ist, kein Prolet, der täglich acht Stunden und mehr an Presse, Stanze, Guss malocht, so verschafft er sich im weißen Hemd – nun passend um ein rotes Garibaldi-Fazzoletto ergänzt – Gehör und Aufmerksamkeit.

Es sind die Parolen Lenins: „Der Weltbolschewismus wird die Weltbourgeoisie besiegen", oder Sätze von Lichtenberg wie: „Ich kann freilich nicht sagen, ob es besser wird, wenn es anders wird; aber so viel kann ich sagen, es muss anders werden, wenn es gut werden soll", mit denen der belesene Agitator die Gemüter anheizt. Gasbarra schaut den Leuten aufs Maul, hört ihre Worte, sieht ihre Nöte. Das damals gewonnene Repertoire wird ihm in seinen späteren Auftritten als Parteifunktionär, Dramaturg, Propagandamann und Autor, mal im Original, mal abgewandelt, noch sehr nützlich werden. Auf seinen Bühnen vom Wedding bis Schöneweide schleift sich Gasbarra auf das im Krieg geschundene Getriebe des großstädtischen Proletariats ein. Er setzt sich Erfahrungen und Widersprüchen aus, paukt die Kampfparolen der KPD ein und wird schon bald zu seiner eigenen Überraschung – und wohl auch Befriedigung – feststellen, dass ihm seine Zuhörer gebannt an den Lippen hängen. Gasbarra entpuppt sich als gewandter und sprachbegabter Propagandist, als schlagkräftiger Mann der Agitprop, als ein Narziss auf dem Seifenkistenpodest. Seine Tourneen durch das sich rötende Berlin sind ergiebig. Es kommen neue Freundschaften hinzu. So auch mit dem um ein Jahr älteren Anarchisten Ernst Friedrich. Friedrich hat Gasbarra in puncto Kampf und Widerstand einiges voraus: Gefängnisstrafen wegen Kriegsverweigerung und Sabotageakten, Frontkämpfe des „Spartakus". 1920 gründete er in Berlin die pazifistische „Freie Jugend", die sich rasch über Deutschland hinaus verbreitete. Sein antimilitaristischer Buchklassiker *Krieg dem Kriege* erreichte zehn Auflagen und sein *Proletarischer Kindergarten. Ein Märchen- und Lesebuch für Groß und Klein* mit einem Umschlagbild von Käthe Kollwitz avancierte zu einem Klassiker der antiautoritären Pädagogik. 1919 errichtete der umtriebige Friedrich an der Petersburger Straße 39 in Berlin-Friedrichshain eine permanente Arbeiter-Kunst-Ausstellung: „Ein Heim proletarischer Kunst und Kultur, Sammelpunkt aller revolutionärer Arbeiter-Maler, Bildhauer, Dichter, Schriftsteller und Sprecher", so der Politologe Jörg Becker. Neben längst vergessenen Arbeiterkünstlern stellten dort auch Käthe Kollwitz, Otto Dix und George Grosz ihre Anklagen gegen Krieg und Militarismus aus. Immer mit der Nase im Wind entgeht Gasbarra weder Arbeiterkunst noch Avantgarde. 1921 bestückt er dort mit dem Arbeiterkünstler aus dem Wedding, Otto Nagel, eine Sonderausstellung mit eigenen Plastiken und Zeichnungen. Im Frühjahr 1920, nur wenige Wochen nach der ersten Begegnung von Felix und Doris, hat Ernst Friedrich in der Parochialstraße, der heutigen Klosterstraße, ein altes Haus, „das am Umfallen war", wie Doris sich erinnert, erwoben.

„Krieg dem Kriege": das kleine Haus in der Berliner Parochialstraße

Vorne hatte es eine schmale Front, die altersgrau war und deren Fassade abschreckend in die stille Straße sah. Innen hatte es eine große, verkommene Höhle, aus der sich eine wackelige Stiege in die zwei oberen Stockwerke wand. Hinter dieser schmutzigen Höhle befand sich ein ebenso schmutziger Hof, der mit Glasziegeln überdacht einen sehr guten Ausstellungsraum ergeben würde. Es war klar, dass das Haus umgebaut werden musste. Aber Friedrich hatte kein Geld und die Sammlung unter den Arbeitern – das Haus sollte ein politisches Zentrum für Arbeiter werden – brachte nicht genügend ein.

Friedrich sucht einen Geldgeber und findet ihn in Felix Gasbarra. Für Gasbarra, der sich jahrelang als Tischlerdichter durch die Stadt geschlagen hat, dann mit seinem

Bücherkarren und in jüngster Zeit als Autor von kurzen, scharfen Satiren und Moritaten in Erscheinung tritt, ist die Idee eines proletarischen Künstlerhauses mit Ausstellungs- und Veranstaltungsräumen sehr verlockend. Die Aussicht darauf, sich unter diesem Dach eine Schreibstube und Dichterwerkbank einzurichten, muss ihn hingerissen haben. Er würde nicht mehr die langen Wege zu seinem Publikum in den Norden und Osten der Stadt gehen müssen, es käme zu ihm. Auch wenn die beiden Männer durch Herkunft und ihre bisherigen Lebenserfahrungen sehr verschieden geprägt sind, finden sie sich im Grundton gemeinsamer Überzeugungen, die bei Gasbarra freilich noch längst nicht so klar und stilsicher sind wie bei Friedrich, der sich der Utopie des „herrschaftslosen Sozialismus" verschrieben hat. Doch dem ehrgeizigen und lernbegierigen Felix Gasbarra verschafft die Beteiligung am Künstlerhaus den Zugang zum inneren Kreis der Avantgarde.

Gasbarra machte es Spaß, dort etwas aufzubauen, und so ging viel von seinem Vermögen in den Bau. Er verlangte als Gegenwert den einen Raum im Dachgeschoss, wo er arbeiten wollte. Doch die Preise für das Material kletterten lustig in die Höhe, denn es machte sich die Inflation bemerkbar, und so genügte bald das Vermögen – es wurden gute Industrieaktien verkauft – nicht mehr aus. Auch seine Honorare für veröffentlichte Artikel wanderten den gleichen Weg. Ich fand, dass für das viele Geld wenigstens die ganze obere Etage auf seinen Namen hätte lauten müssen. Doch ich war noch nicht mit ihm verheiratet und es wurde mir von Anfang an verboten, mich in seine Angelegenheiten zu mischen und ihm vielleicht Vorschriften zu machen.

Im zweiten Stockwerk war ein großer Sitzungssaal entstanden. Der hatte eine sehr schöne, große Wand, die bemalt werden sollte und nach Farbe schrie. Friedrich bat mich, das zu tun. Farbmaterial müsste gestellt werden, verlangte ich, und auch die unbedingte künstlerische Freiheit. Ich wollte nicht Gefahr laufen, dass man mich anhielt, da oder dort Hammer und Sichel anzubringen. Die Angelegenheit reizte mich sehr, denn so gewaltig hatte ich noch nie gearbeitet. Die Wand war über drei Meter hoch und mehr als vier Meter breit. Es war ein ziemlich gewagtes Unternehmen, denn ich malte ohne vorherige Skizze, wie ich das fast immer beibehalten habe.

Ich fing an, meine Kreise, meine Kugeln, ganz modern mit Verschlingungen, meine tollen Schwünge über die Mauer zu werfen. Es war ein Vibrieren in Rot, Blau, Gelb und Schwarz. Ich war wie im Fieber und es gelang mir großartig. Alle Welt war begeistert! „Jaja, das ist was Neues, das braucht keine Erklärungen", sagte Friedrich und die meisten Besucher meinten das auch. Ich glaube, es hielt nicht sehr lange, denn ich benutzte Leimfarben und in den Wänden gab es Salpeter. Sollte es noch immer existieren, muss es ziemlich verrottet aussehen.

Das Haus in der Parochialstraße macht Karriere. 1921 eröffnet Ernst Friedrich dort seine erste „Nie wieder Krieg"-Ausstellung. Darin zeigt er Patientenfotografien der Charité, die zerrissene, fratzenhaft entstellte, kaum noch menschliche Gesichter dokumentieren. Nie zuvor sind solche Bilder öffentlich gezeigt worden. Friedrichs grausige Anklage ist die Antwort auf das Zerrbild der beschönigenden Feldpostkarten, die über den Krieg hinweg die Schützengräben zu einer Schrebergartenidylle verklärt haben und denen eine Flut von heroisch aufgemachten

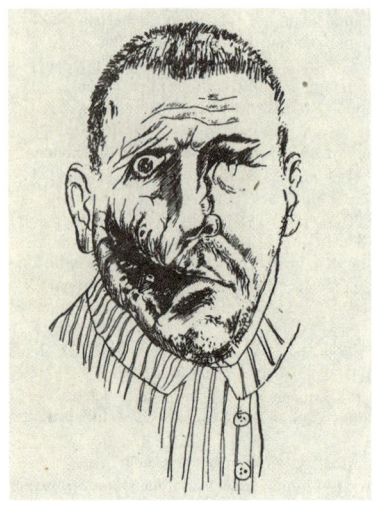

Otto Dix: Opfer des Kapitalismus

Fotobänden gefolgt ist. „Es war eine grausige Schau, denn die Fotos der Verstümmelten neben den ebenso erschütternden Zeichnungen von Otto Dix zeigten den Menschen, was aus ihren Lieben wird, wenn sie von Kugeln oder Granaten zerfetzt werden. Das hatte man noch nie gesehen. So war es kein Wunder, dass das Echo ein einziger Entsetzensschrei der Presse war", schreibt Doris auf.

Ernst Friedrich hat andauernde Schikanen der Obrigkeit zu ertragen. Er wird gezwungen, seine Arbeiter-Kunst-Ausstellung immer wieder wegen „bolschewistischer Umtriebe" zu schließen, und von der „Nie wieder Krieg"-Ausstellung. fordern die Behörden eine obszön anmutende „Lustbarkeitssteuer", die er sich weigert abzuführen – worauf er gepfändet wird.

Für Gasbarra ist der Ortswechsel an die Parochialstraße auch ein Bruch mit seinem bisherigen Leben. Zum ersten Mal verlässt der mittlerweile Fünfundzwan-

Ich wusste nun ganz genau, das ist der Mann, den ich mir wünsche. Ich war mittlerweile zweiundzwanzig Jahre, und obwohl ich sehr genau einen männlichen Akt kannte, wusste ich sonst nichts – wie das so üblich war bei bürgerlich erzogenen Mädchen.

Doris Homann um 1922

zigjährige die Zweisamkeit der Mutter-Sohn-Symbiose, denn der Dachstock wird bald mehr sein als eine Schreibstube. Überliefert ist, dass Doris in absichtsvoller Voraussicht ein warmes Federbett zur Einrichtung beigetragen hat.

―

Lauras Schmerz über den Abgang des Sohns sitzt tief, denn seit sie sich vor zwei Jahrzehnten mit Felix an der Yorckstraße eingenistet hat, lässt sie ihn nicht mehr aus den Augen. Lieber hätte sie ein Gastspiel abgesagt, als dass sie den Buben für einige Wochen ihrer Obhut entzogen hätte. Niemand könne so für ihn sorgen, ihn so bekochen, seinen Gedanken so nah sein wie sie. Dafür hätte sie zu leben, daran wird sie sich bis zu ihrem Tod im Jahr 1937 klammern.

Felix ist der Mann ihres Lebens, und damit basta! Schon deshalb kann sich Gasbarra nie dazu durchringen, seiner

Laura (Hermine) Gasbarra, wie der Sohn sie sah (1921)

Mama von anderen Frauen, von Liebeleien und – Gott behüte – von ernsthafteren Absichten zu erzählen. Das wäre Verrat! Zudem fürchtet er sich vor ihrem Zorn, denn ihr aufbrausendes Temperament kennt keine Gnade. Laura muss die Vorstellung von Liebschaften ihres makellosen Sohnes grässlich gewesen sein, auch wegen der damit verbundenen Gefahren einer unappetitlichen Ansteckung.

Dass ihr einnehmender, auf Effekt bedachter und umfassend gebildeter Sohn ein Herzensbrecher ist, der seine Eroberungen auskostet, kann sich Laura selbstverständlich an zwei Fingern abzählen. Doch dieses an und für sich ergiebige Thema ist zwischen Mutter und Sohn ein Tabu. Wohl aus Furcht davor, dass Geschwätz zur Mutter dringen könnte, finden sich nicht einmal diskrete Hinweise auf Gasbarras frühe Amouren. Das ändert sich erst mit Doris' Auftritt in seinem Leben, obwohl auch sie, wie alle anderen vor ihr, der Mutter verschwiegen wird. Selbst seine Eheschließung im Jahr 1924 traut er sich nicht, ihr zu offenbaren.

Das Unglück kam durch einen Beamten, der hatte an der Wohnungstür in der Yorckstraße geklopft. Die Mutter hat aufgemacht: „Sie wünschen?"
„Ich möchte Frau Gasbarra sprechen!"
„Die bin ich!"
„Nee", lachte der Berliner Beamte, „die junge Frau Gasbarra."
„Was? Hier gibt es keine solche", rief die alte Dame und knallte dem Beamten die Tür vor der Nase zu.
Nun, ich möchte nicht dabei gewesen sein, als der teure Sohn, der seiner Mutter die Verheiratung nicht mitgeteilt hatte, nach Hause kam. Es mag heftig zugegangen sein, und Gasbarra war gar nicht froh, als er zu mir kam, um mir das alles zu erzählen.

Diese Szene, von der Doris mit Ironie erzählt, ereignete sich einige Monate nach der Trauung, zu der Gasbarra en passant auf dem Standesamt erschien. Laura ahnte nichts, denn Felix war nach seinem Ausflug an die Parochialstraße ohne Anzeichen einer Liaison wieder zu ihr in die vierte Etage der Yorckstraße 16 zurückgekehrt. Dort wird er bleiben, bis das Ehepaar Gasbarra-Homann Berlin zu Beginn der Naziherrschaft auf getrennten Wegen verlässt. Dass Laura etwa zwei Jahre lang von keiner Schwiegertochter wusste, rechtfertigt Felix mit seinem Hang zur „freien Liebe". Als strammer Kommunist hat ihm das bourgeoise Familienleben ein Gräuel zu sein. Ihm genügt es vollauf, den ehelichen Verpflichtungen einmal in der Woche – jeweils samstags – in Doris' Atelier Am Friedrichshain nachzukommen. Ein Ritual, das bis zu Doris' Wegzug aus Berlin im Jahr 1933 Bestand haben wird. Die Woche über lässt er sich bemuttern. Solches war damals im Milieu der vergötterten Söhne keine Ausnahme. Auch der Dichter Walter Mehring – für lange Zeit Gasbarras unzertrennlicher Freund, später dann sein erbitterter Widersacher – hatte eine Mutter, die es sich nicht nehmen ließ, die Wäsche des einzigen Sohns zu besorgen. Dies ging so weit, dass Mehring auch noch in seinen Pariser Jahren bei Muttern in Berlin waschen ließ. Dazu gingen monatliche Pakete von Mehring-Mutter zu Mehring-Sohn vom Bayerischen Viertel nach dem Quartier Latin ab.

In der Parochialstraße hat Ernst Friedrich mit seinem kleinen Haus der permanenten Agitation eine Adresse aufgezogen, wo sich in den frühen Zwanzigerjahren trifft, was sich in Berlin zur revolutionären Kunst zählt: George Grosz, Otto Freundlich, Otto Dix, Raoul Hausmann, John Heartfield, Stanislaw Kubicki und viele mehr. Auch Käthe Kollwitz und Erich Mühsam – nach seiner Entlassung aus der Haft – tauchen dort regelmäßig auf. Selbst der Berliner Dada-Fraktion ist das Haus geläufig. Derweil sorgen der Journalist Heinz (Henry) Jacoby und Felix Gasbarra mit ihren Artikeln über Ausstellungen, Veranstaltungen und Vorträge im „Haus der revolutionären Kunst" für dessen Renommee. Aus Ernst Friedrichs Brutkasten schlüpfen täglich, wöchentlich, stündlich neue, genialische Ideen.

„Die damalige Zeit war erfüllt von Projekten und das ist ja immer das Schönste im Leben. Projekte haben, Ziele, denen man zustrebt, Verwirklichungen im materiellen und geistigen Sinne", erinnert Doris die Vibrationen im kleinen Haus. Ein Aufbruch, den auch Richard Huelsenbeck, der Dada nach Berlin gebracht hat, in seinen Memoiren 1984 beschreibt: „Damals war eine Zeit, in der sich viele Schicksale erfüllten. Wir sehnten uns nach Erfolgen und träumten vom Massenbeifall, wie er noch nie vorher dagewesen war. So schielten wir nach rechts und links, immer auf dem Trab, alles wissend, aber mit nichts richtig vertraut, ohne Fähigkeit zur Liebe, aber dennoch voll von Sehnsucht und Zärtlichkeit. Feige und ängstlich in vieler Hinsicht und doch erfüllt von dem Ideal des Helden, dem die Gefahr so gewöhnlich ist wie einem anderen Menschen der Schlafrock."

Für Gasbarra ist die Zeit in der Dachstube eine anregende und produktive Zeit. Er braucht nur die zwei Stiegen von seiner Kammer herabzusteigen, um sich neue Ideen zu holen oder den in der Nacht erdachten Stoff den Freunden zum Fraß vorzuwerfen. Der bis dahin stets als bemüht auftretende „Tischlerdichter" gehört nun der Vergangenheit an. In nur eineinhalb Jahren hat Gasbarra aus seinen dilettierenden Anfängen so etwas wie eine Karriere gezimmert, denn sein Name – nicht Felix, sondern das einschmeichelnde Gasbarra – hat nun einen Klang, an dessen Reichweite er zielstrebig weiterarbeiten kann. Das Publikum seiner Lehrjahre hat ihm mit Zwischenrufen, Buhen und Applaus beigebracht, was unter die Haut geht – und was nicht. Er kennt die Macht der Rampe, dort will er hin. Nicht länger als Rezitator oder Einpeitscher, lieber als Autor und Ideengeber. Nicht mehr in der Verkleidung eines Proleten unter Proleten, sondern im guten Zwirn der geistig arbeitenden Klasse. Aus den guten Jahren seiner Jugend hat er die Vorzüge von Seidenhemden und strammen Bügelfalten in bester Erinnerung. Die ständigen Ermahnungen von Mama Laura, er habe auf sich zu achten, tun das Ihrige.

Gasbarra hat zwei große Gaben: einen untrüglichen Spürsinn für Themen und für edle Stoffe. Seine Fähigkeit, mit Kalkül auf ein erfolgversprechendes Manuskript oder den kongenialen Souffleur zu setzen, hat ihm viele Neider und wenige Freunde eingebracht, denn er argumentiert scharf, oft auch verletzend, wenn es darum geht, sein „besseres Wissen" durchzuschlagen. Doris ist viel zu sehr in ihn verliebt, um sich von dieser herrischen, manchmal auch jähzornigen Seite seines Charakters abschrecken zu lassen. Es kann aber durchaus auch so gewesen sein, dass er ihr gegenüber gelegentlich seine Grandezza spielen ließ, denn sie war eine interessante Frau, eine früh beachtete Malerin und eine zärtliche und zutrauliche Geliebte.

Gasbarra ist fleißig. Von Ehrgeiz angetrieben, setzt er dem Trubel der Straße und den sich jagenden Attraktionen seine Schreibarbeit entgegen. Vieles mag er verwerfen, anderes fällt der Kurzlebigkeit von Zeitungsartikeln zum Opfer oder wird durch willkürliche Zensur – redaktionelle wie auch staatliche – verstümmelt. Die Spur seiner Alltagsschreibe ist dünn. Dies auch, weil er um 1920 damit beginnt, sich mit einer Vielzahl von Pseudonymen aus der Schusslinie zu nehmen. Nur einige wenige lassen sich dingfest machen. Dieses Versteckspiel macht seine Artikel und Spottgedichte heute kaum auffindbar. Es lässt sich nur erahnen, was ihn zu Beginn der Weimarer Republik umgetrieben hat, denn er rekelt sich mit Fantasie im Gewimmel seiner Alias. Es sind dies die ersten Anzeichen seiner Manie, Spuren zu verwischen und sich mit Inkognito zu umgeben. Anfangs mag das wohl ein amüsantes Bäumlein-wechsle-dich-Spiel mit Identitäten gewesen sein. Doch er gewöhnt sich so sehr daran, dass die Verschleierung im Lauf der Jahre zu einer

Perfektion reift, die etliche Zeitgenossen angesichts seiner Umtriebigkeit zu der Frage führt: Wer sind Sie denn wirklich, Herr Gasbarra? Eine Frage, vor der auch er immer wieder steht und die ihn sein ganzes Leben lang begleitet und auch bedrückt haben mag.

Dieses Schattenspiel mit immerfort changierenden Identitäten schützt ihn vor der Festlegung auf eine Person. Und auch wenn es anfänglich nicht mehr als ein Spiel gewesen sein mag, so wird sich ihm, als es überlebensnotwendig ist, Spuren zu verwischen, sein Versteckspiel als noch sehr nützlich erweisen. Auch in seinem späteren Leben, als er längst keinen Bedarf mehr hat, sich hinter Barras, Dr. Grau oder Gast zu verstecken, lässt er sich weiterhin verschwinden.

1921 zieht Gasbarra seine schon zu Studienzeiten begonnene Erkundung der Faustischen *Walpurgisnacht* aus der Schublade seiner unfertigen Projekte. Drei Jahre nach Kriegsende, angesichts der gescheiterten Revolution und des untoten preußischen Geistes und seiner Geister, macht er sich erneut daran, die Idee eines grotesken Puppenspiels, dem er den Titel *Preußische Walpurgisnacht* gibt, zu verwirklichen. Schauplatz ist der ihm bestens vertraute Berliner Viktoriapark, wo er schon als kleiner Junge auf den Kreuzberg kraxelte, den rauschenden Wasserfall im Ohr. Es entsteht ein Hexentanz, eine bitterböse, in Reime gefasste Parabel, in der Junker und Genossen, Pazifisten und Kanonenfürsten, Schieber und Moralisten einen nächtlichen Reigen vollführen, bei dem gesoffen, gefressen und gehurt wird. Für den jungen Gasbarra war Schreiben Agitation. In seiner *Walpurgisnacht* zieht er den Vorhang weit auf. Zu sehen ist der Veitstanz des deutschen Wesens, an dem – einmal mehr – die Welt zu genesen hat.

Wenn die Kugeln um uns fliegen,
Wollen wir uns im Arme liegen!
In dein Perlenriesellachen
Sollen Handgranaten krachen!
So erst hat das Leben Wert!
Wie es keine Bombe schert,
Schamlos im Gedärm zu wühlen,
Will ich deine Brüste fühlen!

Hurra, alle Patrioten
Unserer jungen Republik!
Alles wird hier frisch verboten,
Neu ist nur der Bürgerkrieg.
Konservieren strammen Geist,
Wissen, was Regieren heißt.
Gleich heraus der Schießerlass!
Immer feste an die Wand!
Schon beißt er ins Gras!

Nieder der Verstand!
Hoch der Schrecken!
Nieder mit Menschlichkeit!
Hoch der Verrat!
Pulver trocken und Schwert parat!
Nieder, nieder mit dem Frieden!
Kaiserreich und Republik!
Lasst uns heiß das Eisen schmieden!
Es lebe hoch der ewige Krieg!

Es steckt ein Geist in diesem Volk des Nordens,
Vor dem man immer wieder schaudernd steht.
Ist es die Freude am Beruf des Mordens?!
Ist es das Hirn, das sich im Nebel dreht?!

Ich war zwar Malerin, aber doch mit meinen zweiundzwanzig Jahren ein junges Mädchen, das nach bürgerlicher Auffassung etwas auf sich hielt. Viele Leute schüttelten den Kopf, als sie hörten, dass ich mich verloben wollte, und es hatte ja auch einige Kämpfe gekostet, bis Gasbarra und ich uns ein bisschen abgeschliffen hatten. Es fielen auf seiner Seite harte Worte wie: „Du bist ja bürgerlich verseucht." Er hat mich dabei so bitter und hasserfüllt angesehen, dass mir doch Bedenken kamen, mich an diesen Menschen zu binden. Ich war fest entschlossen mich zu entfernen, aber dann siegte seine weiche Stimme und ich war wieder in seinem Bann. Meine Eltern wünschten mich aus Berlin hinaus. Sie hofften, wir würden uns auseinanderleben.

So verbrachte ich den ganzen Sommer des Jahres 1921 bei meinem Onkel in Schreiberhau. Viele Briefe gingen hin und her und wir knüpften in diesen Monaten das Band immer enger. Ich ging so weit, in ein kleines Bauernhaus zu ziehen, wo ich mich ganz der Malerei widmen konnte und wo sehr schöne Sachen entstanden. Dort besuchte mich Gasbarra für vierzehn Tage. Es wurde der Höhepunkt meines Lebens.

Nach meiner Rückkehr gab es bei meinen Eltern große Dispute. Aber das half alles nichts mehr. Um die Wogen zu glätten, hielt Gasbarra nun bei meinem Vater um meine Hand an. Mein Vater hatte sich den Smoking angezogen. Es sollte ein feierlicher Akt werden. Gasbarra hingegen erschien in Reithosen. Ich fand das etwas komisch, aber ich wusste, dass er sich damit selbst lächerlich machen wollte, denn es passte ganz und gar nicht zu ihm, bei einem Vater um die Hand der Tochter anzuhalten.

„Die Kollwitz", raunt Doris voller Ehrfurcht ihrer Mutter zu, denn „die einfache Gestalt, die auf schiefen Absätzen" vor ihr geht, kann keine andere sein, dafür hat Doris die Selbstbildnisse von Käthe Kollwitz zu sehr vor Augen. Seit ihrer Schulzeit hat sie keine ihrer Ausstellungen verpasst – Arbeiten, die sie „aufrüttelten und schüttelten". Nicht die damals gefeierte Paula Modersohn-Becker hat es Doris angetan. Die Kollwitz mit ihrer „starken, männlichen Zeichnungsweise und dem Aufschrei gequälter Menschen" durchzuckt sie wie ein Blitz. Ganz im Gegensatz zu ihrer Mutter, die den Zeichnungen der „geschlagenen Menschen, die mit ihrem Schicksal nicht fertig werden" nur wenig abgewinnen kann. Ihr Hausbesitzerinnenblick kennt nur Mieterinnen, die in den Fabriken Geld verdienen und „stolz ihren Hintern drehen". Doch für ihre Tochter, die nun schon seit über einem Jahr in der Parochialstraße ein und aus geht und von Gasbarra und seinen Genossen schwärmt, ist Käthe Kollwitz die „Größte" – ihr Idol.

Bald schon kommt es zur ersten Begegnungen zwischen Doris und der Angebeteten. Zunächst in den Kunsträumen an der Petersburger Straße und danach mehrfach in der Ausstellung „Nie wieder Krieg", dem immerwährenden Motiv der Kollwitz. Als Doris, die noch bei ihren Eltern wohnt, 1921 ihr Atelier in Schöneberg „wegen der hohen Fahrkosten" aufgeben muss und in eine Parterrewohnung der großväterlichen Mietskaserne zieht, kommen sich die beiden Künstlerinnen näher. Der Umzug hat Doris in Käthe Kollwitz' Nachbarschaft geführt, sie lebt am Wörtherplatz (heute Kollwitzplatz).

Sie wohnte mit ihrem Mann, dem Armenarzt Dr. Kollwitz in einem alten Haus, wo man die Stufen hinaufklimmen musste. Im ersten Stock hatte der Doktor seine Praxis, im zweiten Stock war die Wohnung und im dritten Stock das Atelier. Später, als ich sie schon sehr genau kannte, lud sie mich auch in das große Atelierhaus in der Klosterstraße ein, wo sie in Schränken mit ganz dünnen Schubfächern ihre herrlichen Abzüge verwahrte. Eine schöne Gemeinsamkeit verband uns, die sie gerne näher und herzlicher gestaltet hätte, aber da war ich schon gebunden. Ich bin ihr manchmal sehr nahegekommen, vielleicht in einigen seltenen Augenblicken, in denen Unsagbares zwischen Menschen klingt. Sie war nicht einverstanden, dass ich meinen Mann heiratete, und es lag immer große Trauer im Blick, wenn wir davon sprachen, als ahnte sie im Voraus, durch wie viele Nöte ich zu gehen hatte. Auch Dr. Kollwitz stimmte dem bei, als wir eines Abends um einen ovalen Mahagonitisch saßen und die Petroleumlampe ihr mildes Licht über uns drei, die wir eine traurige Gesellschaft waren, breitete. Aber dann erzählte die Kollwitz von den neuen, großen, plastischen Figuren, an denen sie arbeitete, und jede Trübsinnigkeit war wie weggeblasen.

Das Jahr 1920 bringt Gasbarra eine Freundschaft, die allen Stürmen seines Lebens trotzen wird, Meinungsverschiedenheiten, Enttäuschungen und auch eine lang anhaltende Entfremdung überdauert. Diese Verbindung Gasbarras wird sein einziges Männerbündnis bleiben, das ihm seine Wirrungen und Abwege nachsehen wird – wenn auch nicht gänzlich. Dieser Freund ist Erwin Piscator, der zu Beginn der Zwanzigerjahre das Theater neu denkt und mit seinen furiosen Inszenierungen Klassenkampf auf die Bühne bringt.

Als sich die beiden – beinahe gleichaltrigen Männer – zum ersten Mal begegnen, tingelt Piscator mit seiner vom „kollektiven Arbeitswillen" durchtränkten Truppe durch das proletarische Berlin. Nicht Kunst, sondern Propaganda ist sein Programm. Über die stets ausverkauften Vorstellungen schreibt das Parteiorgan der KPD *Die Rote Fahne:* „Du weißt oft nicht, ob du im Theater oder in einer Versammlung bist, du meinst, du müsstest eingreifen und helfen. Die Grenze zwischen Spiel und Wirklichkeit verwischt sich ..." Stets dabei: Felix Gasbarra, vor allem, seit er gehört hat, dass Erwin Piscator ständig auf der Suche nach brauchbaren Stücken ist. Seine *Walpurgisnacht* könnte gut in den Agitprop-Spielplan des „Proletarischen Theaters" passen, denkt er sich.

Die erste verbürgte Begegnung der beiden Männer ergibt sich nach einer Vorstellung von Maxim Gorkis *Die Feinde* am 9. Dezember 1920, zwei Tage nach Gasbarras fünfundzwanzigsten Geburtstag. „Es war in einer Kneipe im Norden", erinnert sich Gasbarra dreißig Jahre später in einem Geburtstagsbrief an Freund Erwin, „ein Hinterzimmer, wo es nach Bier und Pissoir roch." Dieser Duft muss Stallgeruch für die wachsende Verbindung der beiden Männer gewesen sein, denn noch im 1929 gemeinsam mit Erwin Piscator verfassten Klassiker der Theaterliteratur *Das Proletarische Theater* erinnern sie mit ihrer sinnlichen Zuordnung der revolutionären Theaterarbeit an dies Odeur der Berliner Luft: „Das Proletarische Theater' spielte in Sälen und Versammlungslokalen. Die Massen sollten in ihren Wohngebieten erfasst werden. Wer je mit diesen Lokalitäten zu tun gehabt hat, mit ihren kleinen Bühnen, die den Namen kaum noch verdienen, wer diese Säle kennt mit ihrem Geruch von abgestandenen Bier und Herrentoilette, mit ihren Fähnchen und Wimpeln vom letzten Bockbierfest, der kann sich vorstellen, unter welchen Schwierigkeiten wir hier den Begriff des Theaters aufstellten." Eine Anmerkung am Wegesrand, doch für die Freunde durch dick und dünn bleibt der Duft der ersten Begegnung ein lebenslanger Appell an den Korpsgeist ihrer glorreichen Gründerzeit. An jenem Abend im Dezember 1920 tritt der vielseitig begabte Felix Gasbarra an die Seite von Erwin Piscator. Er wird dessen „Schattenmann", einflussreicher Dramaturg und treuer Wegbegleiter werden.

―

Ich war gesund und kräftig und lief wie ein gefangenes Tier herum. Mein Vater kam mit einem Batzen Geld nach Haus, doch das reichte nicht für den Monat. Nach acht Tagen waren die Preise schon überholt. Bald wurden wir sechs Esser, denn mein Bruder kam mit seiner jungen Frau, einer Missionarstochter aus der Schweiz, und dem kleinen Kind nach Hause zurück, ohne Stellung natürlich, und auch Gasbarra hatte noch keine richtige Arbeit gefunden. Also was? Das war die Frage. Gasbarra hatte einen Bekannten, der am Spittelmarkt in der großen jüdischen Kleiderfirma Eisner & Ehrmann arbeitete. Dort könnte ich vielleicht Stoffe bemalen, denn Ehrmann beschäftigte einen großen Malersaal. Auch wenn das nichts mit meiner geliebten Kunst zu tun hätte, solle ich mich doch vorstellen, drängten mich alle. Die Gelegenheit Geld zu verdienen sei geradezu eine Pflicht. Ich war bereit, es zu versuchen.

Die Firma war in einem modernen, vierstöckigen Bau an der Spreeseite des Spittelmarkts untergebracht. Ich trat ein und ließ mich in den dritten Stock fahren, wo der Chef sein Büro hatte. Junge Mädchen liefen in seidenen Unterröcken herum. Merkwürdigerweise gab mir das einen Schlag, obwohl ich vollkommen nackte Personen gewohnt war. Vielleicht war es deshalb, weil dazwischen viele angezogene Leute umherliefen, deren Blicke zusammen mit den Bewegungen der Mannequins eine Atmosphäre von Sexualität schufen, die ich nicht gewohnt war. Und als auch noch ein junger Mann seine Hand genießerisch auf der nackten Schulter einer leicht bekleideten Frau tätscheln ließ, war mir das höchst unangenehm.

Was soll's, sagte ich mir und fragte nach der Direktrice, einer dicken, blonden Person, die kaum über ihren gewaltigen Busen sehen konnte. Ich legte ihr meine modernen, schmissigen Zeichnungen hin.

„Haben Sie das gemacht?"

„Ja", sagte ich.

„Einen Moment mal, das zeige ich dem Chef."

Bald darauf kam sie mit einem kleinen, rothaarigen Mann zurück, dem ältesten Ehrmann – ein sehr eleganter Herr, der, wie jeder Jude, auch viel Fingerspitzengefühl hatte. Er schaute sich meine Zeichnungen an und nickte seinem Bruder zu, der herangetreten war: „Wir werden es versuchen. Wir geben Ihnen einen zugeschnittenen, aber nicht genähten Jumper mit und da können Sie ja etwas entwerfen, was noch nie da gewesen ist. Wenn ihre Création einschlägt, werden Sie viel zu tun haben."

Nach zwei Tagen kehrt Doris an den Spittelmarkt zurück. Den trikotseidenen Jumper – über Kopf anzuziehen und eine Hand breit über dem Knie zu tragen – hat sie mit Schwung und breitem Pinsel zweifarbig bemalt und danach mit bunten Lochstickereien versehen. Doris ist aufgeregt, weil, wie sie richtig vermutet, Ehrmann senior eine derart künstlerisch inspirierte Création noch nie in Händen gehalten hat. Rasch wird ein Mannequin gerufen, um das von Doris gestaltete Modell mit Brust und Taille zur Geltung zu bringen. Bewundernde Blicke gehen in die Runde. Der Patron, sein Bruder, die Direktrice, die Prokuristen und auch die Sekretärinnen sind von der prickelnden Erotik der fließenden Pastelltöne begeistert. Von da an fährt zweimal die Woche ein Bote der Firma zu Doris' Atelier. Er liefert den Zuschnitt und holt die von ihr bemalten Kleiderstoffe ab.

Um die Ungeduld Ehrmanns zu befriedigen, denn die einzeln gefertigten Exemplare finden reißenden Absatz, stellt Doris eine junge Malerin und zwei Lochstickerinnen ein. Zu viert schaffen sie „als Sklavinnen auf der Galeerenbank" zwölf Jumper am Tag. Für Doris ist das harte Arbeit, zudem verursachen ihr die Metallfarben andauernde Übelkeit. Sie nimmt es in Kauf, denn der Erfolg macht sie stolz und verleiht ihr die Genugtuung, ihre große Familie – nebst Gasbarra und dessen Mama Laura – durch die Not der rasanten Geldentwertung zu bringen. Pro Kleid wird sie mit dem Tagespreis eines Pfunds Butter bezahlt – ein guter Stücklohn, denn der Butterpreis schwankt nicht so dramatisch wie das mittlerweile fast wertlose Papiergeld, das zum Dollar oder zum britischen Pfund schon in Millionenhöhe taumelt.

Wie verliebt Gasbarra damals in Doris gewesen sein muss, äußert sich in seinem Vorwurf, dass sie ja nun einen weiteren Geliebten habe, den Mr. Jumper, mit dem sie Tag und Nacht zugange sei und seither gar nichts mehr für ihn übrig bleibe. Statt die Liaison von Fräulein

Doris mit Herrn Jumper auch im eigenen Interesse zu respektieren, sieht Gasbarra darin nur die Ausbeutung der Werktätigen. Sein Klassenbewusstsein diktiert ihm das Bild der Stücklohnarbeiterin, auf deren Rücken sich der Kapitalist Ehrmann unmäßig bereichert. Und wenn es noch eines weiteren Beweises ihrer Ausbeutung bedürfte, so wären dies die Dämpfe der giftigen Farbmixturen – nicht viel anders als das Messingfieber, an dem die Genossen der AEG kläglich zugrunde gehen. Doch Doris lässt sich durch Gasbarras ideologische Rechthaberei nicht irritieren. Über ein Jahr lang wird sie Jumper bemalen und damit den Unterhalt der Homanns und Gasbarras erarbeiten.

Nach den anstrengenden Monaten im Atelier wünscht sich Doris über Weihnachten und zu Neujahr 1921 eine Erholung von den Strapazen der Stoffmalerei. Geld ist vorhanden, um aus Berlin rauszukommen. Gasbarra, der während seiner Schul- und Studienzeit als betuchter Muttersohn schon Rom, London, Paris, den Genfersee und die Hochalpen gesehen hat, entscheidet, wohin es gehen soll. Ihn lockt weder die mondäne italienische Riviera noch mag er sich als Berliner in Paris dem kaum verrauchten Pulverdampf des verlorenen Kriegs aussetzen. Er heckt zwei romantische Wochen im hochwinterlichen Südtirol aus, einer Landschaft, nach der er Sehnsucht hat und von der er viel zu erzählen weiß, denn in seiner Studentenzeit hat er in den Dolomiten etliche Dreitausender erklettert und sich in Innsbruck, Meran und Bozen im Licht des nahen Südens gesonnt. Zudem hat er die Absicht, Doris auf Skier zu stellen. Sie, die noch nie im Ausland war, ist sogleich einverstanden. Mit Gasbarra wird sich ihr die Welt öffnen, das hat sie von Anfang an gewusst – auch dafür liebt sie ihn.

Am Tag der Abreise trägt Doris zum ersten Mal in ihrem Leben Hosen, grausamtene Skihosen, die sie sich für diese Reise hat machen lassen. Schon bald folgen Eindrücke und neue Bilder, wohin sie schaut: die Bahnfahrt über den Brenner, der erste Café Melange mit Wiener Gebäck, die imposanten Barockkirchen und die lieblichen Kapellen am Wegesrand, und immer wieder reich bemalte Steinhäuser und geschäftige Laubengänge. „Ja, er führte mich in sein Traumland, wo er in der Jugend seine ersten Bergbesteigungen auf die Marmolata gemacht hatte. Und er brachte mir das Skilaufen bei", schreibt sie später.

Nach einigen Tagen mit fröhlichen Schlittenfahrten im Grödner Tal drängt Doris auf Hochtouren. Sie möchte Ziele erreichen, und da Gasbarra endlich „sein" Marmolata-Massiv wiedersehen will, steigt das Paar mit Rucksack und Steigfellen ausgerüstet von Canazei im Val di Fassa zum zweitausend Meter hoch gelegenen Pordoijoch auf.

Ein riesiges Kruzifix starrte in den blaugrauen Abendhimmel und beim Näherkommen sahen wir Kreuz an Kreuz stehen. Das war der Soldatenfriedhof vom Weltkrieg. Auf dem Pass war das Hospiz erst teilweise wieder aufgebaut. Viele Wände lagen in Trümmern, der Dachfirst war eingestürzt. Alles war schrecklich still, lautlos in dieser Winternacht. Wo sollten wir übernachten, wenn hier kein Mensch oben ist? Ich fühlte mich in Schreck erstarren. Wir sahen uns an und dachten: Was nun? Da kam ein Hund auf uns zu und hinter ihm ein fest eingemummelter, junger Mann. Nein, das Hotel sei noch nicht eröffnet, es sei Kampfgebiet hier gewesen. Aber man könne übernachten, auch wenn alles noch sehr primitiv sei. Es war von einer wunderbaren Stille um uns. Draußen gingen wir wie auf Daunenkissen. Die Berge standen hoch in den Nachthimmel und ein warmes Feuer empfing uns in der Küche. Wir schliefen wie die Murmeltiere bei den vielen Toten in dem halbzerstörten Haus.

Am nächsten Morgen sah ich die Marmolata liegen – in unvorstellbarer Höhe und Ferne – und dann fuhren wir langsam auf unseren Skiern nach Canazei ab, wo nun schon die Heiligen Drei Könige den goldenen Stern durch die Straßen trugen und ein kleiner, rußschwarzer Mohr die Gaben einsammelte. Bald schon galt es, Abschied zu nehmen von Südtirol, dem Land seiner Sehnsucht. Als wir wieder auf dem großen Platz in Bozen saßen und nach dem Virgl hochschauten, sagte Gasbarra: „Ja, hier möchte ich wohnen, das wäre der Platz, wo ich mein Leben beschließen möchte, mit dem Blick auf die Rosengartengruppe." Und was wollte ich? Eigentlich gar nichts weiter. Ich konnte mir ein zukünftiges Leben überhaupt nicht vorstellen. Meine Tage waren wie das Summen eines Liedes in sommerlicher Fülle, wie ein Hineinsehen in den Himmel; ein Sehen, was sich dort oben aufbaute und verschob an Wolkenmassen.

Gasbarra zeigt sich an diesem Nachmittag in Bozen als Mensch mit einer Bestimmung, auch wenn sein Leben nicht den Anschein macht. Der frühe Lebenswunsch für seine späten Jahre wird sich erfüllen. Auf Doris' Himmelsbildern hingegen ist Bewegung. Zukünftiges wagt sie kaum zu denken. Und doch mag beim Abschied vom Glück der innig verbrachten Tage und Nächte ein zarter Schleier über ihren Azur gezogen sein – noch bar jeder Vorstellung, was das zu bedeuten habe. Was an jenem 10. Januar 1921 für die beiden Liebenden nicht zu ahnen ist: Auf demselben Bahnsteig, wo soeben ihr Schnellzug nach München eintrifft, werden sie sich ein

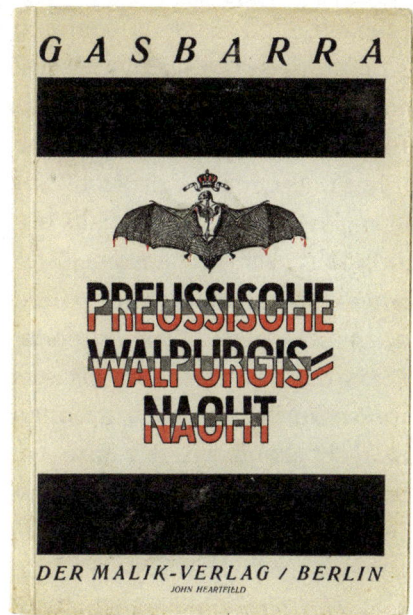

Malik Verlag, Berlin 1922: Buchgestaltung von John Heartfield unter Verwendung einer Federzeichnung von George Grosz

Vierteljahrhundert später für immer voneinander verabschieden. Er wird bleiben, sie wird weiterziehen.

Nach der Rückkehr erwarten Gasbarra gute Nachrichten. Erwin Piscator hat die *Walpurgisnacht* auf den Spielplan des „Proletarischen Theaters" gesetzt und der Malik-Verlag ist gerade dabei, den Text des Puppenspiels als Band IX seiner „Sammlung revolutionärer Bühnenwerke" zu veröffentlichen. Damit steht er in einer Reihe mit Erich Mühsam, Franz Jung oder Upton Sinclair, deren Theaterstücke bei Malik verlegt werden. Zu Beginn des Jahres 1921 scheint Gasbarras Stern als Bühnenautor und geschliffener Satiriker aufzugehen. Doch obwohl Piscators Bühnenbildner John Heartfield schon am Entwurf der großen Puppen arbeitet und der Spielplan gedruckt ist, kommt es nicht mehr zur geplanten Aufführung.

Am 8. März 1921 verweigert der sozialdemokratische Polizeipräsident Berlins dem Piscator-Kollektiv die Verlängerung der Theaterkonzession. Eine politische Entscheidung. Selbst eine fünftausend Unterschriften starke Resolution, die dem Polizeipräsidenten das Recht abspricht, „Bühnenaufführungen wegen ihres Inhalts abzulehnen", und ihn auffordert, seine „Zensurgelüste" stattdessen bei den Varietés, den Flimmerdielen und Nachtlokalen anzuwenden und besser jene Bühnenunternehmen zu schließen, die ihre Darsteller bis aufs Blut ausbeuten und ihre Schauspielerinnen zu Dirnen machen, kann den Erlass nicht abwenden. Der erste Anlauf für eine „Bühne der revolutionären Arbeiter Groß-Berlins" ist gestoppt. Wie Erwin Piscator und auch Felix Gasbarra später darüber denken, werden sie 1929 in ihrem Buch *Das Politische Theater* festhalten: „Im April 1921 fand die letzte Aufführung des Proletarischen Theaters statt. Gleichgültig, wie groß oder gering das positive Ergebnis dieses ersten Jahres gewesen war, ein Resultat war erreicht: für die proletarische Bewegung hat sich das Theater unter den Propagandamitteln eine erste Stelle erobert. Es war einbezogen worden in die Ausdrucksmöglichkeiten der revolutionären Bewegung genau so gut wie die Presse und das Parlament. Es hatte wieder einen Zweck erhalten, der im Bereich des Gesellschaftlichen lag. Es war nach einer langen Erstarrung, die es von den Kräften seiner Zeit isoliert hatte, wieder zu einem Faktor der lebendigen Entwicklung geworden."

In der Rückschau kommt diese Erkenntnis versöhnlich, ja geradezu verklärt daher. Erklärlich, denn zum Ende der Zwanzigerjahre haben Erwin Piscator und Felix

Gasbarra Theatergeschichte vollbracht. Sie sind durch Stürme und Pleiten gegangen, haben der bürgerlichen Hochkultur einen schmerzhaften Tritt versetzt und wurden – zu ihrem Missfallen – von den emporkommenden Naziideologen für ihre massenwirksamen Inszenierungen bewundert, um gleichzeitig als Kommunisten verhasst zu werden – worauf sie stolz sind.

Im Frühjahr 1921 steht Gasbarra vor einer Leere. Sein erstes Bühnenstück wird über Nacht zum Ladenhüter der Theaterliteratur, denn außer Piscator ist weit und breit kein Regisseur in Sicht, der daran Gefallen finden kann. Ein Hindernis ist die Fertigstellung von über zwanzig Puppen, von denen Heartfield nur einige wenige schon in Arbeit hat. Zwar ist Doris bereit, das Papiermaschee zu kolorieren und Kostüme zu nähen, doch ohne Regisseur, Geld und Bühne muss die *Walpurgisnacht* in der Schublade bleiben. Ein Gutes hat die *Walpurgisnacht* für Gasbarra. Erwin Piscator und er haben sich mittlerweile ausführlich „beschnuppert". Die beiden Männer mögen sich. Piscator erkennt in ihm den idealen „Sparring-Man" und loyalen Mitstreiter, doch die Aussicht auf ein gemeinsames Projekt ist angesichts mangelnder Spielstätten gleich null. Piscator muss zunächst „Hausaufgaben" machen, heißt: ein Theater finden, Geld beschaffen, die Unterstützer des „Proletarischen Theaters" bei Laune halten und Verträge aushandeln, was ihn angesichts der galoppierenden Geldentwertung viel Kraft kostet und die Probleme täglich verschärft, bei deren Lösung ihm der rhetorisch begabte, doch in Finanzen ungeübte Gasbarra kaum hilfreich sein kann.

So steht Gasbarra in diesem turbulenten Jahr erneut vor der Frage, wie und mit wessen Hilfe er als ambitionierter Autor und Agitator mit Leidenschaft weiterkommen könnte. Wo kann er seinen Platz im Gewimmel der Unruhigen finden? Dank des rührigen Ernst Friedrich knüpft er im Haus an der Parochialstraße auch weiterhin Verbindungen, doch diese erweisen sich meist als brotlos, denn ähnlich wie ihm geht es im „Jahr der Krise" beinahe allen geistig arbeitenden Genossinnen und Genossen; man diskutiert und schmiedet Pläne – dazwischen lebt man von der Hand in den Mund.

Wäre da nicht Doris mit ihren Jumpern – Gasbarra und seine Mama Laura müssten sich auch für das Allernotwendigste nach der Decke strecken. Nur Zeit haben alle im Übermaß und so bilden sich in vielen deutschen Städten Gruppen und Zirkel, die sich in wilden Debatten weltanschaulichen Fragen hingeben und so manche Parole produzieren, wie: „Wir sind nicht dazu Künstler, um auf eine bequeme und verantwortungslose Art zu leben von der Ausbeuter Luxussucht!"

Das vereint und entzweit. Machtkämpfe werden ausgefochten, und wo sich Dissidenten zusammentun, entstehen neue Gruppen. So auch ein kleiner expressionistisch geprägter Splitter, der mit Vehemenz gegen den „schlammigen Opportunismus" der schon wieder etablierten Künstlergruppen das Wort erhebt und sich den Namen „Kommune" gibt. Mit dabei der Maler Otto Freundlich, den Doris in ihren Erinnerungen „meinen Freund" nennt, das Künstlerpaar Margarete Kubicka und Stanislaw Kubicki und der schon arrivierte Jankel Adler. Gasbarra, damals sehr am Aufruhr – an dem in Berlin kein Mangel ist – interessiert, schließt sich mit Doris dieser sich radikal gebärdenden Gruppe an. Vermutlich hat er sie mehr dazu gedrängt, als dass sie sich als Aktivistin gegen die „Verewigung der Ausbeutung" mobilisieren lassen wollte.

Als Doris bei einem Treffen die Kommunarden mit Empörung daran erinnert, dass der anwesende Jankel Adler ihrer notleidenden Freundin Käthe Hyan, in deren Atelier er arbeitet, schon seit Monaten die Miete schuldig sei, wird sie als „bürgerlich verseucht" hingestellt und als „Steigbügelhalterin des Kapitalismus" verschrien. Doris muss das über sich ergehen lassen, ist sie doch in einer Familie aufgewachsen, die ihren Wohlstand Immobilien und Mieteinnahmen verdankte. Recht und Ordnung bedeutete bei den Homanns, dass Mieter pünktlich zahlten. Alles andere wäre Anarchie gewesen. Aus dieser Haut vermag sie auch im Kreis ihrer Künstlerfreunde nicht zu schlüpfen. Dass Otto Freundlich und auch andere Kommunarden von Kunst nur deshalb leben können, weil sie sich dem Diktat des Kapitals unterordnen, verschwieg Doris an diesem Abend wohlweislich, denn diese Wahrheit hätte Krawall verursacht und zu einem schweren Zerwürfnis mit Gasbarra geführt.

Redlich wie sie ist, zieht sie die Konsequenz. „Ich war zornig und warf ihnen allen meine Mitgliedschaft vor die Füße – macht, was ihr wollt!" Gasbarra, der sich im Kreis der Berliner Kommune, zu deren Sympathisanten auch Erwin Piscator und George Grosz gehören, etabliert hat, ist der Zwischenfall äußerst unangenehm. Nicht weil Doris als „bürgerlich verseucht" beschimpft wird, diese Worte hat er selbst ihr auch schon „hasserfüllt" entgegengeschleudert. Nein, weil er befürchten muss, vor den Genossen als Parasit einer Klassenfeindin dazustehen.

Doch Felix und Doris bleiben zusammen. Was Gasbarra trotz der ideologischen „Mesalliance", die ihm nachgesagt wird, an Doris fesselt, ist nur zu erahnen. Vielleicht ist es ihre Bestimmtheit, die den wenig gefestigten und vom Zeitlauf getriebenen Mann immer wieder an ihre Seite führt – um dann erneut aufzubrechen, zur Mutter, zu Piscator, zu anderen Frauen. Doris nimmt ihn stets wieder auf, auch wenn er sich nicht mit ihr – und auch nicht mit sich selbst – versöhnen kann.

Die Mitgliedschaft in der Kommune bringt Gasbarra dazu, sich mit eigener Kunstproduktion zu befassen. Für die Malerei entwickelt er wenig Ehrgeiz. Da ist Doris viel weiter, als er es je bringen könnte. Als gelernter Tischler hingegen hat er handwerkliches Geschick und so entschließt er sich zur Verarbeitung von Holz und Stein. Er entwirft Körper und männliche Torsi, denen er Titel wie „Aufstand", „Erde" oder ganz einfach „Figur" gibt.

Doch trotz seiner Fertigkeit begreift er rasch, dass er mit diesen Ausdrucksformen nicht das Zeug zum Erfolg haben wird. Reden und Schreiben, damit ist er besser und flinker. Doch wohin mit den Texten und Ideen? Der kürzeste Weg zur „Masse Mensch" würde über die Parteimitgliedschaft in der mächtigen Kommunistischen Partei führen. Dort – so seine Vorstellung – würde er sich wortgewaltig entfalten können und mit seiner spitzen Feder am großen Rad drehen.

Gasbarra sucht einen Bürgen. Wenn möglich, weit oben. Als Mann für die Propaganda, wie Gasbarra sich gerne tituliert, braucht er die Nähe zur Macht. Erledigt hat das für ihn Genosse Piscator, der schon seit Ende 1919 Parteimitglied ist und als Sekretär des Komitees „Künstlerhilfe für die Hungernden in Russland" erheblichen Einfluss hat. 1922 tritt Felix Gasbarra in die KPD ein. Bald darauf ist Gas, wie ihn die Genossen rufen, im Parteiorgan *Die Rote Fahne* und im politischen Satiremagazin *Der Knüppel* zu lesen.

Weißt Du, wieviel Hunde laufen
Durch die Straßen von Berlin?
Sag, in wieviel tausend Haufen
Trittst Du täglich? Der Urin,
Den sie an die Ecken nässen,
Ist schon gar nicht zu ermessen.
Gott der Herr kann sie nicht zählen
Die sich mit dem Dasein quälen.
Doch dem Hund und seiner Brut
Geht es unberufen gut.

Weißt Du, wieviel Hunde fressen
Täglich Braten und Konfekt?
Hast Du selber nichts zu essen,
Sieh nur, wie's den Hunden schmeckt.
Abends wird er von Maitressen
Sanft mit Seide zugedeckt.
Gott der Herr kann nicht mehr zählen,
Die sich mit dem Dasein quälen.
Doch dem Hund mit seiner Brut
Geht es unberufen gut.

Steht Ihr keuchend vor den Kesseln,
Fläzen Hunde sich in Sesseln.
Hunde bummeln, Hunde prassen,
Die Euch nichts zum Leben lassen.
Neunte Stunde, zehnte Stunde,
Schuftet Ihr für diese Hunde!
Und kein Herrgott kann Euch retten
Aus der Hundesklaverei!
Schlagt die Hunde tot! Zerbrecht die Ketten!
Schlagt die Hunde tot! Und Ihr seid frei!

Felix Gast

Mich zog es immer wieder zu dem Verein der Künstlerinnen am Schöneberufer. Es gab dort eine Frühjahrs- und Herbstausstellung. Männer taten diese Ausstellungen vielleicht mit einem geringschätzigen Achselzucken ab, aber für mich hatten sie doch etwas sehr Gutes. Komischerweise fühlte ich mich dort immer zu Hause; ich konnte hingehen, ohne das Gefühl zu haben, mich auf Glatteis zu begeben. Ja und nun war ich bei einer guten Einsendung meiner Bilder als Mitglied in den Verein aufgenommen worden. Wer mich in diesem Künstlerinnenkreis sehr in sein Herz geschlossen hatte, war die Vorsitzende Fanny Remak. Sie war eine große, stattliche Person, mit einem interessanten Pferdegesicht. Ihr schwarzes Haar war geschnitten wie bei einem niederländischen Maler. Ich verbrachte viele glückliche Stunden in ihrem Atelier, welches, wie sie sagte, in Kaffee mit Sahne angestrichen war. Wir sprachen viel über Malerei und waren im innersten Malgefühl einer Meinung, was sehr viel sagt.

So gerne ich die Kollwitz mochte und sie als große Künstlerin anerkannte – oft hatte ich das Gefühl, dass unsere Tuchfühlung nicht immer übereinstimmte, da ihre politische Einstellung es ihr einfach verbot, über Kunstrichtungen italienischer oder chinesischer Art zu reden. Mit der Remak konnte man über alles sprechen. Ich mochte sie sehr gerne; doch das Leben brachte uns auseinander, wie es nur dieses Jahrhundert fertigbrachte mit seinem Wahnsinn, die Leute wie in einer Zentrifuge herumzuschütteln und in alle Winde zu zerstreuen. Sie war jüdischer Abstammung und ging nach London. Leider kümmerte sie sich danach nicht mehr um Malerei. Sie war durch Hitler gebrochen worden.

Einmal schickte ich ein sehr schönes großes Selbstbildnis zu einem Salon der Künstlerinnen. Dafür erhielt ich eine tolle Kritik in der *Vossischen Zeitung*.

Ich stand an erster Stelle und der Kritiker forderte mich, eine Ausstellung zu machen, nur beschickt von meinen Sachen. Jaja, nickte ich. Ganz gut, aber ich war noch nicht so weit. Und dann hatte ich auch Angst so allein. Ich wusste, ich hatte noch sehr viel zu lernen. Ich war so erfüllt von vielen Dingen und war gar nicht mehr so ehrgeizig. Ich arbeitete noch nicht stetig und musste mir über vieles erst klar werden.

Es waren alles mehr oder weniger Explosionen und ich hatte viele Leute gesehen, die sich wunder wie groß dünkten und sich wunder wer weiß wie fühlten. Ich hatte im Lyceum-Club, der mich später in seinen Vorstand wählte – in all dem Wirrwarr von Frauen, die sich hervortaten und dies und jenes machen wollten, ohne dass dahinter ein profundes Wissen stand –, wenig Lust, im hellen Rampenlicht zu stehen. In den Ausstellungen genierte ich mich, wenn ich meine Arbeiten sah. Mir wurde dann meistens ganz schlecht und ich ging immer schnell von ihnen weg.

Doris' Wohnatelier Am Friedrichshain befindet sich im Seitenflügel eines Hinterhauses. Es ist ihr trotz der großen Wohnungsnot von einem kunstsinnigen Beamten zugewiesen worden und wird für viele Jahre ihr großes Glück und der Ort ihrer künstlerischen Entfaltung. Das Atelier, in dem sie auch wohnt, ist ein sieben Meter langer Raum, ein Flur, eine kleine Küche und ein Abstellraum für die Kohle. Der Vater hat ihr zum Einzug einen ausladenden Eichenstuhl geschenkt, der mit Büffelleder bespannt ist. Viele ihrer Modelle nehmen darauf Platz.

Die Möbel hat sie bunt angestrichen: den Biedermeierschrank zinnoberrot, den Küchenschrank kornblumenblau und den Bettüberwurf schmückte sie mit riesigen Kreisen in Schwarz, Rot und Blau. Ihr Blick durch das einzige breite und hohe Fenster geht auf eine „schreckliche Müllkastenperspektive", gegen deren Anblick sie bemalte Fensterquadrate gesetzt hat.

Beinahe jede Nacht wird Doris Zeugin von Familiendramen im Hinterhaus. Besoffene Männer verprügeln ihre Frauen, Geschirr fliegt von den Etagen, alte Menschen sterben allein vor sich hin. Nichts bleibt ihr verborgen. Immer wieder zeichnet oder malt sie Menschen und Szenen aus ihrem „Milljöh". Lange Zeit kümmert sie sich um einen tuberkulösen Greis, bringt ihm das Essen und hält sein Zimmer sauber. „Dann zeichnete ich ihn, wie er so todkrank in seinem Bett lag, wie er schon fast überwendliche Augen hatte. Er sah nicht auf mein Blatt, so

„Der nahe Tod",
Doris Homann
ca. 1922

konnte ich ganz ungestört so zeichnen, wie ich empfand. Es wurde eine meiner erschütterndsten Zeichnungen."

In den Inflationswintern verhungern und erfrieren in Doris' Hinterhof Menschen. Schicksale, die ihren Sinn für Gerechtigkeit und ihr Aufbegehren gegen alle Not formen. Anders als Gasbarra, der sich im Klassenkampf mit Ursachen befasst, erlebt Doris das täglich sichtbare Elend. Ihr bildnerisches Werk, soweit es erhalten ist, erzählt davon: in Berlin, in Schlesien, in Italien und später auch in Brasilien.

Gasbarra brachte mir zu dieser Zeit Heartfield mit nach Hause. Das war der Bruder von Herzfeld, dem Malik-Verleger. Dieser gehörte zur Avantgarde, die sich mit der Herausgabe des *Ecce homo* von Georg Grosz und Franz Jung einen Namen gemacht hatten. An diesem Tag war gerade ein Brief von Bernheim-Jeune aus Paris eingetroffen, der mich einlud, bei ihm in Paris eine Ausstellung zu machen; diese beiden Begebenheiten warfen mich fast um. Voll Glück erzählte ich alles und war gespannt, was Heartfield dazu sagen würde. Heartfield sah auf meine Arbeiten, meine Malereien, wie mir vorkam, ziemlich geringschätzig. Das Mädchen mit den Orangen wurde noch trauriger, mein Selbstporträt drehte sich geradezu weg, mein in den Farben sehr schönes Bild *Die Stürmenden* wurde düster. Dann fiel mir plötzlich ein, dass ich ja gar kein Geld für den Bildtransport hatte. Dies gestehen zu müssen, wäre mir sehr peinlich gewesen, so war ich erleichtert, als Heartfield meinte: „Warum Paris? Berlin ist besser."

Wie oft habe ich meine Absage bedauert. Es war die größte Dummheit, die ich in meinem Leben gemacht habe, eine Einladung von Bernheim-Jeune hochnäsig abzuweisen. Heute weiß ich, dass Heartfield alles Mögliche gemacht hätte, um eine solche Einladung nach Paris zu bekommen. Manchmal ist es mir sehr bitter, daran zu denken, wie Menschen ihr Leben zerstören. Wenn ich heute Biografien lese, kann ich nur sagen: So doof wie ich war niemand.

Im März 1922 bringt die Berliner Kommune ihr erstes von zwei Manifesten in Umlauf. Der erregte Wortlaut des von Otto Freundlich gestalteten Flugblatts deutet auf die Mitarbeit des versierten und ungestümen Felix Gasbarra hin: „Wir sind uns einig, dass die Horizonte zerschlagen werden müssen, welche durch die Fäulnis des sozialen und Familienlebens in die Welt und in die Geistesverfassung der Menschen gebracht wurden. Ehren und sozialen Rang sucht keiner von uns. Fünf-Uhr-Tees geben wir nicht. Protektion der Behörden lehnen wir ab. Wir haben uns in die Welt und das Sein gesetzt und werden die Form zu verteidigen wissen, die wir uns geschaffen haben, obwohl wir mitten im Schlamm geboren sind. Diejenigen, welche unsere Unerbittlichkeit fürchten, mögen in dem stinkenden Sumpf bleiben, wo einer die Maden des anderen frisst und verzückt die Augen verdreht."

Dass auch Doris unterschreibt, überrascht. Der Gedanke liegt nah, dass Gasbarra sie dazu getrieben hat. Weitere seiner gefährlichen und auch skrupellosen Vereinnahmungen der oft zu gutgläubigen und in ihrer Loyalität hingebungsvollen Doris werden nicht ausbleiben.

Im Herbst 1922 organisieren Stanislaw Kubicki, Otto Freundlich und Gasbarra die „Internationale Ausstellung revolutionärer Künstler" in den Räumen für Arbeiter-

Nur ein einziges Mal bestreiten Doris und Felix gemeinsam eine Ausstellung.

kunst an der Petersburger Straße: „Künstlerische arbeit ist wie jede arbeit nicht selbstzweck, sondern sie muss ihre auswirkung in die gesellschaft haben." Doris und Felix sind mit kleineren Arbeiten vertreten. Es wird die einzige Ausstellung bleiben, an der sich das Paar gemeinsam beteiligt.

Im Herbst 1922 hatte sich bei mir Ossip Brik angemeldet, ein melancholischer junger Mann. Er wollte meine Arbeiten sehen. Er sprach sehr gut Deutsch, wie ja jeder gebildete Russe mehrere Sprachen beherrschte, und Deutschland stand damals bei den Russen ganz groß auf dem Plan. Brik war – so erinnere ich mich – im Auftrag des Volkskommissars für Bildung, Lunatscharski, nach Berlin gereist. Brik war sehr angetan von meinen Arbeiten und kaufte „für das russische Volk", wie er sagte, eine Zeichnung von Gasbarra, die ich sehr suggestiv und ähnlich gefertigt hatte, und einen ausführlichen Gasbarra-Artikel über die große „Nie wieder Krieg"-Ausstellung mit Zeichnungen von Otto Dix und Fotos der Verstümmelten. Meine Zeichnung, weil sie ja für das russische Volk sein sollte, verkaufte ich für ein halbes Pfund Margarine, weil es mir trotz allen Zuredens von Brik nicht gefiel, von einem Volk, das so viel gelitten hatte, mehr zu nehmen. Brik schüttelte immer wieder den Kopf und sagte, es wäre unmöglich das anzunehmen. „Ich sehe doch, dass Sie einen besseren Preis brauchen." Dabei schweifte sein Blick in meinem Raum umher und hin zu dem Stückchen Himmel über dem trübseligen Hinterhof. Als alles nichts half, mich zu einer großen Geldannahme zu bewegen, schlug Brik vor, mich mit Gasbarra in das Nobelrestaurant Horcher einzuladen. Es wurde verabredet, dass wir Ossip und seine Frau Lilja in ihrem Hotel in der Nähe des Zoos abholten. Ich sagte zu, denn ich sah Gasbarra lächeln und die Lippen genießerisch kräuseln.

Der Moskauer Freundeskreis von Ossip und Lilja Brik ist mit der russischen Avantgarde gespickt. Bei ihnen gehen Alexander Rodtschenko, Sergei Eisenstein, Kasimir Malewitsch, Wsewolod Meyerhold und natürlich auch der charismatische Dichterfürst der Futuristen, Wladimir Majakowski, dessen Geliebte Lilja Brik ist, ein und aus. „Doch seit 1922", so erinnert Boris Pasternak, „war die Wohnung der Briks im Grunde nichts anderes als eine Abteilung der Moskauer Geheimpolizei." Der kunstsinnige und feinnervige Brik verdingte sich als Rechtskonsulent der berüchtigten Geheimpolizei Tscheka. Ob seine Frau Lilja über den Umfang seiner „Aufträge" im Bild war, ist bis heute unklar. Bekannt ist indessen, dass auch

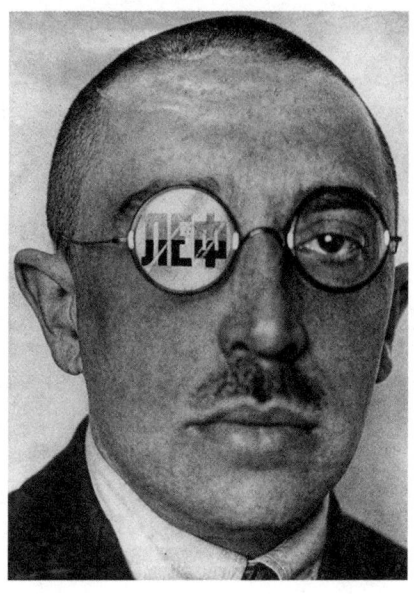

Eine Ikone der Avantgard: Ossip Brick in „Monoskop" von Alexander Rodschenko

sie die Bereitschaft hatte, den „guten Freunden" der Tscheka ab und zu einen „kleinen Gefallen" zu erweisen, wozu auch Details von Wladimir Majakowskis erster Reise nach Berlin im Herbst 1922 gehört haben dürften.

Am 15. Oktober eröffnet der Kulturemissär Brik in der Galerie van Diemen Unter den Linden die „Erste Russische Kunstausstellung", an deren Zustandekommen auch Erwin Piscator als Sekretär der „Arbeiterhilfe für die Hungernden in Russland" beteiligt war. Die kommunistische Presse feiert dies als ein epochales Ereignis, dem Majakowski mit wortgewaltigen Dichterlesungen und provokativen Auftritten zusätzlichen Glanz verleiht. Für die damals in Berlin hochwillkommenen sowjet-russischen Delegationen ist die inflationsgeschüttelte Stadt ein begehrtes Reiseziel. Hier können sie mit ihren Goldrubeln auf großem Fuß leben und kaufen, wovon die

Menschen in Moskau und Petrograd nicht zu träumen wagen. Das macht auch die Briks in Kaufhäusern, Luxushotels und sündhaft teuren Restaurants zu umworbenen Klienten – ganz zu schweigen vom unersättlichen Majakowski: „Zwei Bier! Eines für mich und eines für mein Genie", der sich in nur wenigen Tagen auch als zahlungskräftiger Gastgeber ausschweifender Fress- und Saufgelage einen Ruf in der Stadt verschafft.

Brik erwartete uns im Vestibül des Hotels und führte uns auf das Zimmer. Kurz darauf erschien seine Frau Lilja lachend mit ihrer Schwester, der Schriftstellerin Elsa Triolct, beladen mit Hutkartons und einem Boy, der noch mehr Hutkartons trug. Es waren achtundzwanzig Hüte, die die lebhafte und elegante Frau sofort ausprobierte. Wir waren in einen Modesalon versetzt worden und mir war sehr unbehaglich zumute. Brik entschuldigte seine, wie mir schien, oberflächliche Frau.

Die junge Frau begleitete ihren Mann, um alles einzukaufen, was die Frauen und Freundinnen in Moskau an Modeartikeln brauchten und nicht fanden. Darum die Fülle der Hüte! Dann wurde mir eine Modeschau mit Kleidern vorgeführt, die junge, russische Frauen in Gemeinschaftsarbeit geschneidert hatten. Ich wurde von Lilja aufgefordert, mir ein Kleid auszusuchen. Es gab wunderbare russische Kostüme mit Handstickereien. Schönheit hat mich immer fasziniert. Ich suchte mir ein Kleid aus, welches aus schwarzen Tüchern bestand, die mit kleinen, weißen Punkten bedruckt waren. Der Kattun war billig, doch mein Entzücken bildeten zwei knallrote Zwickel unter den Achseln, die, wenn ich den Arm hob, leuchteten. Ich trug das Kleid lange und bedauerte sehr, als der Kattun am Rücken brüchig wurde.

Das Essen bei Horcher kostete wohl ein Vermögen. Es gab, da unsere Gastgeber Russen waren, den feinsten Kaviar, gefüllte Ente mit Kompott und geeiste Früchte. Es war sehr schön, aber irgendwie fühlte ich mich deplatziert, denn was wir aus Russland wussten, war viel Elend. Und auch das Leben dieser Menschen, mit denen ich ein paar vergnügte Fressstunden verbrachte, war traurig.

Majakowski brachte sich 1930 mit einem Schuss ins Herz um. Liljas späterer Mann, ein General, wurde im „Großen Terror" hingerichtet und Brik überlebte die „Säuberungen" Stalins nur, weil er sich mit seiner Kunst den Mächtigen angepasst hatte. Das Ende dieser Leben ist so traurig, dass mein Herz immer noch zittert, wenn ich daran denke. Sie wollten uns Gutes tun. Ich habe es als Verschwendung erlebt.

Ossip Brik, Lilja Brik und Wladimir Majakowski, um 1929

Mit Beginn des Jahres 1923 hat Gasbarra „Verbindungen". Die Partei, die Redaktion des *Knüppel*, Freundschaften mit Walter Mehring, Leo Lania, Ernst Toller – Autoren, die bald auf Piscators Bühnen für Furore sorgen werden – lassen ihn nun selbstbewusst das Romanische Café und das Justy betreten, wo „man" sich verabredet und zu zeigen hat. Zu diesem Stil passt die windschiefe Dachstube in der Parochialstraße nicht mehr. Der Aufsteiger Gasbarra beschließt, zum Weltverbesserer Friedrich auf Distanz zu gehen. Die Freundschaft hat ein Ende.

Trennungen ziehen sich wie ein Muster durch Gasbarras Leben. Schaut man hin, so signalisieren sie jeweils den Auftakt – oder sind Folge – einer markanten Vorwärts-, Seitwärts- oder Ausweichbewegung. Gasbarra vollzieht seine Abschiede ohne Sentimentalität oder gar Wehmut. Was schmerzen könnte oder Schmerz zufügt, wird zunächst gut durchdacht und dann geschmeidig vollzogen. Sein Leben ist wie sein Kleiderschrank. Wo immer der auch steht, Gasbarra ist stets passend ausgestattet: Leinen oder Loden, Blaumann oder Blazer, Fez Fascista oder britisches Béret. Darin ist er ein Meister und die Verwandlungskunst seine treueste Begleiterin. Wohin auch immer es ihn verschlägt, er ist stets so einheimisch, als ob er seit Generationen dazugehören würde. Dabei trumpft er mit Weltläufigkeit, weit über das Ansässige hinaus, auf, ist gewandt und versiert. Er hat die Fähigkeiten eines Meisterspions. Und viele, die ihm im Lauf der Zeit an den vielen Schauplätzen seines Lebens begegnen, halten ihn gar für einen Doppelagenten. Nie gibt er Antwort auf die Frage: „Wer sind Sie denn in Wirklichkeit, Herr Gasbarra?"

Gas, wie er von nun an genannt wird, ist 1923 kein hungriger Agitator mehr, der sich in einem der Schnellrestaurants von Aschinger die Taschen mit Dampfbrötchen vollstopft, oder einer wie George Grosz, der es liebt, gemeinsam mit Kutschern oder dem Portier von nebenan in Eckkneipen einen „Koks mit Pfiff" oder den „Persico mit Rosen" dem Rollmops hinterherzuschicken. Im Unterschied zu Grosz, der sein Studium der Verhältnisse in den billigen Varietétheatern der Friedrich-Vorstadt betreibt, frequentiert Gasbarra die gehobenen Zirkel der Literaten. Da für diesen Auftritt seine Hosen und Hemden wieder täglich zu plätten sind, kehrt er zurück zu Mama Laura, die ihn selbstredend aufnimmt. An seiner Rückkehr zu ihrem Herd hat sie nie auch nur geringste Zweifel gehegt.

Zu seinen neuen Freunden gehört auch der etwa zehn Jahre ältere Franz Jung, dessen Theaterstücke *Die Kanaker* und *Wie lange noch?* das frühe „Proletarische Theater" von Erwin Piscator in Schuss gehalten haben und der sich mit Buchtiteln wie *Proletarier, Arbeitsfriede, Hunger an der Wolga* oder *Die Eroberung der Maschinen* im Malik-Verlag zum Erfolgsautor hochgeschrieben hat. Jung, der sich 1920 mit einem von ihm gekaperten Kutter in die Sowjetunion abgesetzt hat und in Deutschland polizeilich gesucht wird, lebt nach seiner Rückkehr unter falschem Namen in Grünheide, einem von kleinen Angestellten geschätzten Berliner Vorort. Dorthin hat er mit einigen Genossen in Vorbereitung einer deutschen Oktoberrevolution stattliche Munitions- und Chemikalienvorräte verfrachtet, die kistenweise im Keller und in einem Stollen unter dem Gemüsegarten versteckt werden. Jung beschreibt das Häuschen als „idyllisches Sommer- und Heerlager". Der leicht formulierende, doch radikal agierende Jung ist Mitglied der Kommunistischen Arbeiterpartei KAPD, die den Umsturz auf der Straße statt im Reichstag herbeiführen will.

Gasbarra ist von Jungs bewegtem Leben fasziniert, war dieser doch schon in der Sowjetunion, hat Lenin, Trotzki und den Kreml gesehen, die Nächte mit Matrosen in Petrograd durchgesoffen und als Administrator eine marode Streichholzfabrik saniert, bis es ihn gegen Ende seiner russischen Abenteuer nach Murmansk an den eisigen Rand der Welt verschlug, wovon er oft und gerne schwärmt: „Ich sehe dieses Murmansk vor mir: ein Haufen elender Hütten, mit einigen größeren soliden Blockhäusern dazwischen. [...] Die Luft in unserem Schuppen war schwer. Der Atem schwebte über der Masse [...]. Die Beleuchtung war so schwach, dass man gerade den Nachbarn sehen konnte. Diese Masse hat dann angefangen zu singen. Sie sangen die Internationale, das Lied von der Roten Fahne und noch viele andere Lieder. [...] Stunden mögen so dahingegangen sein. Es ist das große Erlebnis meines Lebens geworden. [...] Das war es, was ich gesucht habe: die Heimat, die Menschenheimat", erinnert er sich in seiner Autobiografie *Der Weg nach unten*.

Wie alle Berliner zieht es auch Doris und Felix an den Wochenenden „ins Grüne". Doris will die Sonntage am liebsten auf ihrer Jolle am Müggelsee verbringen und im väterlichen Segelclub AHOI Freundinnen und Bekannte wiedersehen, doch mit Felix ist das nicht zu machen. Überhaupt ist mit ihm kaum zu machen, was junge Paare gerne am gemeinsamen Wochenende unternehmen. Nur einmal gelingt es ihr, ihn an den Müggelsee zu locken. Obwohl dort schon längst nicht mehr kaiserlich beflaggt wird, kann Gasbarra nicht an sich halten. Er macht Skandal, beschimpft und schmäht das Regattapublikum in Feierlaune als „bürgerlich verkommen". Er tituliert die schmerbäuchigen Herren in Panamahut und feinem Leinen als „Schmarotzer" und droht ihnen mit der „Ausrottung". Danach traut sich Doris nicht mehr nach AHOI – vielleicht auch, um ihren geliebten Vater zu schützen, denn sie selbst hat den stets auf seine elegante Erscheinung bedachten Gasbarra dort stolz als ihren Verlobten rumgezeigt.

Gasbarra fährt viel lieber zu Franz Jung nach Grünheide, wo die Genossen stunden- und manchmal auch tagelang die Welt neu ordnen, sich gegenseitig vorlesen und nach ihren Debatten fröhlich mit Franz Jungs Wahlspruch „Jeder Widerspruch enthält ein Glücksgefühl" auf die Revolution trinken. Auch Franz Pfemfert, Herausgeber der expressionistischen Zeitschrift *Die Aktion*, und der Malerfreund Heinrich Vogeler gehören zum Kreis der unruhigen Sommergäste. Unter Vogelers Regie wird Gasbarras *Walpurgisnacht* 1924 an der „Moskauer Schule der Minderheiten" in einer „glänzenden Inszenierung" uraufgeführt werden. Gut möglich, dass dies, wie vieles andere auch, an den gemeinsamen Sommertagen in Grünheide ausgeheckt wurde.

Doris, die stets ihren Skizzenblock und den kleinen Malkasten mit dabeihat, findet zu ihrem großen Vergnügen ein kleines Boot am Steg. „Wir fuhren oft durch die Verbindungskanäle in die anschließenden Seen hinein. Wir schwammen in der Morgenfrühe und des Nachts im See, wenn wir mit dem letzten Stadtbahnzug aus Berlin gekommen waren. Das Wasser war lau und ohne Bewegung und im Schlummer eines tiefen Friedens."

Franz Jung wird das „idyllische Heerlager" in jenen Wochen des Jahres 1923 seinen Sommergästen nicht verraten haben. Zu viel steht auf dem Spiel – auch wenn die Bomben und Sprengsätze nie gezündet werden. Der Plan einer Deutschen Oktoberrevolution scheitert im Herbst „am Fehlen einer ihrer wichtigsten Voraussetzungen: dem Bestehen einer bolschewistischen Partei", wie der Vorsitzende der KPD, Ernst Thälmann 1925 bekennen wird.

Erwin Piscator ist auf dem unterminierten Rasen der jungschen Sommerfrische ein Dauerthema. Jung, der für das „Proletarische Theater" zwei Stücke „runtergehauen" hat und von dem sich Piscator weitere Texte wünscht, ist mittlerweile auf Distanz zu ihm gegangen. „Weshalb soll man den Arbeitern in Deutschland auf der Bühne etwas vorspielen, was sie wahrhaftiger und bewusster im eigenen Leben selbst schaffen können – so wie ich es in Nowgorod oder Murmansk erlebt habe? Ihnen vorführen, wie dreckig es in der Welt zugeht. Ihnen klar machen, dass die Reichen besser leben als die Armen. Und dafür sollen sie Eintritt bezahlen? Wie es zugeht, wissen wir doch auch ohne Piscator. In Deutschland gibt es nur ein politisches Theater, nämlich dasjenige, das jeder für sich selbst vor dem anderen aufführt – bei freiem Eintritt!"

Gasbarra lässt Jungs Piscator-Schelte nicht gelten. Er bewundert den visionären Theatermann, den er seit der ersten Begegnung nicht mehr aus den Augen gelassen hat. Dass Jung sich nie eine Aufführung des *Politischen Theaters* angesehen habe, sei überheblich und beweise nur, dass er die Propagandakraft der Bühne ignoriere. Die Zeit sei gekommen, um die Mauern zwischen Bühne und Publikum, die das psychologisierende Theater der bürgerlichen Hochkultur errichtet habe, einzureißen. Schluss damit! Die Zukunft gehört dem *Politischen Thea-*

ter, der direkten Aktion – der Agitation des Publikums. Propaganda statt Sentimentalitäten! Gasbarra spricht vielen Genossen aus der Seele, „denn Theater galt in den Zwanzigerjahren als einer der wenigen Bereiche, in denen die Revolution von 1918 wirkliche, ja wirksame Spuren hinterlassen hatte". Zu diesem Fazit gelangen auch Jost Hermand und Frank Trommler in ihrem Buch *Die Kultur der Weimarer Republik*.

Für Erwin Piscator ist die Spielzeit 1923 „ein Zurückgehen hinter die schon einmal erreichte Linie". Die Inflation ist auf ihrem Höhepunkt angekommen. „Für die Theater sind die Zeiten außerordentlich schwer", schreibt er seinem Vater im September 1923 und rät ihm, Aktien der Rheinmetall zu kaufen, das Stück für vier Milliarden – und zwar sofort, denn „jeder Tag kostet Millionen, wenn nicht Milliarden". Zu seinen künstlerischen Absichten berichtet er ihm: „Wir beabsichtigen, von einer breiteren künstlerischen Basis auf die politische Tendenz vorzustoßen. Für später habe ich die Absicht, eine politische Revue spielen zu lassen."

Was er Ende 1923 in petto hat, wird ein Jahr später mit der schmissigen Ansage *Revue Roter Rummel* eine Berliner Sensation. Die neuartige Piscator-Dramaturgie der szenischen Collage mit tagesaktuellen Einschüben springt auf das Publikum über. Der *Rummel* ist Agitation im Auftrag der KPD, die bei Genosse Piscator ein Spektakel für den Wahlkampf 1924 in Auftrag gegeben hat. Zur Verstärkung und ideologischen Absicherung schickt ihm die Parteileitung den zuverlässigen Genossen Gasbarra, vermutlich auch auf Wunsch Piscators, der in Gas den idealen „zweiten Mann" für sein Agitationstheater gefunden hat. Die beiden so ungleichen Charaktere sind von da an unverzichtbar füreinander: Auf Rot geht's los!

Gasbarra ist ganz *Rummel*. Täglich hämmert er neue Texte in seine *Senta*-Schreibmaschine. Er dreht ein großes Rad, macht sich einen Namen, ist in Fahrt. Nur auf die Schnelle schaut er – seine *Senta* untergeklemmt – am 24. August 1924 auf dem Standesamt vorbei. Es ist der Tag seiner Trauung mit Doris. Mutter und Vater Homann sind entsetzt, Doris nimmt's gelassen.

Nach dem Jawort geht's gleich weiter: zu Erwin, zu den Genossen, zum Spektakel. „Rote Revue! Zu ihr pilgerten die Massen. Als wir hinkamen, standen Hunderte auf der Straße und begehrten vergeblich Einlass. Die Arbeiter schlugen sich um die Plätze. Im Saal eine Fülle und Enge und eine Luft zum Umfallen. Aber die Gesichter strahlten und fieberten nach dem Anfang der Vorstellung. Musik. Die Lichter verlöschen. Stille. Im Publikum streiten sich zwei, die Leute erschrecken, der Disput pflanzt sich im Mittelgang fort, die Rampe wird hell und die Streitenden erscheinen von unten vor dem Vorhang. Es sind zwei Arbeiter, die sich über ihre Lage unterhalten. Ein Herr im Zylinder kommt hinzu. Bourgeois. Er hat seine eigene Weltanschauung und lädt die Streitenden ein, einen Abend mit ihm zu verbringen. Vorhang hoch! Jetzt geht es Schlag auf Schlag. Ackerstraße – Kurfürstendamm. Mietskasernen – Sektdielen. Blaugoldstrotzender Portier – bettelnder Kriegskrüppel. Schmerbauch und dicke Uhrenkette. Streichholzverkäufer und Sammler von Zigarettenkippen. Hakenkreuz – Fememörder. Zwischen den Szenen: Leinwand, Kino, Bilder! Neue Szenen. Der bettelnde Kriegsbeschädigte wird vom Portier hinausgeworfen. Ansammlung vor dem Lokal. Arbeiter demolieren die Diele. Das Publikum spielt mit. Hei, wie sie pfeifen, schreien, toben, anfeuern, die Arme schleudern und in Gedanken mithelfen ...

unvergesslich!", begeistert sich der Theaterkritiker Jakob Altmaier.

Der *Rote Rummel* erlebt vierzehn Aufführungen. „Die Begeisterung wird allgemein und löst sich brausend in der Internationale aus", überschlägt sich die Parteipresse. Für Gasbarra ist der Triumph die Bestätigung für die Kraft des Agitprop-Theaters, das beim *Rummel* mit den Projektionen von Grosz-Zeichnungen und den Fotografien brutaler Polizeieinsätze ungeahnte Register zieht. Der Einsatz von Film und Fotografie wird in den kommenden Jahren zum prägenden Stilmittel der Piscator-Inszenierungen, deren Arrangeur Gasbarra ist.

Zum X. Parteitag im Juli 1925 bestellt die Parteileitung der KPD ein Festspiel bei Erwin Piscator. Felix Gasbarra soll es schreiben, Edmund Meisel die Musik komponieren. Die Truppe des *Roten Rummel* macht sich unverzüglich

Für immer verloren, Gasbarras Regiebuch

Gasbarra
Piscator auf der Probe

an die Arbeit. Es entsteht *Trotz alledem!*, eine historische Revue in vierundzwanzig Szenen mit Zwischenfilmen, die die Kampfjahre 1914 bis 1919 auf die Bühne des Großen Schauspielhauses bringen wird, dem mit über fünftausend Plätzen größten Theaterbau Berlins. 1979 erinnert sich Felix Gasbarra an die monumentale Aufführung: „Zum ersten Mal erlebten wir die ungeheure Bedeutung des Publikums für die Inszenierungen Piscators. Die vieltausend Menschen im Zuschauerraum sahen ihr eigenes Schicksal vor sich abrollen. Helden wurden mit Beifall begrüßt, Feinde mit Buhrufen niedergeschrien. Jeder nahm Anteil – das hatte es im Schauspiel noch nie gegeben."

Ich setzte mich auf den für mich reservierten Platz. Von dieser Bühne hatte ich die Dramen gesehen, die Max Reinhardt dem atemlosen Berliner in vollendet schönen Aufführungen darbot. Aber nun war ein anderes Publikum da. Es war der erste Versuch, ein Volkstheater auf die Beine zu bringen. Es waren größtenteils Arbeiter, denen *Trotz alledem!* vorgeführt werden sollte. Keine Pelze wurden von schönen, nackten Schultern genommen, keine Steine blitzten auf, dafür blickten ernste Gesichter in die Runde. Hier stolperte mal einer, da knisterte Papier, aber sonst war alles geordnet. Es war das erste Stück Gasbarras, sein Name wurde verschwiegen. Er kam noch mal rasch zu mir, eifrig und glückstrahlend. Ich nickte ihm zu, wünschte ihm Hals- und Beinbruch und dann klingelte es. Er verschwand rasch, musste er doch seinem Freund Piscator helfen, der die Regie führte.

Und dann wickelte sich die Geschichte der Deutschen Revolution ab. Liebknecht und die Luxemburg traten auf, starben, aber der Arbeiter hatte eine neue Zukunft vor sich. Viel Tendenz, aber auch gutes Theater. Wer dort auf der Bühne stand, waren zum großen Teil Laienspieler. In diesem Fall waren es knorke Jungens, Arbeiter. Sie spielten ihre eigene Geschichte und sie spielten sie mit Inbrunst. Das Stück war gut zusammengerafft und hatte den Vorteil, dass sich die Arbeiter danach zu einer richtigen Besucherorganisation zusammenschlossen, was dann die Grundlage für Piscators erstes eigenes Theater am Nollendorfplatz wurde – wo er Geschichte werden konnte.

Gasbarra wurde Dramaturg an diesem Theater. Es war eine vielbewegte Zeit. Gearbeitet wurde so was wie sechzehn Stunden am Tag. Ich glaube, am meisten wurde gesprochen. Ich kannte Piscator bereits seit den Anfängen seiner Regielaufbahn. Er kam mir immer wie ein Drahthaarterrier vor, intelligent, witzig und schnuppernd in alle Winde, wo es etwas Aufregendes, etwas Neues gab. Ja, angriffslustig war Piscator. Er führte nach dem Märchenzauber Reinhardts, der einfach nicht mehr zu überbieten war, die von den Massen getragene Kampfform in das Theater ein. Er war nicht etwa bescheiden. Gasbarra schrieb für ihn das „Piscator-Buch" und der hielt ihm die Freundschaft fast sein ganzes Leben. Er versorgte ihn auch mit meiner Nachfolgerin. Nun, wenn das nicht Freundschaft ist!

Theater ist eine sehr merkwürdige Angelegenheit. Man geht hinein, um etwas dargestellt zu bekommen. Arbeitet man aber in dem oder mit dem Theater, so ist man ihm ausgeliefert. Tritt einmal ein in einen dunklen Theaterraum, wo nur ein mattes Licht herrscht – es riecht undefinierbar nach Staub, kaltem Zigarettenrauch, und wenn ein Mensch geht, klingt alles hohl. Die Schauspieler, die oben auf der Bühne proben, sind lustlos. Doch dann am Abend, wenn die Türen sich öffnen und die Zuschauermenge sich hereinwälzt, das ist wie das wogende Meer. Zischend, brausend steigen kleine Wellen hoch, brechen sich an den Brüstungen der Logen, und das Leben mit seinen Erwartungen nimmt Platz.

Trotz Drängen des Publikums wird *Trotz alledem!* nicht verlängert. Die Partei möchte den großartigen Aufwand der Inszenierung nicht länger finanzieren. Piscator und sein Librettist Gasbarra müssen mit dieser Absage einen Schlussstrich unter ihr kurzlebiges und dennoch so vielversprechendes Experiment der „Proletarischen Laienspiele" setzen.

Nach einer kurzen Denkpause setzt Piscator seine Arbeit an der Berliner Freien Volksbühne fort. Gasbarra folgt ihm trotz Freundschaft und einer mittlerweile krisenfesten Zusammenarbeit nicht. Er will seine Arbeit für die Partei, die *Rote Fahne* und den *Knüppel* nicht hintanstellen, denn damit hat er ein geregeltes Einkommen, Einfluss und für ihn wesentlich: Ansehen. Die Volksbühne hingegen „wackelt". Die einst mit 160.000 Mitgliedern mächtigste Kulturgenossenschaft Berlins ist auf dem Weg, sich zu verspießern und zu verschulden. Risiken für Gasbarra – Herausforderungen für Piscator.

An das für Piscator „großartige, für mein Gefühl katastrophal großartige Haus am Bülowplatz" (heute: Rosa-Luxemburg-Platz) gerufen, setzt er von Anfang an alles daran, „keine Konzessionen an den Betrieb zu machen". Er stülpt der auf das Niveau einer „Konsumgüter-Genossenschaft für Theaterbilletts heruntergekommenen Organisation" sein Konzept des Agitationstheaters über und lässt sich, trotz heftigen Protesten des Volksbühnenvorstands, davon nicht abbringen. Seine Inszenierungen, so die Befürchtung, würden eine Abkehr der Abonnenten auslösen, die es satthätten, in ihrem Theater den Problemen von Hunger, Revolution, Klassenkampf, Elend, Korruption, Prostitution ausgesetzt zu werden – Probleme, mit denen die Klientel schon im Alltag überhäuft sei.

Im Frühjahr 1927 kommt es zum Eklat, zur „Theaterschlacht". Wilden Hetzkampagnen der deutschnationalen Presse, die die Volksbühne als Bildungsort für bolschewistische Sturmtruppen ausmacht, stehen Solidaritätsadressen von Heinrich Mann, Bert Brecht oder Kurt Tucholsky gegenüber, „wir können uns Kunst nicht tendenzlos denken". Piscator hat seinen ersten großen Berliner Theaterskandal. Weitere werden folgen. Nach nur einer Spielzeit schmeißt er bei der Volksbühne hin.

Dazu Gas an Pis 1964: „Zwischen dir und den bürgerlichen Regisseuren gab es keinen Gradunterschied, sondern einen grundsätzlichen: sie waren bürgerliche Künstler und machten Kunst. Du warst Kommunist und machtest Revolution, wozu du dich deinem Beruf entsprechend des Theaters bedientest."

Von da an gibt es für Piscator nur eins: ein eigenes Theater, die „Piscator-Bühne". Eine „Theatermaschine" will er haben. Einen technisch rational geplanten Neubau, der den Konstrukteuren seiner raffinierten Zug-, Dreh- und Kreisbühnen keine baulichen Hindernisse mehr in den Weg stellen würde. Doch dafür benötigt er Millionen und die sind 1927 nicht aufzutreiben. Was hingegen realistischer scheint, ist eine Vorfinanzierung der ersten Spielzeit im Metropol-Bau am Nollendorfplatz. Dazu beschafft ihm seine langjährige Verehrerin, die Schauspielerin Tilla Durieux, etwa vierhunderttausend Reichsmark von ihrem Liebhaber und späteren Ehemann, Ludwig Katzenellenbogen.

Der gewiefte Finanzjongleur Katzenellenbogen, den Piscator und Gasbarra in ihrer ausführlichen Chronik des *Politischen Theaters* mit keinem Wort erwähnen, hat soeben ein „glänzendes Börsengeschäft" abgeschlossen und ist in Spendierlaune. Auch wenn er seine Investition nie wieder gesehen haben mag – Katzenellenbogen erkauft sich mit seinem Einsatz Rollen für Tilla, Logenplätze, rauschende Premierenfeiern und das zweifelhafte Renommee, den „*Roten-Rummel*-Piscator" zu finanzieren. Auf dem protzgierigen Parkett der Berliner Spekulanten ist das ein gut investiertes Geld, das ihm in der sensationssüchtigen Stadt so manche Schlagzeile bringt. Katzenellenbogen schenkt dem Frack- und Pelzberlin ein Amüsement, bei dem es zu horrenden Logenpreisen dabei sein darf, wenn unter dem Gejohle der Ränge seinesgleichen im Kostüm zigarrenpaffender Kapitalistenschweine von der Revolution hinweggefegt wird. Piscator hat die bittere Pille zu schlucken, dass sein Theater nur deshalb in der Lage war, Monat für Monat ein neues Stück herauszubringen, weil der vornehme Westen die „Piscator-Bühne" stürmt und Fantasiepreise für Premierenkarten hinblättert. Mit den Proletariern aus dem Wedding oder Schöneweide, der sogenannten „Unterschleife", für die Piscator sein Theater eigentlich macht, wäre seine von Mechanik besessene Theatermaschine nie ins Laufen gekommen.

Trotz des Sündenfalls der Finanzierung durch den Klassenfeind kann Gasbarra dem Ruf Piscators, dem „Dramaturgischen Kollektiv" seiner Bühne vorzustehen, nicht widerstehen. Die Aufforderung des von ihm bewunderten Kumpels gibt ihm an die Hand, wovon er schon seit Langem träumt: die „Kunst als Waffe", so Alfred Wolfenstein 1927 in *Das Programm der Piscator-*

bühne. Dass sich das politische Zeittheater von Spekulationsprofiten nährt, stört den pragmatisch denkenden Gasbarra wenig. Für ihn heiligt stets der Zweck die Mittel. Dies macht er auch in der *Roten Fahne* deutlich, „die kapitalistische Einkreisung unserer Bühne erscheint uns nicht als Gefahr, solange das Prinzip unserer Bühne fest in den Personen ihrer Leiter versichert ist".

Gasbarras Aufgabe als Piscators Vertrauensmann und Kettenhund ist es, den gesamten Apparat mit den Prinzipien der Gemeinschaftsarbeit zu durchtränken. Im Klartext: „Genosse Gas war der Aufpasser der Partei am Nollendorfplatz." Mit diesen Worten bestätigt Franz Jung in seinen Lebenserinnerungen *Der Weg nach unten* Doktor Felix Gasbarra als den eigentlichen „Drahtzieher" einer beachtlichen kommunistischen Parteikombination in Erwin Piscators Theaterkollektiv und fügt an, dass der eigentliche Befähigungsausweis das Parteibuch gewesen sei.

Mit seiner geschliffenen Rhetorik und der seit zehn Jahren unerbittlich spitz geführten Feder bekleidet der geschmeidige, nun zweiunddreißigjährige Felix Gasbarra das Amt des Agitprop-Kommissars im damals aufregendsten Theaterbetrieb Berlins. Auch Bert Brecht, der dem Theater nahesteht, äußert sich 1927 in einem Brief an Piscator zur Rolle Gasbarras: „Ich bin nicht bereit, unter der literarischen Leitung Gasbarras zu arbeiten. Wohl aber unter der politischen." Auf Kommissar Gasbarra ist Verlass. Keine Kritik konnte so vernichtend sein, als dass Gas sie nicht zu entkräften weiß. Selbst als sich sein guter Freund Walter Mehring bitterlich darüber beklagt, dass „Piss" (!) sein Stück *Der Kaufmann von Berlin* bis zur Unkenntlichkeit umgeschrieben habe, kontert er

Das politische Theater als Waffe der Revolution

unerbittlich: Die angebliche „Diktatur" Piscators gegenüber den Autoren hat ihren Grund darin, dass er durch regieliche Umgestaltung das mangelhafte Theaterstück zur Theaterdichtung werden lässt.

In Gasbarras Zuständigkeit liegen auch die Programmhefte. Die „Waffe Kunst" ist nun scharf gemacht. Im Vorwort der ersten Spielzeit verkündet Gasbarra: „Die Befreiung der Kunst aus einer Lage, in der sie nur noch die Wahl hat, als Objekt der Wirtschaft oder als Objekt der Politik zugrunde zu gehen, wird nur möglich sein, wenn die Kunst sich nicht scheut, von sich aus den Kampf gegen diese Gesellschaft aufzunehmen. Dieses Theater ist gegründet worden, um aus sich heraus die politischen

Kräfte freizumachen, die ihm den Weg bahnen zur Überwindung der heutigen Ordnung und damit zur Überwindung der Politik."

Eröffnet hat Piscator seine Bühne mit der Dramatisierung eines Textes von Ernst Toller und Chansons von Walter Mehring: *Hoppla, wir leben!*, einem Epos, das den „Irrsinn der bürgerlichen Weltordnung" demaskieren soll. Nach nur fünf Wochen Text-, Dramaturgie- und Regiearbeit mit schier endlosen und meist selbst zerfleischenden Debatten hebt sich am 3. September 1927 der erste Vorhang im Metropol am Nollendorfplatz.

„Das ganze Gebäude des Theaters war in den letzten vier Wochen vor der Premiere Tag und Nacht mit Arbeit erfüllt. Es war ein wahrer Hexenkessel. Dazu kamen Tag für Tag neue Sitzungen, in denen sich das dramaturgische Kollektiv konstituierte, programmatische Erklärungen entworfen und redigiert, persönliche Ansprüche, Beschwerden, Meinungsverschiedenheiten erledigt wurden", beschreibt der „Drahtzieher" die Hektik im *Politischen Theater*.

Für Gasbarra ist es eine erhebende Zeit, für das Ensemble, die Bühnentechniker und den Geschäftsführer Otto Katz hingegen ein Beginn auf Kredit und Raten, denn die Schecks von Katzenellenbogen sind schnell kassiert.

Das „System Piscator" zahlt fantastische Gagen, mit denen die Berliner Publikumslieblinge an den Nollendorfplatz gezogen werden. Er will Stars, um das zahlungskräftige Publikum anzulocken. Und es strömt, auch wenn ihm von der Bühne herab der Garaus gemacht wird. Piscator bietet Publikumsbeschimpfungen in großem Stil. Berlin geht kieken. Dazu der Theaterkritiker des *Vorwärts*: „Auf der einen Seite die feinen Leute, die

Frack und Smoking zur Feier des Abends gewählt hatten, und ihre Damen mit den schon frühzeitig ausgemotteten Winterpelzen, mit vielleicht schon bezahlten Perlenkolliers geschmückt – auf der anderen Seite kattunbekleidet, mit Wandervogelkragen und Schillerkragen, die gesunden, sommerlich gebräunten Jünglinge und Mädchen. Als der letzte Vorhang herunterging, stimmte die proletarische Jugend spontan die ‚Internationale' an. Sehr zum Befremden der ‚feinen Leute', die bis 100 Mark für einen Sitzplatz der kommunistischen Hetzbühne bezahlt, aber nicht geglaubt hatten, dass der Abend wirklich mit einer politischen Demonstration enden würde."

Auf die Theaterkritiken wird mit Ungeduld gewartet, denn sie entscheiden über Erfolg oder Pleite. Dazu Gasbarra im *Politischen Theater*: „Wir warteten bis zum Morgen auf die ersten Blätter – und dann kam eine nach der anderen: ‚Die Voss', ‚Tageblatt', ‚Börsen-Courier', ‚Morgenpost', ‚Rote Fahne' alles in allem, Zustimmung. Das politische Theater hatte sich durchgesetzt, und mit dem Gefühl einer grenzenlosen Entspannung gingen wir nach Hause, um endlich auszuschlafen, nach vielen, langen, höllischen Wochen." Den Ton setzt der Theaterkritiker und Piscator-Freund Alfred Kerr im *Berliner Tageblatt*: „*Hoppla* elektrisiert: Fortreißendes hat Walter Mehrings Einschublied, Fortreißendes die glühend-geistvolle Signalmusik Edmund Meisels, Fortreißendes der Anfangsfilm, den Piscator stiftet."

Gas ist versessen darauf, dem Kollektiv Form und Durchschlagskraft zu verpassen. „Doch die Autoren, die dort ein und aus gingen: Bert Brecht, Alfred Döblin, Walter Mehring, Erich Mühsam, Ernst Toller oder Kurt Tucholsky, nahmen die Themen und Probleme", erinnert sich Piscator, „die eigentlich dem Kollektiv gestellt waren, mit in ihr stilles Kämmerlein, wo sie diese in eigener Initiative verfolgten und abwandelten. Brecht stelzte hinter der Bühne auf und ab und rief immer wieder: Mein Name ist eine Marke, und wer diese Marke benutzt, muss dafür zahlen."

Doch nicht nur die Autoren, auch Piscator macht seinem Dramaturgen das Leben schwer, denn der sieht sich nicht in der Lage, mit „festgelegtem Plan" Regie zu führen: „Die Arbeit verlangt von uns allen Neues und Ungewohntes." So wird am Nollendorfplatz noch am Tag der Premieren umgestellt, umgeschrieben und umgestaltet, und selbst die ausgeklügelte Bühnenmaschinerie, deren tonnenschwere Konstruktion simultane Spielebenen ermöglichen sollte, rollt erst kurz vor Spielbeginn an, was dazu führt, dass die Effekte der Filmprojektion sich erst in der Premiere zeigen. Waren es bei *Trotz alledem!* erst wenige Meter Film, die zudem noch von befreundeter Seite „rübergereicht" wurden, so wird am Nollendorfplatz ein planmäßiger Herstellungsprozess aufgebaut, der produziert, was Piscator sich einfallen lässt.

Obwohl Gasbarra kaum Filmerfahrung hat, widmet er sich auch dieser Aufgabe mit Elan. Für die Filmteile von *Hoppla, wir leben!* lässt er Hunderte von Daten aus Politik, Wirtschaft, Kultur, Gesellschaft, Sport und Mode zusammentragen. Daraus baut er einen Zeitraffer, der die „unendlichen Jahre" von 1919 bis 1927 abspult. Etwa dreitausend Meter Film soll der Kameramann Curt Oertel belichtet haben. Nur wenige davon fanden Verwendung.

Gasbarra, der den Stegreif liebt, doch von Akribie getrieben ist, erweist sich als loyaler Mitstreiter im Tohuwabohu der sich jagenden Regieeinfälle. Er lässt sich an den Generalproben nicht von Unfertigem und Ungereimtem entmutigen, gerät auch angesichts wankender Aufbauten nicht in Panik und sucht bis zur letzten Minute nach einer Lösung für das Unfertige.

Dazu Erwin Piscator in seinem Buch: „Die Arbeit war getan, wenn auch in vielen Teilen noch unfertig. Noch am Abend der Premiere, die auf sieben Uhr angesetzt war, begegnete ich um ein Viertel vor sieben Uhr Gasbarra und Simon Guttmann, die in einem Kellerraum Teile des Zwischenfilms zusammenschnitten, der um acht Uhr oben laufen sollte. Als das Publikum bereits in den Gängen stand, probierten wir noch den Schlussfilm aus. Gasbarra kam alle Augenblicke mit neuen Szenen, bis ich ihn bei den Projektionsapparaten festsetze."

Das einprägsame Bild von Felix Gasbarra als dem „Mann am Projektor" wird bleiben. Film wird ihm ein Lebensthema sein, mit Freundschaften zu Regisseuren und Drehbuchautoren – und später auch Aufträgen. Das Chaos ihrer ersten Produktionen haben Piscator und Gasbarra später zu einer ihrer Tugenden umfrisiert: „Bewusst schaffen wir Unfertiges – wir haben gar nicht die Zeit zum formalen Aufbau. Wir nehmen die Mittel, wie wir sie finden, und schaffen damit die Übergangsleistung."

Nach einer Premiere wurde in einem sehr feinen Restaurant am Nollendorfplatz immer gefeiert. George Grosz kam mit einem Glas Wein in der Hand und war vom Erfolg ganz erfüllt. „Prost! Trinken Sie", sagte er zu mir. „Ich bin so glücklich, dass ich alle Welt wegstoßen würde, wenn man mich am Trinken hinderte. Selbst wenn so ein dreckiger Arbeiter kommen würde, ich würde ihm einen Fußtritt geben." Grosz und wir waren die Einzigen, die später ihre Ehekrisen überstanden.

Seine Frau Maud war von Grosz erfüllt. Sie hatte einen kleinen Schwips, als sie mir erzählte: „Ich kneife so gern in den Popo von Grosz, der ist wie Gummi – ach, ich dürfte das gar nicht in Gesellschaft erzählen, doch hier sind alle beschwipst."

Und dann war da natürlich Hilde, die Frau von Piscator. Seit der Übernahme des Nollendorf-Theaters spielte sie verrückt, es gab ja nun Geld. Zu jeder Premiere musste ein neues Kleid in Erscheinung treten. Ich kann mich noch an jenes erinnern, das sie bei der Premiere von Schwejk getragen hat. Es war aus knallrotem Seidenstoff, der wie ein Hauch über ihren Körper fiel, tief ausgeschnitten und der Rücken war bloß bis fast auf die Taille. Man hatte das Gefühl, die Frau hätte gar nichts an. Jede andere Frau – wenn sie nicht die Frau eines Arbeiterregisseurs war, der sich auf die Massen, die ihm mit ihren Groschen das Theaterspielen erst ermöglichten, stützen musste – konnte anziehen, wie sie wollte. Doch Hilde liebte all die schönen Dinge zu sehr, die die bürgerliche Welt auch liebte, und nahm nie Rücksicht auf die Stellung ihres Mannes. Viele Kommunisten, Salonkommunisten, wie sie spöttisch von ihren Gegnern zu Recht genannt wurden, liebten all die schönen Dinge, die die bürgerliche Welt auch liebte, und ihr heißester Wunsch war: Lass mich mal ran! Dass sie ganz begabte Burschen waren, stand außer Zweifel, und dass sie viel Spaß daran hatten, mit lachender Verve ihre Argumente frei herumzuschleudern, war verständlich, denn die versnobten Berliner rissen sich ja um die Premierenkarten.

Immer zugegen war auch Hede Gumperz. Sie lebte damals mit Julian Gumperz, einem intelligenten Verleger, der am Malik-Verlag beteiligt war.

Lassen wir Hede zu Wort kommen: „Unsere Exklusivität ging so weit alles in Bausch und Bogen abzulehnen, was bourgeois war. Man ging nur in Galerien, die von der Partei erlaubt waren; man ging nur zu Konzerten, die unsere eigenen linken Musiker und Komponisten veranstalteten. Alles andere war Kitsch oder ‚Abschaum'. Es gab kein Problem, für das wir keine Antwort wussten. Wir waren die Auserwählten. Wir waren absolut modern ohne Kompromisse."

Obwohl ich bei den großen Theaterpremieren der „Piscator-Bühne" viele erlebt hatte, die mit Pelzen und Brillanten übersät waren, hatte ich noch nie eine so elegante Frau gesehen. Von ihr machte ich eine sehr schöne Zeichnung. Dennoch sah sie immer sehr geringschätzig auf mich herab.

Doris lässt sich von Piscators frivolen Premierenfeiern nicht blenden, auch wenn viele Frauen sie darum beneidet haben mögen, mit einem Mann zu leben, der im Rampenlicht der großstädtischen Sensationen steht. Sie nimmt auf ihre eigene, stets abwägende und aufmerksam beobachtende Weise am Aufmarsch der Claqueure teil. Obwohl sie von sich sagt, keine Puritanerin zu sein, selbst wenn sie puritanisch lebe, so kommt es ihr nicht in den Sinn, an Premieren Schmuck, Rücken oder Knie zu zeigen. Sie will frei sein für den Gedankenflug, statt dauernd besorgt, ob die Brillantbroschen noch da sind, ob sie nicht verloren oder gestohlen wurden. Sie bleibt bescheiden und wendet sich lieber den Stillen unter den Lauten zu. Wie einem Ernst Toller, den sie als bleichen, jungen Mann mit großen, schwarzen Augen und einer flammenden Stirne in Erinnerung hat: „Er war nicht eingebildet, er hatte die Einfachheit der Großen. Es umwehte ihn die Luft der außergewöhnlichen Menschen, und trotzdem wir uns in nichts nähergekommen sind, hat uns irgendetwas über viele Menschenköpfe hinweg verbunden, wenn wir uns anlächelten." Oder Ernst Mühsam, der für sie der reinste Kommunist ist, dem sie je begegnet ist: „Er lief immer in seinem alten Regenmantel herum, Lieder auf den Lippen und mit jenem weichen, verzeihenden Lächeln, das um die Fehler der Menschen weiß. Und solch einen Menschen haben die Nazis fertig gemacht!"

Gasbarra stimmte zu fortgeschrittener Stunde einen Song an, den er frei dichtete, wo er Piscator seine Liebe erklärte. Mir war das alles sehr unangenehm. Ich machte ihm Zeichen, denn alle sahen zu mir und die Kellner fingen zu lachen an. Aber Gasbarra sang weiter: „Nie können die nördlichen Menschen" – damit war natürlich ich gemeint – „die südlichen Menschen verstehen."

Nun waren alle im Aufbruch und so fand das Fest für mich keinen sehr guten Abschluss, denn Gasbarras Song war die glatte Absage an ein Angebot, das ich ihm voller Stolz überbrachte. Denn Bert Brecht hatte ihn durch meinen Mund zur Mitarbeit aufgefordert: „Wenn er mit mir arbeitet, wird er berühmt werden, sagen Sie ihm das. Bleibt er bei Piscator, so wird sein Name verschwiegen werden und er wird weiter nichts erreichen, als nur der Gefolgsmann zu werden. Aber mit mir wird er berühmt." Dabei hatte Brecht, den ich zeichnete, auf seinem Spinett geklimpert, und seine brüchige Stimme erfüllte mit diesen blechernen Tönen den Raum.

Das frühe Werk von Doris Homann ist verschollen.

Ich habe sein Porträt nach Brasilien mitgenommen. Als *Der gute Mensch von Sezuan* in Rio de Janeiro aufgeführt wurde, habe ich es vergebens unter meinen Arbeiten gesucht. Es war verschwunden.

―

Doris hat schon früh damit begonnen, sich mit Kunsthandschriften zu befassen. Ihre erste Begegnung mit Inkunabeln und den Versalien der spätmittelalterlichen Drucke hatte sie im Verein der Berliner Künstlerinnen, wo „die schöne Schrift" gelehrt wurde. Doch statt sich mit goldenem Rechteck, Außensteg oder Spaltensatz zu quälen, greift sie zu Farben, Tusche und Pinsel und „zertrümmert" die durch Jahrhunderte unantastbaren Formeln des Satzspiegels. Sie entwickelt eigene Schriftzeichen, setzt manchmal nur einen Buchstaben auf das Blatt oder lässt Lettern zueinander sprechen.

Ihre erste „Homann-Inkunabel" ist die Ausgestaltung der Hiob-Geschichte aus der Bibel, eine eigenwillige, ganz unabhängige Darstellung, die ihr viel Anerkennung einbringt. Bald schon wendet sie sich auch modernen Texten zu, so zum Beispiel der Geschichte *Höher als Gras* von Franz Jung oder Rimbauds *Bateau ivre*. „Es war alles sehr blutrünstig und meine glühenden Farben unterstrichen das Geballte des Textes." Ihre noch ungebundenen Blätter plant sie, zunächst in einer kleinen Schöneberger Buchhandlung auszustellen. Dort wird sie an August Kuhn-Foelix empfohlen, den bibliophilen Eigner eines florierenden Handschriftenverlags.

Ich klingelte, mir öffnete eine junge Person, nicht hübsch. Ich sah nur eine riesige Zahnreihe leuchten. Sie bat mich, im Salon Platz zu nehmen. Das war die zukünftige Frau Kuhn, Erbin eines großen Vermögens. Ich kam in einen Raum, der von einem riesigen Kruzifix ausgefüllt war, Elfenbein und das Podest mit Perlmutter ausgelegt. Teppich weiß ich nicht mehr, ich erinnere mich nur, dass die Tapete einen pompejanisch roten Ton hatte. Jetzt öffnete sich die Tür und herein kam ein riesiger, hagerer Mann im dunklen, seidenen Morgenrock mit Lackpumps, und in dem blassen Gesicht blitzte ein Monokel – wie bei einem Leutnant, fuhr es mir durch den Kopf. Am meisten aber machten die Lackpumps auf mich Eindruck. Dann wurde ich mit Lobesreden überschüttet und vor allem fand ich einen Dichter vor, der mir zum ersten Mal meine eigenen Handschriften erläuterte, von deren Bedeutung ich keine Ahnung hatte.

Kuhn war ein ganz seltener Kunstenthusiast. An seinen „Jours" lernte ich eine Menge Leute der bibliophilen Welt kennen. So auch meinen ersten namhaften Käufer, den großen Buchhändler und führenden Antiquar, Martin Breslauer. An ihn verkaufte ich sehr viele meiner Handschriften.

Ich arbeitete zu dieser Zeit an einem für mich großen Buch, die Judith aus dem Buch der Bibel. Es waren wohl hundert Seiten und es war für mich ein wunderbares Auf und Ab, die Geschichte der jüdischen Heldin zu schreiben, als wenn sie heute passiert wäre. Ich stand zu jener Zeit morgens um fünf auf und bereitete alles so weit vor, dass ich den ganzen Tag in Ruhe und großer Konzentration die Seiten in meiner Schrift dahinfließen lassen konnte, vollkommen ungekünstelt und von leuchtenden Farben untermalt. Dieses Buch Judith brachte mein Mann zu Kandinsky, der ihn aufgefordert hatte, sich zu überlegen, ob er eine Tischlereiabteilung im Bauhaus übernehmen möchte. Kandinsky sah das Buch und meinte, es wäre Musik. Ich müsste sehr musikalisch sein. Als ich das hörte, lächelte ich nur: Ich musikalisch, die keine Note richtig singen konnte? Ich hätte gar zu gerne Kandinsky kennengelernt, aber Gasbarra hatte das Angebot nach – wie er sagte – reiflicher Überlegung aus politischen und ein bisschen auch aus eifersüchtigen Gründen abgelehnt, ohne sich die letzteren voll einzugestehen. Schade, ich hätte da so viel lernen können.

Mittlerweile hat sich Doris als Porträtmalerin in Berlin einen Namen gemacht. Ganz im Sinn ihrer geschäftstüchtigen Verwandtschaft, allen voran der von ihr verehrte Coupon-Schulze, ist sie bestrebt, mit ihrer Kunst den Lebensunterhalt zu bestreiten. Auf eigenen Beinen zu stehen, bedeutet ihr viel, ganz abgesehen davon, dass sie von Gasbarra diesbezüglich wenig zu erwarten hat. So ist sie denn schnell bei der Sache, als der Sammler Kuhn-Foelix mit der Idee an sie herantritt, eine Zeitschrift mit dem Titel *Der Bücherwurm* herauszubringen, deren Titelseiten sie mit einer Porträtzeichnung gestalten soll. Das würde ihr nicht nur etwas einbringen, sondern auch eine gute Gelegenheit bieten, interessante Menschen kennenzulernen. Den Anfang macht der Begründer der Sexualwissenschaft Magnus Hirschfeld.

Als wir fertig waren, fragte Hirschfeld mich, wes Geisteskind ich wäre, und sein Gesicht verwandelte sich, als ich ihm erklärte, ich sei die Frau von dem Gasbarra, den er ja kennen würde und der einmal eine Büste von ihm gefertigt hätte. Er fiel fast vom Stuhl, als er immer wieder sagte: „Nein so was, das hat er mir doch ganz verheimlicht." Gasbarra lachte, als ich es ihm später erzählte, sah sich die Zeichnung Hirschfelds an und fand sie gut. Weder er noch ich wussten, wie schnell er wieder in seinem Institut für Sexualwissenschaft auftauchen würde, aber jetzt als Patient.

Männer sind ja komische Exemplare. Sie denken, sie können ihren Frauen alles aufbinden. Als Gasbarra mir so nebenbei erklärte, er hätte sich angesteckt, war ich doch sehr beunruhigt und suchte den ihn behandelnden Arzt auf. Der hat mich sehr ernst angesehen und wollte mir Untreue einreden: „Sehen Sie, diese Schreibtischecke hat schon viele Beichten erlebt."

„Ich wüsste nicht, was ich ihnen gestehen sollte – ich finde ihr Benehmen komisch", sagte ich ihm darauf.

Nach drei Tagen erhielt ich den Befund: negativ. Der Arzt entschuldigte sich, dass er mich verdächtigt hatte.

„Ja, Sie wollten mir nicht glauben und ein andermal seien Sie vorsichtiger und zwingen Sie Frauen nicht zu Konfessionen, die sie gar nicht machen können, weil sie gar keine zu machen haben."

Wen ich sonst noch alles zeichnete, weiß ich nicht mehr. Aber einer blieb mir im Gedächtnis: Theodor Plivier. Er hatte jahrelang an einem Soldatenroman geschrieben, der jetzt in aller Munde war. Plivier wohnte in einem der alten, schmalen Häuser an der Landsberger Straße. Ich stolperte die enge Treppe hinauf und kam in eine Schneiderinnenwerkstatt. Ein blasses, junges Mädchen nähte über ihre Arbeit gebeugt, kaum dass sie aufsah. „Was wünschen Sie?"

„Ja", sagte ich, „ich suche den großen Schriftsteller Plivier. Ich möchte ihn zeichnen."

Sie ließ die Arbeit sinken. „So kommt doch noch das Glück zu uns. Jetzt hat alle Not ein Ende." Und ich erfuhr, dass sie mit ihrer Hände Arbeit für sich und den nun berühmten Plivier arbeiten musste, er konnte sich ja nur auf das Buch konzentrieren, da durfte er kein Geld mit anderer Arbeit verdienen. Und ich sah ihr glückliches Aufleuchten in dem blassen verhärmten Gesicht. „Ich führe Sie gleich zu ihm."

„Die Reporterin sagt, du bist berühmt", sagte sie sanft zu einem Mann, der aussah wie ein Matrose, als wir den einfachen Raum betraten. Plivier war gerade mit Schreiben beschäftigt, und ein halb ausgeleerter Kaffeetopf, wie ihn die ärmere Bevölkerung benutzte, stand auf dem kahlen Tisch und eine Art Küchenmesser lag daneben. „Jetzt hat alle Not ein Ende, sie will dich zeichnen", flüsterte sie stolz, küsste ihn und verschwand.

Mit karger, etwas unbeholfener Bewegung wies mir Plivier einen Stuhl an. Wir kamen dann langsam ins Gespräch. Er freute sich, dass ich alle Leute kannte, die er hoch schätzte. Er fragte nach Piscator und dann auch nach Hilde, die offenbar bereits Eindruck bei ihm hinterlassen hatte. Hilde, sagte ich ihm, „ist eine schlimme, gefährliche Frau. Vor ihr sollten sie sich hüten."

Plivier fiel später mit Pauken und Trompeten auf sie rein. Zunächst zogen Piscator, Hilde und Plivier nur nächtelang von einer Bar in die nächste. Danach brannte Hilde mit Plivier durch. Ich kann mir vorstellen, wie die kleine, sanfte Jüdin, die Plivier so viele Jahre durchgehalten hatte, um ihren nun berühmten Dichter litt. Die kleine, aufopfernde Schneiderin hatte das Nachsehen. Das Leben kann sehr grausam sein. Arme, kleine Jüdin, wo magst du geblieben sein?

„1926 war mein glücklichstes Jahr", schreibt Doris in ihren Lebenserinnerungen. Im Oktober kommt ihre Tochter Livia zur Welt. Nach dem Verlust des ersten Kindes ist Doris nun sehr um Ruhe bemüht, denn Mutter zu sein, ist ihr innigster Lebenswunsch. Um sich keinerlei Aufregungen auszusetzen, verbringt sie den Sommer in der Abgeschiedenheit der Mark Brandenburg. Gasbarra steht ihr in dieser Zeit bei. Er ist gelassen und „äußerst zuvorkommend", auch wenn er sich nicht dazu durchringen kann, seinen Pendelgang zwischen Yorckstraße und Am Friedrichshain aufzugeben.

Nicht dass Doris sehr abergläubisch wäre, das wird sie später werden, doch erst mit der Geburt von Livia kann sie die Trauerarbeit um die früh verstorbene Tochter beenden und das verschlungene V. – für Victoria – auf dem Deckel der knallrot bemalten Truhe mit einem kräftigen blauen L. übermalen. „Ich wachte über das kleine Geschöpf wie eine Löwin über ihr Junges, leider machte ich aus lauter Liebe alles falsch, weil ich alles übertrieb. Da ist es wohl kein Wunder, dass Gasbarra sich schadlos hält. Er hört zwar nicht viel vom Kindergeschrei, doch es genügt dem feinfühligen, kultivierten Dichter auch so. Der ‚Charakterkopf' indes grollt und sieht sich ‚das kleine, süße Ding' ein ganzes Jahr lang nicht an. Dann will er es dennoch sehen. Livia erobert sich das harte Herz."

Dennoch lässt die alte Dame nicht davon ab, von Doris einen männlichen Nachkommen für ihren vergötterten Felix zu fordern. Doch auch Doris' drittes Kind wird ein Mädchen werden. „Da fiel ein sehr böses Wort, was meinen Stolz so verletzte, dass ich es ablehnte, diese Großmutter je wieder zu empfangen."

Nach einem Jahr fängt Doris wieder an zu malen und zu zeichnen. „Einmal noch schickte ich ein sehr schönes, großes Selbstporträt zu einem Salon der Künstlerinnen. Fanny Remak machte mich auf die tolle Kritik in der *Vossischen Zeitung* aufmerksam, die ich auf mein Porträt erhalten hatte, denn ich war groß erwähnt und der Kritiker forderte mich zu einer eigenen Ausstellung auf. Jaja, nickte ich, ganz gut, aber ich bin noch nicht so weit. Und dann hatte ich auch Angst, so ganz allein. Ich wusste, ich hatte noch viel zu lernen und ich war so erfüllt von vielen Dingen."

Ich lernte László Moholy-Nagy an einem Vortrag über seine neuesten fototechnischen Erfindungen kennen. Als er hörte, dass ich die Frau von Gasbarra war, fragte er, wo Gasbarra sei. „Ist er bei seiner Mutter in der Yorckstraße?"

„Nein", sagte ich, „kommen Sie mit mir. Er ist bei mir Am Friedrichshain."

Wir sprachen viel im Omnibus zusammen, es wurde schon sehr spät. „Wird er noch da sein?", fragte Moholy. „Gewiss wird er da sein, er hat es mir versprochen. Auch wenn er nicht da sein sollte, werde ich Sie begleiten, denn Sie fangen an, mich zu interessieren." Oh weh, dachte ich. Das wird schlimm, wenn Gasbarra nicht zu Hause ist.

Mir fiel ein Stein vom Herzen, als ich durch die knallroten Vorhänge – die Tapeten hatte ich taubenblaugrau – die Silhouette meines Mannes sah. So schloss ich fröhlich und leichten Herzens meine Haustüre auf. Die Männer begrüßten sich. Sie waren Rivalen bei der Freundin Moholys, einer Schauspielerin, gewesen.

„Da Sie so brav mitgekommen sind", sagte ich zu Moholy, „werde ich Ihnen das Schönste zeigen, was ich besitze", und führte ihn in mein Schlafzimmer, wo meine Tochter in ihrer ganzen Süße schlafend im Kinderbett lag. Moholy betrachtete das Kind, dann sagte er leise: „Ich verstehe Sie." Mehr brauchte es nicht, um mein Herz jubeln zu lassen.

Die Schachpartie, die Gasbarra mit seinem Bekannten gespielt hatte, war zu Ende. Man sprach noch eine halbe Stunde und dann verließ mich die Männerwelt und ich ging zufrieden in der Nähe meines geliebten Kindes schlafen.

Nach dem Erfolg von Ernst Tollers *Hoppla, wir leben!*, dem Stück, das die Deutsche Revolution abrollen lässt, plant Piscator ein Lehrstück zur Großen Russischen Revolution. Rasch sind sich Gasbarra, Leo Lania sowie der herbeigerufene Bert Brecht einig, dass der Dreh- und

Doris Homann: Exlibris für Gasbarra

Angelpunkt des „historischen Dramas" im Schicksal Europas von 1914 bis 1917 zu liegen habe.

Um dieses „gewaltige Gebiet" zu gliedern und es auf die militärisch-politische, ökonomische und revolutionäre Bedeutung hin zu untersuchen, nehmen sich Gas und Lania den *Rasputin* von Alexej Tolstoi vor und erweitern den Romanstoff zu einer Schicksalsrevue, die im mehrdimensionalen Raum der „Piscator-Bühne" als *Rasputin, die Romanows, der Krieg und das Volk, das gegen sie aufstand* am 27. November 1927 Premiere hat. Als Spielgerüst ließ sich Piscator eine in Segmente geteilte Halbkugel einfallen, die alle Dimensionen seiner bisherigen Bühnentechnik sprengt: „Zwingend wurde in mir die Vorstellung des Erdballs, auf dem sich alle Geschehnisse in engster Verflechtung und gegenseitiger Abhängigkeit entwickeln. Eine wendige, elegante, schnell und lautlos funktionierende Theatermaschine hatte ich gewollt und natürlich nicht das, was Alfred Kerr nachher nicht ganz unrichtig als ‚schleichschleppende Schildkröte' charakterisierte. Ein besonderes Schmerzenskind war das Scheitelstück der Halbkugel. Auch hier hatte ich mir ein rasches, lautloses Heben und Senken vorgestellt. Das dauerte bei den ersten Versuchen nicht weniger als sieben Minuten. Dazu machte der Motor ein Getöse, als ob ein Kohlekran auf dem Hafenplatz in Bewegung sei. Und wie immer werde ich mich wohl erhoben haben mit den Worten, die leider bei uns geflügelt waren: ‚Ja, dann können wir eben kein Theater machen.'"

Im Januar 1928 folgt mit den *Abenteuern des braven Soldaten Schwejk* die erfolgreichste Produktion der „Ersten Piscator-Bühne". „Nachdem wir mit *Hoppla, wir leben!* den Aufriss eines Jahrzehntes deutscher Geschichte, im *Rasputin* die Wurzeln und Triebkräfte der russischen Revolution bloßzulegen versucht hatten, wollten wir im *Schwejk* den ganzen Komplex des Krieges im Scheinwerfer der Satire zeigen und die revolutionäre Kraft des Humors veranschaulichen", schreiben Gasbarra und Piscator 1929 in ihrem Buch.

Erneut ist es das Doppel Gasbarra-Lania – unter Mitwirkung Brechts –, mit dem Piscator die Erarbeitung der Bühnenfassung des unvollendeten Romans von Jaroslaw Hasek vorantreibt, diesmal in einer spätsommerlichen Klausur. Gasbarra nennt es ein Arbeitslager. Für Piscator ist es eher ein amüsanter Zeitvertreib: „Wie immer bei größeren Arbeiten verließ ich Berlin und schlug mein Hauptquartier in einem kleinen Hotel-Restaurant in der Nähe von Neubabelsberg auf. Nachdem ich mir über die Grundzüge der Dramatisierung klar geworden war, trat der Mitarbeiterstab in Aktion. Brecht kam manchmal mit seinem ersten, viel bestaunten Automobil, er war der Einzige von uns allen, der damals einen solchen Wagen besaß, und ich erinnere mich mit Vergnügen, wie oft wir ihn anschieben mussten, weil die Zündung versagte. Auch sonst fehlte es nicht an Abwechslung. Ich übte mich im Pistolenschießen, zum Kummer der Wirtsleute vornehmlich an den Bäumen des Kaffeegartens. Und da ich immer großen Wert auf körperliche Fitness meiner Mitarbeiter gelegt habe, ließ ich zwei Mal wöchentlich den Trainer herauskommen, in dessen harter Schule besonders Lania manchen Schweißtropfen vergoss. Brecht sah alldem mit einem undefinierbaren Grinsen von draußen durchs offene Fenster zu. Zum ersten Mal lag vor uns nicht ein Stück, das gut oder schlecht, sprachlich oder szenisch gefasst oder nicht, immerhin der Form des Theaters Rechnung trug, sondern ein Roman."

Etwa vier Monate nach den Vorarbeiten in der Nähe des Griebnitzsees hat die epische Satire *Die Abenteuer des braven Soldaten Schwejk* im Januar 1928 am Nollendorfplatz Premiere. Mit dieser Inszenierung feiern Piscator und sein Schwejk, Max Pallenberg, Triumphe. Selbstverständlich ist auch Doris bei der Premiere mit dabei.

Der *Soldat Schwejk*, der zum ersten Mal das Fließband auf die Bühne brachte, wurde der ganz phänomenale Erfolg. Max Pallenberg, der eine Unsumme für jeden Abend erhielt, marschierte das ganze Stück über auf einem

Fließband und rief dadurch die vollkommene Illusion des Voranschreitens hervor. Der Hintergrund war nur eine weiße Leinwand, auf der ein Film lief, der höchstwahrscheinlich von einem fahrenden Eisenbahnzug aus aufgenommen war und eine wechselnde Landschaft zeigte. Das war im Gegensatz zu dem großen Kuppelbau des *Rasputin*-Stücks – wo sich zu einem sehr komplizierten System die einzelnen Teile der Kuppel öffneten und jedes Mal eine andere oder zu gleicher Zeit zwei spielende Szenerien freigaben – eine so einfache und starke Lösung, wie sie jedes große Kunstwerk hervorruft.

Wie sehr sich Doris und Felix doch in ihren Empfindungen unterscheiden. Als Augen- und Sinnesmensch gelingt es ihr, ihre Wahrnehmung in klare Worte zu fassen. Der Scharfschütze Gasbarra hingegen legt die Waffe nie aus der Hand. Er steht – Kimme und Korn auf den Klassenfeind gerichtet – auf den Barrikaden des Kulturkampfs. Er kennt kein Erbarmen mit der bürgerlichen Kritik an Erwin Piscator und schreibt 1928 in der *Welt am Abend*: „Die geistige Revolution, inmitten der wir stehen, bedingt nicht nur eine radikale Umgestaltung der rein technischen Mittel, sondern führt auch zur Erschließung neuer Stoffe und Formgebiete. Piscator hat den revolutionären Roman für die Bühne erobert, eine Tat, die mehr wert ist als alles ästhetisierende Geschwätz."

Drei epochemachende Inszenierungen mit Film- und Theatermaschine hat Gasbarra an der „Ersten Piscator-Bühne" als Dramaturg, Autor, Stoffentwickler, Drehbuchschreiber und Einpeitscher vorangetrieben. Sein Leben ist ausschließlich vom Rhythmus der Spielzeit, von den kleinen und großen Sorgen des Theaterbetriebs sowie von der ständigen Inanspruchnahme durch Freund Erwin bestimmt. Gas hält ihm allen Zores vom Leib und versteht es, drohendes Ungemach zu jeder Tages- und Nachtzeit aus dem Weg zu räumen. Sein Preis dafür ist ein Leben zwischen Büro, Bühne und Bett. Vom Nollendorfplatz bis zu seiner Mutter ist es nur ein Katzensprung. Was dies für sein Leben mit Doris – und für Doris' Leben mit ihm – bedeutet haben mag, lässt sich erahnen.

Kurz vor dem *Schwejk* feiert der nun vom Erfolg verwöhnte Gas seinen zweiunddreißigsten Geburtstag. Ohne es zu ahnen, steht er am Höhepunkt seines Lebens. Premieren, Proben, Politik, nicht Familie, bestimmen ihn. Ob er auch weiterhin der Gewohnheit nachgeht, wie sich meine Mutter Ilse später gerne mokiert, die „ehelichen Pflichten" nur samstags zu erledigen? Sein Ruf eines Homme à Femmes legt dies nahe, denn bei der Wahl seiner Damen ist Felix nicht zimperlich. Am Theater

Der „Drahtzieher" einer beachtlichen kommunistischen Parteikombination

fehlt es ihm gewiss nicht an Gelegenheiten, schon gar nicht im dramaturgischen Büro, wo der hoffnungsvolle Nachwuchs um Engagements buhlt.

Um 1927 beginnt Doris für Berliner Tageszeitungen zu arbeiten. Durch Gasbarra ist sie mit den Redaktionen des Zeitungszaren Willi Münzenberg, der die auflagenstarken kommunistischen Tages- und Wochenzeitungen herausgibt, schon seit geraumer Zeit gut bekannt. Doris, die sich auf Gasbarras Anraten das Pseudonym *Link* gegeben hat, ist als prägnante Zeichnerin des Berliner Lebens gefragt. Ihre Vignetten und Porträts, ihre Karikaturen im *Knüppel* und die Menschenbilder in der *Roten Fahne* bringen ihr viel Anerkennung.

Mit sicherem Blick erfasst sie Leute, die noch nicht politisch geschult sind, den sogenannten kleinen Mann und die kleine Frau. Kaum je muss sie ihren Strich

Zeitungsillustration
„Genosse Knüppel"
von Doris Homann

zweimal ansetzen. Geht Doris aus dem Haus, so hat sie Zeichenblock und Stift dabei. Sie bildet Menschen ab, die ihr Leben im Gesicht haben. Was von *Link* heute noch aufzufinden ist, besticht durch Einfachheit und Klarheit. Doch damit will sie sich nicht begnügen. Doris entdeckt, dass sie auch packend schreiben kann. Von Gasbarra ermutigt und von Redakteuren angespornt, „bringt sie es in zwei, drei Jahren fertig" – wie sie stolz vermerkt – „jeden Monat in der Sonntagsausgabe der *Berlin am Morgen* eine ganze Seite für sich zu haben". Sie entwickelt – das ist nachzulesen – eine von ihrem Sinn für die einfachen Leute beseelte Form der Reportage, die sie um wirklichkeitsnahe Zeichnungen ergänzt.

Ihre Themen sucht sie sich an den sozialen Brennpunkten der Großstadt. Sie schaut mit den Augen einer Frau, nie anklagend, immer zugewandt. Gleich die erste Reportage macht deutlich, wo ihr Herz schlägt. „Können Sie nicht einmal das Asyl für Frauen besuchen und eine schöne Reportage für Frauen darüber bringen?", fordert sie der Chefredakteur der *Berlin am Morgen* auf. „Kann ich", antwortet sie. Ihre Reportage *Im Asyl der obdachlosen Frauen – Worte und Bilder von Link* ist eindringlich geschrieben. Noch persönlicher beschreibt sie ihr Erlebnis im Asyl der obdachlosen Frauen in ihren Lebenserinnerungen.

Ich gab mein Kind meiner Mutter, ohne zu sagen, was ich vorhatte, zog meine schlechtesten Sachen an und stiebelte los. Ein eisiger Wind pfiff durch die Straßen; und wie wirbelte das Laub vor mir her! Eigentlich ist es doch gut, dass es solch ein Asyl gibt, wo man geborgen für eine Nacht ist, dachte ich, als ich das Häuflein frierender Gestalten sah. Man musste in der Kälte eine Stunde warten, ehe man reingelassen wurde, und man musste früh da sein, denn es gab nur eine begrenzte Anzahl Betten, und bezahlen musste man auch: einen Groschen. Damit erkaufte man sich das Recht auf ein Bad, eine warme Suppe, ein reines Hemd und ein sauberes Bett. Der Groschen war vielleicht nicht schwierig auf der Straße zu bekommen, aber man musste auch das Fahrgeld haben, um in den hohen Norden der Stadt zu kommen, denn es gab in Berlin nur das eine Asyl für Frauen.

Das Tor wurde täglich nur für eine halbe Stunde geöffnet. Wer zu spät kam, wurde nicht mehr eingelassen. In der Gegend, wo sich das Asyl befand, waren die Leute zu arm, um immer Geld für die Bettlerinnen zu geben. Die Gebiete der Bettelarbeit waren in der Stadtmitte und von dort konnte man unmöglich zu Fuß bis

Lithografie von
Doris Homann

zum Asyl gehen – schon gar nicht, wenn man nicht richtig ernährt war. Hier gab es nur alte, verhutzelte Frauen, krank noch obendrein, denn die jungen kräftigen Personen suchten sich für die Nacht einen Geliebten, der ihnen ein Zimmer bezahlen konnte oder sie mit auf sein Zimmer nahm. Das hörte ich von einer Frau, die später zwei Betten weiter von mir ihre Lagerstatt hatte und jammerte, keinen Galan für die Nacht gefunden zu haben, und deshalb in dieser Spelunke übernachten müsse. Zunächst gab es eine elende Suppe, die ich nur zum Schein anrührte. Ich war nicht gewöhnt, aus einem angeschlagenen Emailletopf zu löffeln. Meine Nachbarin zog meine Schüssel mit Freuden zu sich rüber.

Dann ging es zu einem Schalter, wo jede ein Stückchen Seife empfing und ein sauber gefaltetes, aber schon hundert Mal gewaschenes Handtuch und ein grobes Nachthemd. Eine Wärterin schritt resolut auf und ab und kommandierte: „Gut waschen, alle Sachen abgeben! Es darf nichts in den Schlafsaal mitgenommen werden!" Sie musste laut sein, denn anders waren die Ärmsten, die sich ankeiften wie Katzen auf dem Dach, nicht zu übertönen. Der Gedanke, mich ganz nackt in dem riesengroßen Duschraum ausziehen zu müssen, ließ mich zögern. Doch es herrschte ein Dampf, dass man die nackten Gestalten nur undeutlich sah. Es war das Bild der Getriebenen in Dantes Hölle.

Alles musste schnell gehen – ich hatte kaum Zeit für meine Beobachtungen. Wir wurden in ein großes Zimmer geführt, wo acht Pritschen auf der einen Seite und ebenso viele gegenüberstanden. Als wir drin waren, wurde der Schlüssel umgedreht und wir waren eingeschlossen.

Die ganze Nacht blieb das Licht brennen. Die Frauen erzählten sich untereinander ihr Leben. Immer wieder die Geschichte vom Mann, der sie allein gelassen hat, von der Familie, die sie nicht wollte, von der Verbitterung des Alters, von dem Nicht-wissen-wo-Hingehören, von den Strolchen in den Straßen, von dem Abgleiten ins Nichts, vom Trinken. Langsam verebbte der Tumult.

Die Lampe brannte mir unbarmherzig ins Gehirn. Ich lag wach; lange wach. Draußen ging die Wärterin auf und ab. Ich erinnerte mich an die Nächte, die ich gewartet hatte auf Gasbarra, der nicht kam wie versprochen, und wie damals durchzuckte mich bei jedem Tapp, Tapp auf den menschenleeren Straßen, wo nur eine trübe Lampe brannte, das Weh. Da, ein schriller Schrei: „Du Schwein, mach, dass du aus meinem Bett kommst!", und es erfolgten Schläge. Also auch lesbische Anwandlungen.

Um fünf Uhr früh begann hier der Tag für die Unglücklichen. Um sechs Uhr wurden sie nach einer Schüssel schwarzer Lurke, wie der Berliner sagt, auf die Straße geschickt in Wind und Kälte und Regen und, wenn die Jahreszeit ist, in Schnee. Mich überflutete ein großes Mitleid mit all diesen Frauen. Ob schuldig oder nicht schuldig, ohne Heim ist die Frau verloren in einer bösen Umwelt. So ist sie wie ein fortgeworfener Kork, der auf den trüben Wassern in den Rinnsteinen tanzt.

Ich fror bis in die Knochen, als ich an all die Frauen der Welt dachte, die leiden und verkommen, die doch eigentlich die Lichtträgerinnen sein sollten für die kommenden Geschlechter. Ich aber konnte in mein kleines, bescheidenes Heim gehen, das zwar auch nur auf dem Hinterhof lag, doch ich hatte es mit den Möbeln meiner Vorfahren zu einer gemütlichen Höhle gemacht. Ich weiß, dass das alles nicht mein eigenes Verdienst war. Doch jede Frau sollte ein eigenes Heim haben, menschenwürdig wohnen, das war es, wofür es sich zu kämpfen lohnt, und in diesem Sinn schrieb ich den Artikel.

Links Bildreportagen entwickeln sich zu einer beliebten Seite in der Sonntagsbeilage der *Berlin am Morgen*. Sie versteht es den Lesern und ganz besonders den Leserinnen die Härten des Lebens – ohne anzuklagen – näherzubringen. Ihre Schauplätze sind ganz Berlin: von der Beratungsstelle für Geschlechtskranke zur Messinghalle der AEG, vom Schwof der Halbwelt zur „Frauenhölle" im Altersheim, zuweilen auch Beschauliches vom Friedrichshain – wo sie aufgewachsen ist – oder von der Arbeit auf den Spreekähnen.

Doris ist sehr stolz auf diese Arbeiten, die ganz ihre Sache sind, ohne Gasbarra und dessen Freunde vom Theater, der Partei oder des Feuilletons. Mehr noch als ihre künstlerische Arbeit mit den jährlichen Ausstellungen, stärkt ihr die Zeitungsarbeit das Bewusstsein, auch ohne Mann, ohne Gasbarra, im Leben bestehen zu können. Wichtig für Doris, denn ihr Mann, der für die Frage der arbeitenden Frau „angeblich" eintritt, hat ihr vor der Geburt des ersten Kindes schon klargemacht: „Für das Kleine will ich sorgen, aber für dich nicht, denn du bist ja ein erwachsener Mensch, der für sich allein sorgen kann." Viele Jahre später notiert Doris in Brasilien: „Noch heute weiß ich nicht, wie ich es fertigbrachte dazu zu schweigen, doch ich wollte ja unbedingt ein Kind von diesem Mann haben. Aber es hatte etwas in mir zerbrochen und ich sprach nie viel über meine Ehe." Ganz auf sich selbst gestellt war Doris jedoch nicht. Ihre junge russische Freundin Olga Joffe, die zweite Ehefrau von Gasbarras Kumpel bei der *Roten Fahne*, Karl August Wittfogel, brachte ihr bei, wie Kinder ohne Schläge zu erziehen seien.

Olga war eine kleine, aber sehr energetische Frau, damals noch mit Jussuf verheiratet, einem Bohemien aus wohlhabender Familie in Riga. Jussuf schlief immer auf dem Fußboden, weil er meinte, sich auf eine Gefängnishaft vorbereiten zu müssen. Er rauchte nicht, denn er hatte gelesen, dass Häftlinge ungeheuer unter Zigarettenmangel litten. Trotz aller Vorahnungen wurde er nie in Haft genommen, doch er wusste Bescheid darüber. So konnte er mir zweimal dabei helfen, Gasbarra aus dem Gefängnis am Alexanderplatz zu holen und auch dessen Ausweisung „als lästiger" Ausländer zu verhüten.

Dass Gasbarra mehrfach in Haft ist, wundert nicht. Alle seine Freunde und Genossen bekommen Vorladungen: Grosz wegen vermeintlicher Gotteslästerung, Piscator wegen des Verdachts auf Steuerhinterziehung. So wie sich die Zeitungen einen „Sitzredakteur" halten, so schicken die Theater einen mit allen Wassern gewaschenen Kollegen zum Gerichtstermin. Für die „Piscator-Bühne" ist dieser „Mann für alle Fälle" Genosse Gas.

———

Am 8. April 1928 steigt mit *Konjunktur* die letzte Premiere der „Ersten Piscator-Bühne". Die Idee zu dieser „Komödie der Wirtschaft" hat ihren Ursprung im Seebad Heringsdorf, wohin sich Leo Lania, Ernst Toller, Felix Gasbarra und Erwin Piscator zur Fertigstellung von *Hoppla, wir leben!* im Sommer 1927 zurückgezogen

Szenenbild „Konjunktur, die Komödie der Wirtschaft", 1928

haben. *Konjunktur* war eigentlich als zweite Produktion des Hauses geplant, doch die Arbeit daran kam ins Stocken. Das Thema sollte der Kampf um Petroleum sein, ein Stoff, der den Ölmagnaten John Rockefeller zum reichsten Mann Amerikas gemacht hat. Piscator wünschte sich ein Stück, das die Zuschauer dank Lanias Gabe zur komödiantischen Überhöhung in die Schiebereien rund um die Entdeckung einer Ölquelle und damit in die Machenschaften der internationalen Petroleumpolitik hineinreißt. Doch inhaltliche Widersprüche taten sich auf, Kompromisse wurden gemacht, die Hauptrolle – für Tilla Durieux geschrieben – schrumpfte, und kurz vor der mehrfach verschobenen Premiere kamen Zweifel an der politischen Richtigkeit von *Konjunktur* auf, denn der Kampf um Öl berührt auch die Interessen der Sowjetunion. Nach der Generalprobe hagelte es Kritik. Es drohten unabsehbare Folgen für das Theater, denn die Charakterisierung der Hauptrollen lief Gefahr, „der Sowjetunion schweren Schaden zuzufügen". Piscator war entschlossen, eher das Theater zu schließen, als eine Aufführung zuzulassen, die auch nur den leisesten Zweifel an der politischen Haltung der Bühne gestattet hätte. Es galt zu retten, was zu retten war: „Draußen wurde es langsam Tag, der Tag, an dessen Abend die Premiere stattfinden sollte. Fahl, mit übernächtigten Gesichtern, ungewaschen, unrasiert, völlig erschöpft von einer Arbeit, die uns seit drei Wochen kaum noch zum Essen und Schlafen hat kommen lassen, standen wir vor einem einstudierten Stück, an dem kaum noch etwas zu ändern war, und das wir trotzdem nicht aufführen konnten. Es war die schwerste Belastungsprobe für unsere Nerven, der wir seit Beginn unseres Theaters ausgesetzt waren. Leo Lania bekam einen Nervenzusammenbruch. Der Einzige, der, ewig an seiner schwarzen Zigarre saugend, die Ledermütze verwegen in die Stirn gerückt, ruhig, ja fast frohen Mutes schien, war unser alter Freund Bert Brecht. Er sah die Möglichkeit, die ganze Rolle der weiblichen Hauptfigur in ihrer Funktion von heute auf morgen umzustellen, und erbot sich, auf der Stelle mit Lania und Gasbarra an die Arbeit zu gehen. Mittlerweile war es 5 Uhr geworden. Ein herrlicher Frühlingstag war draußen aufgegangen. Ich verfluchte wieder einmal meinen Beruf. Auf uns lag eine Last, die wir kaum noch tragen konnten. Ich wäre am liebsten irgendwohin geflohen, wo ich vom Theater nichts mehr gesehen und gehört hätte. Stattdessen fuhren wir in meine Wohnung, wo wir bis in den Nachmittag hinein an der neuen Fassung arbeiteten."

Die Muschel von Margate
(Text: Gasbarra/Musik: Kurt Weill)

Und als die Sonne am höchsten stand
In Margate auf der Promenad
Da fing das Öl zu brennen an
Von Aserbeidschan bis Tibet
Es steckte die Welt in Brand
Petroleum heißt unser Vaterland
Dafür zerlöchern wir uns das Fell:
Shell! Shell! Shell!

Konjunktur hält sich nicht länger als knappe vier Wochen bei immer leerer werdendem Hause. Piscator ahnt das Ende seines Theaters am Nollendorfplatz. Es drohen Pleite und viel Ungemach. Im Mai 1928 ist sein Theaterunternehmen zahlungsunfähig. Die Flucht nach vorne, die Übernahme einer zweiten Spielstätte im Lessing-Theater mit über tausend Sitzplätzen, erweist sich als Fehlspekulation seines Geschäftsführers Otto Katz, dessen späte Einsicht in die eigene Unfähigkeit – „wenn du mir wieder eine Arbeit überträgst, alles andere, nur gib mir bitte keinen Pfennig Geld in die Hand" – den Bankrott auch nicht beschönigen kann.

Da ein Unglück selten allein kommt, bereitet der Abgang des Publikumslieblings Max Pallenberg den dringend benötigten Einnahmen durch *Schwejk* ein jähes Ende, und die Neuinszenierungen fressen in schlecht besuchten Aufführungen die letzten Mittel auf. Es werden Reserven mobilisiert, doch auch die reichen nicht mehr aus, um den laufenden Verpflichtungen nachzukommen. Am 15. Juni sieht sich Piscator gezwungen, seine Konzession an die Notgemeinschaft seines Personals zu übertragen.

Häme begleitet das Aus. So schreibt die *Welt am Montag* vom 18. Juni 1928: „Dass die versnobten Kapitalisten aus Berlin W, die anfangs begeistert herbeiströmten, rasch abfallen würden, war vorauszusehen. Für sie war das ‚Gesinnungstheater' nichts anderes als ein literarisches Schlagwort. Wer sich auf diese Gesellschaft verlässt, ist verlassen. Die proletarischen Besucher aber konnten, auch wenn sie das Theater bis auf den letzten Platz gefüllt hätten, ein so kostspieliges Unternehmen unmöglich tragen."

—

Die Spurensuche führt mich nun weg von Berlin in das ehemalige Schreiberhau, das heute in Polen liegt und Szklarska Poręba heißt. Ich habe keine große Hoffnung, dort das kleine Landhaus zu entdecken, in dem Doris viele glückliche Sommer verbracht hatte und das von 1933 bis zu ihrer überstürzten Abreise nach Rom zu

Fernab der Welt, die Homann-Idylle in Schreiberhau

Gasbarra Ende 1936 ihre innere Emigration beschützte. Stürme sind seither über Schlesien hinweggefegt, denen ihr einsam gelegenes Häuschen zu trotzen hat. In der brasilianischen Seekiste habe ich ein Winterbild gefunden, das mir leider kaum zeigt, wonach – und vor allem wo – ich in den dichten Wäldern von Schreiberhau Ausschau zu halten habe. Meine besten Hinweise stammen von Doris selbst: ihren Erinnerungen an die Jahre in diesem kleinen Haus.

Schreiberhau, wie wir es nannten, war ein sehr schönes Landhaus. Es lag in der Mitte eines fünftausend Quadratmeter großen Grundstücks mit einem großen Bestand an Birken, Eichen und Buchen. Ganz flach duckte es sich auf einem mächtigen Granitsockel und hatte innen und außen eine Holzverschalung, ähnlich den norwegischen Blockhäusern. Es war ein kleines, gemütliches Haus, welches unter seinem Zeltdach alles trug. Die sechzehn Meter lange Terrasse hatte Aussicht auf den gesamten Kamm des Riesengebirges – von der Schneekoppe bis zum Reifträger. Links konnte man noch in das Hirschberger Tal sehen und rechts baute sich der Hochstein auf.

Mitgekommen auf meine unwägbare Suche ist die Berliner Freundin Beate Kosmala, der ich stets, wenn sich weitere Funde zu Doris oder Felix ankündigen, davon erzähle und die nun genauso gespannt ist wie ich, ob wir das Haus, das Vater Homann 1925 für die Familie gebaut hat, noch vorfinden würden. Beate spricht Polnisch, also machen wir uns auf den Weg.

Unsere ersten Versuche, die Anwesenheit der Malerin Homann in der einstigen Künstlerkolonie Schreiberhau festzustellen, gehen ins Leere. Im Dom Carla i Gerharta Hauptmannów, dem ehemaligen Wohnhaus von Carl und Gerhart Hauptmann, denen Schreiberhau seine Anziehungskraft verdankte und wo heute die Überbleibsel dieser einst bedeutenden Künstlerkolonie zu besichtigen sind, hört die Direktorin den Namen Doris Homann zum ersten Mal. Auch im Muzeum Karkonoskie w Jeleniej Górze, dem Riesengebirgsmuseum in Hirschberg, das die Kunst- und Heimatgeschichte Niederschlesiens pflegt, findet sich kein Hinweis auf Doris. Unsere Fragen führen ins Leere, ein Vakuum, das die so ungleichen Gasbarras miteinander verband. Dabei wollte Doris durchaus gesehen und erinnert werden, doch Krieg und Lebensweg verwischten ihre Spur. Felix Gasbarra hingegen, der vieles hätte bewahren können, wollte nichts hinterlassen.

Den zweiten Tag unseres Ausflugs verbringen wir damit, eine Stelle zu finden, die zu Doris' Beschreibung des Hauses und seiner Lage passen könnte: ein freier Blick auf den mächtigen Kamm des Riesengebirges. Damit, so hoffen wir, könnte mit Fahrten im verzweigten Waldlabyrinth der Schreiberhauer Ortsteile die Ausschau nach einem Flach- oder Zeltdach begonnen werden. Einfach ist die Suche nach der schönen Aussicht nicht, denn was damals gerodet wurde, hat sich der Wald seither zurückgeholt. Nur gerade das Ortszentrum liegt überschaubar in der Talsohle. Auch die bauliche Besonderheit bleibt verborgen. Es dominieren Fachwerk und steiler Giebel. Und wenn, wonach wir suchen, gar nicht mehr da sein sollte? So ein Holzhaus ist rasch abgerissen oder abgebrannt.

Die letzten uns bekannten Nachrichten aus dem Homann-Haus stammen aus dem Jahr 1947. Doris ist nie mehr dahin zurückgekehrt. Sie hat „im süßen Wahn, eines Tages wiederzukommen", 1936 alles stehen und liegen lassen: neunundvierzig Ölbilder, über dreihundert Zeichnungen, ungezählte Lithografien, die gemeinsame Bibliothek der Gasbarras mit etwa eintausend Bänden, darunter viele auch damals schon wertvolle Erstausgaben sowie Geschenke ihrer Berliner und Schreiberhauer Künstlerfreunde, preußisches Porzellan, das gesamte Berliner Mobiliar, sogar den Trauschein. Ihr Freund Olly Oltmanns berichtete ihr im Juli 1946, dass in der Gegend viel geschehen sei, „was nicht erfreulich war. Von den alten Bekannten werde sie wohl kaum noch jemanden antreffen". Noch schien nicht alles verloren, denn, so Oltmanns: „Die mir seinerzeit für das Hauptmann-Haus von Ihnen gegebenen Bilder sind noch in meinem Verwahrsam." Doch wo sind sie geblieben? Ob überhaupt noch etwas erhalten ist – ein Buch aus dem Malik-Verlag, dessen Gesamtausgabe Gasbarra in Schreiberhau eingelagert hatte, das von Doris heiß geliebte Parlophon, ihr Fernrohr, die Münzsammlung des Großvaters in einem der sechzehn Geheimfächer des Rokokoschranks versteckt, ihr Bild *Gasbarra mit mir dahinstürmend, Blaurotorange*, der Büffeledersessel, vom Vater geschenkt? Weitere Versatzstücke aus dem Refugium ihrer Seele? Doris hatte nach dem Krieg ein sehr ausführliches Inventar verfasst. Sie hoffte jahrelang auf eine Entschädigung, vergebens.

Nach unseren Irrfahrten durch die Wälder setzen wir uns hin und überlegen, was noch getan werden kann, um Doris' Erinnerungen mit einem Ort zu verbinden. Erneut gehen wir die Inventare und die dazugehörenden, teils schwierig zu entziffernden Briefe durch. Siehe da! Auf einem von Insekten schon arg zerfressenen

Das Haus im Wald in einer Aufnahme von 1995

Grundriss hat Doris mit Bleistift die Adresse des Hauses vermerkt: „Am Zackenberg 1158". Das zerfledderte Blatt habe ich mir vor der Abreise nicht gründlich genug angesehen, doch glücklicherweise mitgenommen.

Zurück zum Hauptmann-Haus. Dort hängt ein Ortsplan aus den Dreißigerjahren. Ein paar Fragen noch und kurz darauf stehen wir auf einer kleinen Waldlichtung vor einem gedrungenen Holzhaus, das sehr genau zur Beschreibung passt. Zwar ist die lang gestreckte Terrasse nicht mehr vorhanden, doch die von ihr als norwegisch beschriebene Holzverkleidung lässt sich trotz Umbau und Renovierung gut erkennen, und auch der Granitfelsen ist da. Der Blick ins Tal und zum Gebirge ist längst vom Dickicht der Bäume verstellt. Wäre die Aussicht unser einziger Hinweis geblieben, wir wären unverrichteter Dinge abgereist.

Ein Hund bellt, wir ziehen eine kleine Glocke. Nach dem dritten Versuch bewegen sich Schritte zur Tür. Eine Frau im hellblauen Bademantel, Schaum an den Beinen und um das Haar ein Handtuch, steht vor uns. Rasch ist gesagt, woher wir kommen und weshalb. Dann Schweigen, der Hund bellt uns an. Es ergreift mich der Ort, an dem Doris gelebt und geliebt hat und durch dessen Tür mein damals junger Vater ging. Einer, der mir nur Ahnungen, aber keine Gewissheiten hinterlassen hat. Ich dringe ungerufen in die Wirklichkeit von Felix und Doris ein.

Lidia Michalska, die Frau im hellblauen Bademantel, hat Doris' Haus auf einem ihrer Spaziergänge entdeckt und sich darin verliebt. Das war zu Beginn der Neunzigerjahre, als sich auch in Polen die Wende ankündigte. Das Haus hatte schlimme Jahre hinter sich. Die letzten Bewohner waren lange schon ausgezogen und seither hatte sich niemand mehr um das Haus gekümmert – auch nicht um das von Farn und Unterholz überwucherte Grundstück. Es stand da und trotzte der Zeit. Drei Jahre sollte es dauern, bis der Magistrat von Szklarska Poręba die Verjährung von Ansprüchen feststellte und ihr die Genehmigung erteilte, Haus und Grund zu erwerben. Für die Tilgung der ehemaligen Eigentümer hatten die sowjetischen Befreier Niederschlesiens mit dem Abtransport aller Grundbücher gesorgt. Alter Besitz passte nicht in die neue Zeit.

Innen war das Haus mehrfach umgenutzt worden, denn es kamen Menschen an, die viele Zimmer brauchten, die Wohnungsnot war groß. Wie Jahresringe reihen sich die Generationen der Kohle-, Holz-, Petroleum-, Gas- oder Elektroöfen in der Geschichte des tapferen Überlebens aneinander, Überreste, die Lidia weggeschafft hat. Von

Lidia Michalska zeigt ihr Haus, wo Doris einst lebte (2021).

jenen, die hier hausten oder lebten, weiß sie nichts zu erzählen. Mehr als zehn Jahre hat Lidia, sie ist Bibliothekarin in Hirschberg, mit ihrem damaligen Mann am „kapitalny *remont*", der Generalüberholung, gearbeitet – an den Wochenenden und in den Sommerferien. Mehr Zeit und Geld gab es nicht. Als die Matejka 1, so die heutige Adresse, bewohnbar wurde, hatte sich das Paar schon getrennt.

Noch einmal fünf Jahre dauerte es, bis Lidia Michalska endlich sagen durfte: mein Haus. Sie blättert ihr Fotoalbum auf und zeigt uns Bilder des langen Weges dahin, und wir erzählen von Doris und den vielen Menschen, die hier einst ein und aus gegangen sind, und nennen Namen. Lidia ist gerührt. Sie habe immer geahnt, dass hier vor langer Zeit eine gute Seele gelebt hat.

Das ganze Haus war wie ein Schmuckkästchen, innen und außen, und den Außenanstrich besorgte ich, denn es war ja nicht hoch und so konnte ich das gut machen. Um vor dem kalten Winter geschützt zu sein, denn draußen herrschte an manchen Tagen eine Kälte von 36 Grad, wurde ein großer Terrassenteil mit Glasfenstern von oben bis unten versehen.

Hier in Sonne gebadet, verbrachten wir die Morgen und Tagesstunden an einem großen, weißen Tisch, der immer wohlbesorgt war, dank meiner Mutter. Sie half mir später auch, das Atelier zu bauen, das ich mir von einer Erbschaft meines Onkels leisten konnte. Ja, einen Arbeitsraum zu haben war eine wunderbare Sache, und als das Riesenfenster, ein wunderbares Doppelfenster, ankam, tanzte ich geradezu vor Freude. Der Raum war nicht groß, vier mal vier Meter, aber groß genug, um ihn wie eine Mönchsklause auszustatten mit herumlaufenden Bücherregalen, von unten bis oben. Hier drin arbeitete ich so vergnügt, wie nur je ein Künstler sein konnte. Hier entstanden nicht nur Bilder, sondern ich arbeitete auch an meinen großen Bilderhandschriften.

Zu meinen Freunden zählte das Ehepaar Fechner. Er war der im Alter erblindete Maler Hanns Fechner, der auch mit seinem Jugendroman *Spreehanns* bekannt war. Zu seinem Glück hatte er einen großen Gönner, das war das Herzoghaus Mecklenburg-Schwerin, das ihm eine lebenslängliche Pension zahlte. So lebte denn dieser alte, sehr fidele Mann in einem alten Bauernhaus oberhalb des Hauptmann-Grundstücks mit dem schönsten Blick auf den Kamm des Riesengebirges. Er mochte mich sehr gern und wenn Gasbarra zu Besuch war, haben wir zu viert die herrlichsten Essen und Abende erlebt. Seine Frau Johanna – ich habe niemanden im

Leben mehr verehrt als sie – war von einer verstehenden Verklärung. Sie war dreiundzwanzig Jahre Missionarin in Indien gewesen, hatte Gandhi persönlich gekannt und war noch ganz erfüllt vom pazifistischen Geist dieses großen Menschenführers.

So wurden unsere Abende zu wunderbaren Zusammenkünften; leiblich, durch das gute Essen und seelisch, durch den Hauch der weltweiten Kultur. Wenn wir dann gingen, wurde Fechner wie ein altes Geschütz auf den Balkon gerollt und dann jodelte er mit großem Stimmaufwand wie ein alter Hirsch ins Tal und Gasbarra jodelte mit hohem Falsett zurück. So grüßten sich noch lange der Alte und der Junge.

Nach Fechners Tod blieb Johanna allein im alten Bauernhaus zurück. Jahre später, als der braune Spuk gerade losging, nahm sie mich auf dem Bahnhof Mittelschreiberhau liebevoll zur Seite. Kaum waren wir auf der Waldstraße, sagte sie zu mir: „Ihr müsst Deutschland verlassen, ihr seid doch Italiener. Hier wird jede freie Denkungsweise geknebelt. Weißt du, dass sie mich schon verfolgen, weil ich Auslandspost erhalte? Sie wollen mir die Pension nehmen und mich ins Konzentrationslager stecken. Glaube mir, es kommt zu einem Krieg und die Juden werden nichts zu lachen haben. Ach, meine Liebe, du weißt gar nicht, zu was allem sie fähig sein werden. Das Beste ist zu sterben, dann braucht man all das Ungerechte und Schreckliche nicht mehr zu sehen."

Ich nahm erschüttert Abschied von ihr und versprach, sie bald zu besuchen.

„Nein, ich will nicht, dass du kommst, sonst bist du gleich bei denen angekreidet."

Ja, und dann kam jemand zu mir, der die Todesnachricht von Johanna überbrachte. Man hatte sie wieder auf das Gemeindeamt zum Verhör befohlen. Da war sie krank geworden vor Aufregung und nach drei Tagen ist sie gestorben. Ich weiß, dass ich ganz laut geschrien habe vor Wut. Ich war in der schönen, heiteren Schreiberhauer Landschaft dem Zorn verfallen.

Und nun komme ich zu Willi Oltmanns. Ein junger Mann, viel jünger als ich. Er kam vom Handwerklichen. Sein Bruder, Olly Oltmanns, war auch Maler gewesen. In meinem Zimmer hatte ich einen alten Schrank, schon vorher in Berlin mit Rhomben, Kreisen, Rechtecken bestrichen. Alles nach meiner Fantasie, das war übermodern. Eine Art Picasso, ohne vorher Picasso gesehen zu haben.

Ich zeigte Willi Oltmanns mein Zimmer, denn er war einer jener Burschen gewesen, die sich für Kunst wirklich interessierten. Er war beim Anblick der Modernität sehr überrascht. Der Junge fand meine Anstreicherei so schön, dass wir Freundschaft schlossen. Und ich muss sagen, mit der Zeit war ich von seiner Malerei, die ganz ultramodern war, sehr angetan. Er war der Jünger, der mir im niederschlesischen Künstlerkreis am nächsten war. Er kam fast täglich in mein Atelier, bis wir vorsichtiger sein mussten, denn ich wurde von den Nazis bewacht. Später beneidete er mich tief, dass ich Deutschland verlassen konnte.

Und dann war da noch das gute Fräulein Reinhards, die ein Unikum war und ganz in unserer Nähe wohnte. Sie hatte die Welt gesehen, war lange Zeit in Russland und England als Gouvernante gewesen. Sie bezog eine kleine Rente, die zu klein war, um sich satt zu essen. Sie wurde immer sonntags zum Mittagessen bei uns eingeladen und hatte nur einen Fehler, der mich allerdings rasend machte: Immerzu schlürfte sie mit schiefem

Mund, als wenn sie hohle Zähne hätte. Doch so alt, wie sie schon war, hatte sie ein romantisches Gemüt. Im obersten Zimmer ihres Häuschens hatte sie einen Kreis malen lassen und darin waren auf blauem Grund die Sternbilder eingezeichnet.

Eines Tages zog ein alter, längst todkranker Bekannter von ihr mit seiner jungen Freundin im Häuschen ein. Er war Dichter und verbrachte die letzte Zeit seines Lebens damit, der jungen Frau seine Verse zu diktieren, bis er dort auch seinen Geist aushauchte. Das arme Fräulein Reinhards hatte die Beerdigung zu bezahlen und musste dann auch noch die junge Freundin trösten, als der Mann, der schon lange den Tod im Antlitz trug, starb.

Mein Kind, das ich einmal zum Fräulein geschickt hatte, hatte an der Tür geklopft, und da niemand weiter da war, hatte der vom Tod gezeichnete Mann ihr geöffnet. Die Kleine hat ihn angestarrt und ist dann wie von Furien gejagt zu mir gelaufen und hat gesagt: „Der Tod hat mir aufgemacht."

Die zweite Etappe der „Piscator-Bühne" steht unter dem Druck der politischen Radikalisierung im letzten Jahrfünft der Weimarer Republik. Proletarische Organisationen geraten zunehmend unter Druck, nationaldeutsche Verbände sind im Vor- und Aufmarsch. Großindustrielle sympathisieren öffentlich mit der „legalen Diktatur" und die Sozialdemokratie beeilt sich, den Anschluss zur Mitte herzustellen. Eine ungeheure Spannung liegt in der Luft. „Das Heer der Arbeitslosen hatte sich um keinen Mann vermindert. Riesenhafte Wirtschaftskämpfe liegen hinter uns, noch größere bereiten sich vor. Fieberhaft wird gerüstet.

Das Thema ‚nächster Krieg' wird ohne Scheu, sachlich und als durchaus aktuell überall diskutiert", beschreiben Gasbarra und Piscator die Lage im *Politischen Theater*.

Um an die Wiederaufnahme eines Theaterbetriebs überhaupt denken zu können, muss zunächst ein neues Finanzkonsortium aufgebaut werden, denn den einstigen Finanziers ist die Lust auf ein neuerliches Experiment vergangen. Das Unterfangen „Zweite Piscator-Bühne" erweist sich als äußerst schwierig. Die Geldgeber knüpfen ihre Risikobereitschaft nun an harte Bedingungen. Es vergehen fünfzehn Monate, bis Piscator eine zweite Bühne am Nollendorfplatz eröffnen kann.

Doris, der die galoppierende Krise des Theaters nicht entgangen ist, da sie den überarbeiteten und auch gereizten Gasbarra zu ertragen hat, äußert sich nur kurz und knapp zum Totalschaden von Piscators geldfressender Theatermaschine: „Zwar waren manche Aufführungen ein unerhörter Erfolg, aber was half das, wenn die Ausgaben die Einnahmen übersteigen." Ihr Opa hatte „Klein-Dodel" schon früh die Logik von Soll und Haben eingebläut, eine Lehre, die sie ihr Leben lang eisern befolgt.

Gasbarra muss sich in dieser „theaterlosen" Zeit neu erfinden. Der tägliche Gang zum Dramaturgischen Büro entfällt notgedrungen, und neben vielen anderen Annehmlichkeiten ist auch die schöne Gewohnheit der Arbeitstreffen mit Leo Lania im Romanischen Café dahin. Es droht Bedeutungsverlust und die Gewissheit, dass die „ganz große Zeit" vorbei sein könnte. Felix sucht ein Refugium. Doris bietet ihm den Rückzugsort.

Den Sommer 1928 verbringt Gasbarra mit ihr und der kleinen Livia in Schreiberhau. Es ist das erste Mal seit Jahren, dass Gasbarra nicht von Juli bis September mit den Vorbereitungen zur nächsten Spielzeit eingedeckt ist und in einem, von Piscator gedrillten, ländlich-sportiven Autorenkollektiv schwitzen muss. Sein unfreiwilliges Laisser-faire füllt der Autor Gasbarra mit kurzweilig gehaltenen Vignetten für das Feuilleton der *Roten Fahne*, wie „Spittel Markt Lloyd", „Wenn es regnet" oder „Ein Passagierdampfer": „Alexei Rykow, ein kleines russisches Schiff ist kein Luxusdampfer der Hapag. Es ist eine Küstenlaus. Es verdrängt nur 5100 Tonnen – es wird mithelfen eine ganze Welt zu verdrängen." Aufgeheitert wird der Müßiggang durch Einladungen bei Doris' Freundschaften und die Wanderungen im Mittelgebirge. Aufsteigen ist immer schon sein Ding gewesen.

Natürlich lässt er sich in der Idylle nicht entgehen, was Berlin denkt, macht und was dort gespielt wird. Es steht ein mit Spannung erwartetes Theaterereignis an, Brechts *Dreigroschenoper* im Theater am Schiffbauerdamm. Keine Frage, dass Gasbarra am 31. August bei der Uraufführung dabei sein wird und erlebt, wie der Zuschauerraum beim Kanonensong, wie in einer Aufführungsbesprechung zu lesen war, „in Siedehitze gerät und klatschend, rufend, trampelnd Wiederholungen verlangt". Es wird Gasbarra rasch klar gewesen sein, dass sich an diesem Abend ein Welterfolg anbahnt, und vermutlich klingt ihm auch noch Brechts Angebot – „mit mir wird er berühmt werden" – in den Ohren. Doch die Seite wechseln, während Genosse Erwin bis zum Hals in der Bredouille steckt – ein Unding! Wenn es hart auf hart kommt, ist Gasbarra Parteimann, so wie vor fünf Jahren, als er zur Entwicklung von *Hoppla, wir leben!* und *Roter Rummel* zu Piscator abkommandiert wurde. Da gehört er hin, und nicht zu Brecht, den Gasbarras „großer Freund" Walter Mehring einen „geborenen deutschen Romantiker nannte, der doch immer mehr an der eigenen Macht, als an der Macht des Volkes hing". Mit Brecht zu gehen, wäre für Gasbarra Verrat. Verrat auch am Genossen Piscator, mit dem er schon viel durchgefochten hat – auch im Streit, denn Pis lässt niemanden neben sich bestehen. Seine Wutausbrüche sind gefürchtet und seine Verrisse schneiden auch den treuesten Gefolgsleuten die Luft ab. Da ist Gasbarra keine Ausnahme. 1976, als Piscator schon ins milde Abendlicht von Gasbarras Erinnerung abgetaucht ist, erinnert er sich, dass Piscator jemand war, der ungern Dienste anderer zur Kenntnis nahm.

Gasbarra nutzt seine theaterlose Wartezeit, um sich seiner Leidenschaft, dem Funk, zu widmen. Der *Marsch zum Salzmeer* entsteht, ein Hörspiel, das die Unterdrückung Indiens durch die britische Kolonialmacht dramatisiert. In einem Radiogespräch aus dem Jahr 1968 erzählt Gasbarra: „Also 1928, als ich es schrieb, da konnte man doch von Hörspielen sprechen. Da war Hermann Kessers *Straßenmann* gewesen oder Alfred Döblins *Alexanderplatz*. Es hatten sich Schriftsteller mit dieser neuen Kunstgattung, die ja überaus faszinierend wirkte, beschäftigt und ihr schon eine gewisse Form gegeben. Wie nun dieser *Marsch zum Salzmeer* entstand, ist vielleicht auch nicht uninteressant. Ich arbeitete damals mit Piscator und wir hatten uns mal wieder überworfen, was öfter, gerade unter guten Freunden, vorkommt. Nach diesem Krach mit Piscator sagte ich mir: So, mein Junge, dir werde ich's zeigen. Also kurzum: Ich setzte mich hin und schrieb ein Stück, aber eben nicht fürs Theater, sondern für den Funk. Und naiv, wie man damals war, und in gewissem Sinne auch verwegen, sparte ich keineswegs mit Hauptdarstellern, mit Komparserie, mit Figuren. Es war sozusagen ein Monsterstück. Ich glaube, fünfzig Personen traten da auf. Damit ging ich zu Alfred Braun, dem Leiter der Schauspielabteilung der Funk-Stunde Berlin. Und Braun sagte: ‚Ja, sehr schön, das interessiert mich ungeheuer.' Es war zwar ein außerordentlich heißes Eisen, Indien war damals – so wie Vietnam heute – im Brennpunkt der öffentlichen Diskussion und Gandhi hatte das Seine dazu beigetragen, die Unterdrückung des indischen Volkes zu einer Weltangelegenheit zu machen. ‚Wenn Sie mir also einen Inder bringen', sagte Braun, ‚der Ihr Hörspiel deckt, dann bin ich bereit es zu bringen.' Und dieser Inder, ich kannte ihn sehr gut, war der Neffe des indischen Dichters Rabindranath Tagore, der an sich mit dem Hörspiel und mit meiner Arbeit nicht das Geringste zu tun hatte, sondern sich das nur anhörte. Ich las es ihm vor und er sagte: ‚Jaja, das ist vollkommen richtig und in Ordnung.' Und so konnte Braun dieses Hörspiel starten. Ich gestaltete den Stoff als Dokumentarspiel mit den authentischen Worten Gandhis und seinen Aufrufen. Ich zitierte Presseberichte und übernahm Funkmeldungen, also kurzum alles, was man heutzutage neu zu entdecken glaubt, das benutzte ich damals schon für mein Hörspiel."

Gasbarras neuartige Radiodramaturgie begeistert die Kritik. Am 25. Juli 1930 ist in der *Welt am Abend* zu lesen: „Nach flauen Wochen erlebte man gestern endlich wieder einmal das Wunder des Radios. Ein Stück Zeit-, ein Stück Weltgeschichte schwingt durch den Äther. Indien! Gasbarra, Piscators dramaturgischer Mitarbeiter, hat den Zusammenhängen dieses Freiheitskampfes den Atem eines packenden Hörspiels gegeben. Es entsteht ein marxistisches Weltbild von erstaunlicher Prägnanz, das selbst dem indifferentesten Hörer Klarheit über Indien gibt."

Der Marsch zum Salzmeer löst einen Skandal aus. Der englische Botschafter in Berlin protestiert bei der

Reichsregierung, die Reichsregierung ihrerseits protestiert beim Rundfunk. Die ganze Presse schaltet sich ein und spaltet sich sofort in zwei Lager, für und dagegen. Es ist das erste Hörspiel im Deutschen Funk, das sich einen weltpolitisch brisanten Stoff zum Inhalt nimmt.

1931 folgt Gasbarras zweites dokumentarisches Hörspiel *Fahnen am Matterhorn*. Dazu der Autor im Gespräch 1968: „Auch wieder eine Reportage, eine historische Reportage, nämlich der Zweikampf zwischen dem Italiener Carell, den ja starke nationale Motive bewegten, und dem Engländer Wimper, der ja rein vom sportlichen Ehrgeiz besessen war, als Erster seine Fahne am Matterhorn zu hissen. Das war sehr faszinierend für mich, zumal ich selbst ein sehr passionierter Bergsteiger gewesen bin und auch zweimal den Versuch gemacht habe, das Matterhorn zu besteigen, allerdings ohne letzten Erfolg, da jedes Mal das Wetter umschlug und die Endbesteigung unmöglich machte."

Seit Februar 1929 finden wir Gasbarra in einer weiteren Rolle. Er tritt als Schriftleiter und Herausgeber der *Jungen Volksbühne – Kampfblatt für proletarisches Theater* auf. Nach dem Zusammenbruch der „Piscator-Bühne" blieb nur noch die Volksbühne am Bülowplatz als Institution für „Stücke, die unsere Wirklichkeit zeigen". Ende 1928 gelang es den Kommunisten, die Mehrheit in den Arbeitsausschüssen der Volksbühne zu erobern. Kurz darauf übernimmt Genosse Gasbarra die Leitung des „Kampfblatts". Diese Aufgabe kann auch als Schachzug der Partei gesehen werden, die ihren versierten Theatermann damit beauftragt, die Linie der KPD in der wichtigsten kulturpolitischen Massenorganisation der deutschen Arbeiterbewegung abzusichern. In der ersten

Schulklasse Deutscher Dichter. Walter Mehring (vorn links), Max Hermann Neiße (vorn Mitte) und Hermann Kesten (1. Reihe rechts) lassen sich erklären, wie Hörfunk gemacht wird. Für Felix Gasbarra war das kein Neuland mehr.

Ausgabe der *Jungen Volksbühne* vom Februar 1929 fordert er ein Kampftheater des Proletariats!

Dieser Tonfall erinnert an den jungen Tischlerdichter, der vor zehn Jahren vor den Fabriktoren Berlins auf dem Bücherkarren Agitation feilbot. Er wird diese Zeit nicht vergessen haben und hat nun seinen Spaß, gemeinsam mit wissbegierigen Genossinnen und Genossen die verkrustete Volksbühne aufzurütteln, bei deren Klientel „das Klassenbewusstsein des Durchschnittsproletariers fast vollständig vernichtet ist und sich der Ungeist schlaffen Kleinbürgertums übermächtig entwickelt und ausbreitet", so Arthur Hollitscher in der Wochenzeitschrift *Die Weltbühne*.

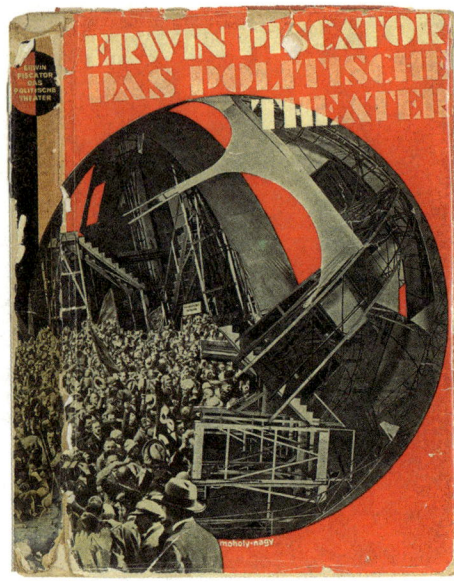

Das Piscator-/Gasbarra-Buch ist ein Klassiker der Theaterliteratur und wurde in viele Sprachen übersetzt. Den legendären Einband gestaltete László Moholy-Nagy.

Im selben Jahr gelingt es Erwin Piscator – einen Knebelvertrag am Hals – an das Haus am Nollendorfplatz zurückzukehren. An der „Zweiten Piscator-Bühne" agitiert Gasbarra nicht mehr im Zentrum, wenn auch weiterhin eng verbunden, denn er ist gerade damit beschäftigt, mehr für Piscator als mit ihm, dessen Vermächtnis *Das Politische Theater* zu verfassen. Am 6. September wird die neue Spielzeit mit dem Drama *Der Kaufmann von Berlin* seines „großen Freundes" Walter Mehring eröffnet, das die Inflation, „das grandioseste Täuschungsmanöver, das die Weltgeschichte kennt" – so das Programmheft –, zum Inhalt hat.

Es ist die Geschichte des Ostjuden Kaftan, der „im Herbst 1923 mit hundert zusammengegaunerten Dollars von Osten gekommen ist, ‚zu koifn ganz Berlin'". Piscator lässt seinen „gierigen, aber hilflosen, dumpf, aber verschmitzten" Simon Kaftan das ganze Stück hinweg „jüdeln", belädt die Bühne mit schwerfälligen Hebekränen und quietschenden Förderbändern, türmt Soldatenkadaver auf den Müllhaufen der deutschen Geschichte und schafft es damit, Publikum wie Presse gegen sich und sein Theater aufzubringen. Die Deutschnationalen kochen vor Wut: „Herr Walter Mehring kübelt Unflat über Unflat auf das Land und mit Hilfe seines Komplizen Piscator, der ja jeden Unflat begeistert aufhebt, gelingt ihm das auch. Dreck, weg damit!" Und Josef Goebbels *Angriff* brandmarkt Piscator als Schänder der deutschen Ehre und als von Juden gedungenen „Kulturgoj". Ähnlich scharf im Ton, wenn auch mit konträrer Gesinnung, werfen die kommunistischen Blätter der Regie vor, das Proletariat völlig vernachlässigt zu haben, und das Blatt des Jüdischen Zentralvereins empfiehlt „ehrliebenden deutschen Juden", dem Besuch des Stücks fernzubleiben, was die Nazipresse postwendend mit Häme aufgreift: „Vor mir saß eine dicke Jüdin, transpirierte in einem schlecht gebauten Busenhalter, fraß Konfekt und rülpste dauernd. Nimm's als Beifall, Erwin." Und Carl von Ossietzky in der *Weltbühne*: „Was Piscator spielte und was von der Kritik nach Strich und Faden verrissen wurde, war eine groteske Verstümmelung des Originals, zugerichtet als Objekt des unerbittlichen Maschinenfanatismus des Regisseurs. Doch keine Sorge: zum Schluss weht siegreich eine rote Fahne, die im Textbuch nicht vorgesehen war."

Der *Kaufmann* entzweit Autor und Regisseur. Mehring, der „drei Monate umasonst für S. Hl. den Regisseur umgedichtet hatte", beklagt sich bitterlich über das „Pisstheater" an dem nichts klappt, und über dessen „Spielwart", der mal eben sagt: „Das kommt davon, wenn man ein Dreckstück spielt!", derweil Piscator angesichts der Pleite Autorenschelte übt und wissen lässt, dass er in Zukunft nicht mehr bereit sei, fertige Stücke anzunehmen, denn die Autoren müssten erst lernen, ihren Stoff in „seiner ganzen Sachlichkeit der großen einfachen Erscheinungen des Lebens zu fassen".

Gasbarra steht zwischen den Freunden. Weder verteidigt er Mehring noch stellt er sich an Erwins Seite, obwohl er das Zeug dazu hat, den Streithähnen Paroli zu bieten. Kein Wort von ihm zu den verleumderischen Angriffen der Nazipresse gegen den „Kulturgoj" Piscator, kein Satz zu den „Wut- und Schmähbriefen" an die Adresse Mehrings. Gasbarra ist in die Rolle des Parteifunktionärs zurückgekehrt. Der Theatermann hält sich in dieser für ihn heiklen Kontroverse bedeckt.

Am 15. Oktober 1929 fällt der letzte Vorhang am Nollendorfplatz. Die zweite Pleite der „Piscator-Bühne" war unabwendbar. „Wenn wir einen Fehler begangen haben, so war es der, der Zeit und uns selber vorauszueilen, mehr zu wollen, als in dieser Gesellschaft mit unseren Mitteln erreicht werden kann", lautet sein Schlussstrich im gemeinsam mit Gasbarra verfassten Bekenntnisbuch. In der Konsequenz wird Piscator von nun an nur noch technisch wenig anspruchsvolle, dafür aber deutlich revolutionäre Stücke inszenieren. Er mietet in Berlin das Wallner-Theater an, wo er ein Jahr lang unter der direkten Kontrolle der Partei politisches Theater spielen wird.

Drei Uraufführungen bringt Piscator in diesem „Kampftheater der Berliner Arbeiterklasse" bis zum Frühjahr 1931 noch zur Aufführung. Gasbarra, der mittlerweile die Redaktion der *Jungen Volksbühne* abgegeben hat, geht bei Pis nicht länger ein und aus. Trotz der immer wieder als unverbrüchlich beschworenen Freundschaft hat sich

Gasbarra von Bord gemacht. Seine Nachfolge als Leiter der Dramaturgie tritt Franz Jung an, der sich in seinen Memoiren ausführlich mit dieser Etappe Piscators befasst: „[...] es ist reine Selbstquälerei gewesen, dass ich noch einmal im Winter 1929 dem Ruf Piscators gefolgt bin, im Berliner Wallner-Theater an der Weidendammer Brücke als Dramaturg auszuhelfen. [...] Das Wallner-Theater war eine groteske Parodie der Bühne am Nollendorfplatz. Aller Glanz war geschwunden. Was mich wirklich veranlasst hat, mit Piscator zusammenzuarbeiten, der jetzt von seinen Geldgebern und von der Mehrzahl seiner Bewunderer im Stich gelassen war, natürlich erst recht von seinen Dramenschreibern, ist schwer zu sagen. Es mag ein Teil Schadenfreude dabei gewesen sein, den Propheten von seinen lautesten Schreiern verlassen am Boden zu sehen, groggy geschlagen und noch reichlich verwirrt über die Schläge, die er von allen Seiten einstecken musste; trotzdem muss ich (hier) betonen, mit einer erstaunlich guten Haltung nach außen, das Gesicht zu wahren."

1956 wird sich Erwin Piscator bei Gasbarra erkundigen, ob er sich noch an jene Jahre erinnern könne. Gasbarras Antwort: „Darüber weißt Du besser Bescheid als ich. Ich erinnere mich nur noch deutlich an den muffigen Geruch in sämtlichen Räumen und die verblassten Fotografien im Foyer, auf deren einer meine Mutter als junge Schauspielerin zu sehen war. Im Übrigen gab es endlose Diskussionen, wie das bei Kollektiven so zu sein pflegt, und im Theater-Restaurant einen sehr schlechten Kaffee. Übrigens wurdest Du damals hauptsächlich von der dicken Anna Gmeiner unterstützt, da ich über der Dramatisierung der *Amerikanischen Tragödie* brütete."

Pis verlässt Berlin im Frühjahr 1931 mit einer Einladung der Moskauer Filmgesellschaft Meshrabpom. Er wird am Schwarzen Meer seinen ersten und einzigen Spielfilm *Der Aufstand der Fischer* drehen und von dort nicht mehr nach Berlin zurückkehren. Für Gas geht damit die große, ihn verzehrende Berliner Theaterzeit zu Ende. Von nun an wird die Welt, die zehn Jahre lang sein Leben bestimmt hat, leerer. Nur noch einmal werden sich Pis und Gas vor Kriegsbeginn wiedersehen, 1937 im burgundischen Bourg-en-Bresse, wo sie in erbittertem Streit auseinandergehen werden.

**Mutter, warum kriege ich
keine neuen Schuhe?
Vater ist arbeitslos!
Warum ist er denn arbeitslos?
Weil es zu viel Schuhe gibt.**

„Berlin am Morgen",
Zeitungsillustration von
Doris Homann

Nun ist Gelegenheit, den Auftritt meiner Mutter Ilse im Leben von Felix Gasbarra vorzubereiten: „Ich war wohl so etwas wie eine ‚Bilderbuch-Berlinerin', sehr lebendig, schlagfertig, an allem interessiert, ganz unabhängig, ohne materielle Sorgen, trotz wenig Geld. Ein Mädchen, das ganz im Augenblick lebte, heute würde man sagen: emanzipiert." Ilse hat Schriftliches hinterlassen, weit weniger als Doris, wesentlich mehr als Felix. Die Fragmente ihrer Aufzeichnungen erzählen von ihrer Herkunft und vor allem von ihren Begegnungen und Aufregungen im Theaterleben der letzten „wilden" Jahre Berlins. Eine kurze Spanne, von der sie jedoch ihr Leben lang zehrte, denn sie war damals mittendrin und hatte als blutjunge Schauspielschülerin nichts mehr gewollt und geliebt als das.

Mit siebzehn hat Ilse das von ihrer früh verwitweten Mutter behütete Haus verlassen und sich ins Leben gestürzt, naiv, unerfahren und stets mit Energie unterwegs, um sich nicht an irgendeinem nächsten Morgen den Vorwurf machen zu müssen, den Auftritt von X oder die Begegnung mit Y verpasst zu haben – und natürlich jeden Abend im Theater. Kurz nach ihrer Ausbildung am Reinhardt-Seminar und einem Gastvertrag am Lobe-Theater in Breslau wird sie für den Film entdeckt. 1931 spielt sie unter der Regie von Leontine Sagan eine schöne Nebenrolle in *Mädchen in Uniform*, einem Film mit Welterfolg, der Anlass zu kühnsten Träumen gibt.

Wie es damals war, hat Ilse aufgeschrieben: „Meine schönste Erinnerung eigentlich ist: Theater am Schiffbauerdamm. Da wurden *Die letzten Tage der Menschheit* von Kraus in einer Nachtvorstellung für notleidende Schauspieler gegeben. Ich war noch auf der Schauspielschule und spielte ein Opfer militärischer Willkür. Es gab einen Bettlerumzug in dem Stück, und da ging ich mit einem Schild, worauf ‚Opfer' stand. Wir probten immer nachts nach der Vorstellung. Hans Schweikart war ein bisschen verknallt in mich und ich sagte ihm, ich müsste am nächsten Tag Falckenberg von den Münchner Kammerspielen vorsprechen, ich hätte die Lulu einstudiert. ‚Willst du mich da mal abhören, Schweikart?' – ‚Ja, natürlich' ... aber nachts, wir saßen da in der Loge, im Theater auf der Probe. ‚Na, wo denn? Hier kann man doch nicht.' Also sagt er: ‚Ich habe eine Idee – wir gehen in ein Absteigequartier. Da ist Ruhe, da nehmen wir ein Zimmer.' Er war ganz sachlich. ‚Und da kannst du mir das vorsprechen ...' War eine großartige Idee – wir sollten erst wieder um drei Uhr morgens dran sein, also gingen wir. Ich machte's vor und Schweickart meinte: ‚Ganz in Ordnung', und korrigierte mich. Und plötzlich klopfte es: ‚Polizei!! Ihre Ausweise bitte!' Na gut – ich schrie und machte meine Rolle weiter. Kein Mensch hat uns geglaubt. ‚Kommen Sie mit rüber ins Theater am Schiffbauerdamm, da haben wir die Papiere.' Der Polizist ging mit uns und die Sache klärte sich auf. Alle solche Sachen hat man damals gemacht. Manchmal auch mit Folgen."

Ilse Winter ist, wie man heute sagen würde, ein Hingucker. Viele ihrer durchaus auch älteren und arrivierten Schauspielerkollegen bemühen sich um sie, machen ihr Avancen oder laden sie – wie Fritz Kortner – zum Diner in diskrete Etablissements ein. Doch solche Vorspiele sind nicht nach Ilses Geschmack. Sie ist auf Geist und sprühenden Intellekt aus, komme danach, was wolle. Einer, der das im Übermaß zu bieten hat und bei dem jeder Gedanke, jeder Anflug druckreif ist, ist der quirlige Walter Mehring, der damals ein „Hoheitsgebiet der Bohème" deklariert, wo er mit sinnverwandtem Publikum

Das Bühnenfoto von
Ilse Winter (1931)

die Cafés und Kabaretts seines „Überstaats Bohème" bevölkert. Walter, sechzehn Jahre älter als die gerade volljährige Ilse, wird ihr erster ernstzunehmender Liebhaber.

Wie zu allen ihren Männern pflegte Ilse auch zu ihm eine ihr Leben lang anhaltende Freundschaft. Die Wiedersehen, deren Zeuge auch ich noch wurde, holten die Jahre der erzwungenen Trennungen nach. Er besuchte Ilse in den Fünfzigerjahren immer wieder in Zürich, wo sie seit 1943 lebte und wo ich aufgewachsen bin. Nur Felix Gasbarra tauchte nie auf. Ilse hatte aus ihm ihr Geheimnis gemacht, das längst keines mehr war, denn alle ihre Freundinnen wussten bestens Bescheid – nur ich nicht.

Mehring hat Ilse 1930 im Kaffee Wien am Kurfürstendamm kennengelernt. „Ich saß dort mit der Schauspielerin Marcella Salzer. Ein Kellner brachte mir einen Zettel

‚von dem Herrn in der Loge'. Ich las: Liebes Fräulein Winter, ich habe sie in *Mädchen in Uniform* gesehen und wünsche mir nichts mehr, als Sie kennen zu lernen. Unterschrieben: Walter Mehring. Das war der Beginn unseres jahrelang gemeinsamen Lebens, in Berlin und in der Emigration."

Vermutlich hätte es auch Mehrings Mutter gefallen, wenn sich ihr Augapfel endlich mit einer hübschen jüdischen Frau verbunden hätte, wo sie doch so sehr auf ein Enkelkind hoffte. Doch Ilse lässt „wegmachen". Sie ist zu aufgeregt, um sich fest zu binden. Zudem verkehren viele geistreiche Männer in Ilses Milieu. So überrascht es denn auch nicht, dass sie nach einem guten halben Jahr mit Mehring sich in Schwanneckes Weinstuben in seinen „großen Freund" Felix Gasbarra verknallt. Wie das war, erzählt sie selbst: „Schwannecke war das Berliner Künstlerlokal – Schauspielerlokal in der Kantstraße, und da war ich also mit Mehring. Das muss etwa 1931 gewesen sein. Da kam an einem Abend – ich hatte das Wunschkleid an von mir, ein schwarzes Trikotkleid mit einem rosa Blüschen drunter und einem kessen Strohhut auf – und es kam herein der Dramaturg von Erwin Piscator, Felix Gasbarra. Bevor er Dramaturg war, war er Chefredakteur der Roten Fahne. Und das war Liebe auf den ersten Blick. Ich verliebte mich Knall auf Fall, und es ist die größte Beziehung meines Lebens geworden. Er war ein überzeugter Kommunist und hielt jeden Abend ‚Zelle'. Er war verheiratet mit einer Malerin. Er besuchte sie nur jeden Samstagnachmittag, denn die bürgerliche Ehe war ihm aus mehreren Gründen ein Graus. Wir trafen uns meist bei Dobrin im Tiergarten. Ich nannte ihn Molz, von Komsomolz, und er nannte mich Jo-Jo."

Jahre später kommt Doris dieser Amour fou von Felix auf die Spur. Da lebt sie schon mit ihren Töchtern im Schlesischen Schreiberhau und Gasbarra in Rom, wo er nach einer Zwischenstation in Zürich Fuß gefasst hat. Es ist ein Eilbrief von Ilse Winter, der in ihrem Briefkasten landet. „Ich wog ihn in der Hand, ich hätte ihn über Wasserdampf aufmachen können, aber ich genierte mich. Wenn sie was miteinander haben, so muss das wohl seinen Lauf gehen", schrieb sie auf.

Ilse Winter, von der sie weiß, dass sie „hübscher und viel besser angezogen war", taucht mehrmals in Doris' Lebenserinnerungen auf, wie auch Gas in Ilses Briefen: „Mein Gott, Gas, ich sehe den etwas regnerischen Nachmittag noch vor mir, als wir in Hundekehle spazieren gingen und du mir ‚gestandest', dass deine Frau an jenem Morgen eine zweite Tochter bekommen habe."

Begegnet sind sich die beiden Felix-Frauen nur ein einziges Mal. Es war kurz nach der Geburt von Claudia im November 1932. Ilse wollte das Kindchen unbedingt sehen. Um bei Doris keinen Verdacht zu schüren, ließ sie sich von Mehring begleiten, der etwas derangiert mitspielte. Mehring lebte damals in Paris, „mein Wohnsitz war der Montparnasse, mein Standpunkt der Dadaismus", und kam nach langer Abwesenheit wieder einmal nach Berlin zu Besuch. Bestimmt wusste er so wenig wie die hellhörige Doris von Gasbarras Liaison mit der gerade zwanzigjährigen Ilse. Doch Doris musste eine Vorahnung gehabt haben, denn ihre Begegnung mit der jungen Schauspielerin, die kein Blatt vor den Mund nahm, hatte sich eingeprägt.

Mehring kam mit seiner Braut. Ich hatte es von ferne gehört, dass einige Schwierigkeiten aufgetaucht waren, legte aber gar kein Gewicht darauf, und als nun alle Welt um das Babykörbchen stand, sagte die Braut ganz verklärt: „Ach, wie schön muss es sein, ein Kind von Gasbarra zu haben." Mehring sah verlegen drein, mein Mann lächelte und ich war viel zu sehr mit dem kleinen Erdenbürger beschäftigt, trotzdem ich das ja nun ein bisschen komisch fand, von einer glücklichen Braut zu hören, wie schön es wäre, von Gasbarra ein Kind zu haben.

Ein Kind von Gasbarra, das hatte sich Ilse an jenem Nachmittag in den Kopf gesetzt. Dafür, dass sich Ilse solch ein Kind zwanzig Jahre später von Gasbarra abgetrotzt hat, bin ich der lebende Beweis.

Die Geschichte der frechen Ilse lebte in Brasilien weiter, wohin die Gasbarra-Töchter Livia und Claudia wenige Jahre vor meiner Geburt ausgewandert waren. Kaum hatten Claudia und ich uns 2019 zum ersten Mal überhaupt umarmt, kam meine Halbschwester schon zur Sache: „Dass Gasbarra mit Ilse Winter einen Sohn hatte, war bei uns nicht mehr als eine, wenn auch hartnäckige Vermutung. Wir wussten nicht, dass es dich gibt. Was ich dir aber mit Sicherheit sagen kann ist, dass ich ein sehr hübsches Baby war, denn sonst hätte sich deine Mutter bestimmt kein Kind von Felix gewünscht."

———

Nach Piscators Abreise und den letzten Aufführungen seines Theaterkollektivs wird es ruhig um Gasbarra. Er schreibt ein weiteres Hörspiel, hält Vorträge über die *Grundelemente des revolutionären Theaters* an der Marxistischen Arbeiterschule und befasst sich mit der revolutionären Klassenerziehung der Arbeiterkinder im Kampf gegen Hunger, Krieg und Faschismus.

Die Reichstagswahlen vom September 1930 haben die NSDAP zur zweitstärksten politischen Kraft gemacht. In Berlin mehren sich antisemitische Anfeindungen und Ausschreitungen, Straßenkämpfe zwischen SA-Verbänden und Kommunisten werden alltäglich. Bei der nächsten Wahl im Juli 1932 wird Hitler zwei Drittel aller Mandate erringen. Die KPD stagniert.

Bezieht Gasbarra in den Richtungskämpfen seiner Partei Position? Seine Arbeit konzentriert sich auf die Schulung junger Genossinnen und Genossen und auf journalistische Arbeiten für die kommunistische Presse. Er wohnt weiterhin bei seiner Mutter, wo in der Küche bei einer düsteren Gaslampe die aufgescheuchten Kanarienvögel um ihn schwirren. „Heute denke ich mit Wehmut – und Neid – an jene Zeit. Vielleicht auch nur deshalb, weil sie vergangen ist", wird er Ilse 1939 aus Rom schreiben. Wehmut, weil nur noch Erinnerung sein kann, wie die Liebenden spätabends – er kam aus den verrauchten Debatten in den Hinterzimmern der Partei, sie aus dem Theater – für die gemeinsame Nacht im Irgendwo der großen Stadt zueinanderfanden.

―

Doris' Vater hat ein inniges Verhältnis zu seiner Tochter. Oft besucht er sie in der kleinen Atelierwohnung, wo die beiden viele Nachmittage miteinander verbringen, denn bei ihr kann er sich öffnen und über Dinge sprechen, für die seine Gertrud kein Ohr und kein Verständnis hat. Dort hängt auch sein großes Ölbild. Viele Stunden ist er ihr im Smoking Modell gestanden. Er liebt das Bild, denn es ist voller Zuneigung.

Als er 1931 ganz unerwartet an einem Herzinfarkt verstirbt, ist Doris von Schuld geplagt, da sie ihm die rechte Hand auf die Herzgegend gemalt hat. Für sie das untrügliche Zeichen einer Vorahnung. Ihre seherischen Eingebungen hätten sich – wie sie immer wieder betont – meist bewahrheitet. Wenige Wochen nach seinem Tod notiert Doris:

Und wirklich, mein Vater war gekommen, mir zu versichern, dass es ein Leben nach dem Tode gibt. Ich träumte das alles fast jede Nacht und wir waren sehr im lebhaften Gedankenaustausch verbunden. Ich muss hinzufügen, dass ich meinen Vater immer im Smoking sah. Es war also kein Geist, der mich besuchte, sondern er war so, wie ich ihn gemalt hatte.
Vater war ein Kind seines aufgeklärten Jahrhunderts und ein Sportsmann dazu. Seine Nachrichten waren also nichts Böses. Aber wie komme ich dahinter? Das waren meine Gedanken. Ich schloss mich vollständig von der Außenwelt ab und lebte nur mit meinem Kind. Mit meiner Mutter konnte ich darüber nicht sprechen und mit Gasbarra noch weniger.

Der jähe Tod des Vaters bleibt nicht ohne Folgen, diesseitige! Schon länger hat Hedwig – die Ehefrau von Doris' Bruder Heinz, eine pietistische und herrschsüchtige Missionarstochter aus der Schweiz – ihren begehrlichen Blick auf die geräumige Wohnung ihrer Schwiegereltern in der Prenzlauer Allee geworfen. Im ganzen Haus hat sie längst keinen Hehl daraus gemacht, dass sie jetzt „dran wäre". Nun zieht sie mit Sack und Pack ein.

Hedwig setzt vom ersten Tag an alles daran, der stets etwas ängstlichen Gertrud das Leben schwer zu machen. Als Erstes verbannt sie die Schwiegermutter in ein Zimmer, beschlagnahmt alle anderen Räume und verbietet ihr die Küche. Doris nennt ihre Schwägerin das „Gestell", denn „nicht nur am Körper war sie spindeldürr, nein auch im Geiste". Hedwig ist eine Nazi. Sie verehrt den „Führer" und hat ihren Mann schon frühzeitig in die SA gedrängt. „Endlich fließt Blut", freut sie sich nach jeder Saalschlacht, auch wenn ihr Heinz lediglich zum Schmierestehen taugt. Als Doris ihre Mutter eines Tages dabei ertappt, wie sie sich auf einem kleinen Spirituskocher das Mittagessen köchelt, kann sie nicht länger an sich halten: „Du kommst jetzt jeden Tag zu mir. Wir essen zusammen und es wird nett sein. Das Liv-Kindl wird sich sehr freuen, seine Omi zu sehen.' Und so hatten wir sie jeden Tag zu Besuch und schlossen uns enger zusammen. Und im Frühling sollte sie ja sowieso nach Schreiberhau gehen, dort konnte sie dann schalten und walten, wie sie wollte."

Doch auch darum hat Doris zu kämpfen, denn Bruder Heinz und seine Hedwig lassen nicht locker, um sich auch das kleine Landhaus unter den Nagel zu reißen. Sie versuchen, das Testament – das Haus hatte der Vater Doris zugesprochen – verschwinden zu lassen. Doris muss alle Hebel in Bewegung setzen, um Schreiberhau, das schon sehr bald ihr Rückzugsort werden wird, für sich zu erhalten.

Riviera-Luxus-Express
Von Felix

Blau-Golden rast der Luxuszug durchs Land,
Riviera-Express ist er benannt.
Fährt er erstmals heute,
trägt seine Leute.
Nach Nizza-Cannes zwei Wagen,
nach Napoli zwei,
nur erste und zweite Klasse
für die Geldsack-Renten Rasse.
Und schon vor vielen Tagen
war kein Platz mehr frei.
Sie haben noch Geld in Masse,
doch nicht mehr im Betriebe,
wo's der Erzeugung dient.
Nein! Zusammengerafft, die Liebe
zum „Vaterlande" preist,
dabei auf alles
in's Ausland geschafft.
Gesindel, das
sch......
wodurch es nichts gewinnt.
In den blau-goldenen Wagen
verbringen sie weich die Nacht,
vom Traume sanft getragen.
Heißa! Die Gegenwart lacht ...
Bis einmal auf der Maschine
die Rote Fahne weht
und der „Blaue Express"
im Sowjetbahnhof steht.

(*Rote Fahne*, 3. Januar 1931)

Felix Gasbarra ist, auch wenn er immer wieder betont, dass seine Heimat die deutsche Sprache sei, Italiener. Diese Herkunft hat ihn geprägt, auch wenn seine temperamentvolle Italianità, die rhetorische Präzision und seine erstaunliche Fähigkeit der Anpassung ihn in Berlin wie auch in Rom jeweils einheimisch wirken lassen. Wirklich zu Hause ist er weder da noch dort, was ihm nie vorgehalten wird, denn er beherrscht Lebensart und Gepflogenheiten, wo auch immer er sich gerade bewegt – bewegen will.

Ob Dottore Gasbarra oder Genosse Gas, er quittiert die Ansprachen stets zuvorkommend. Er ist gern gesehen, denn er ist anregend und weiß, wie es sich umständehalber gehört. Wer mit ihm zu tun hat, verliert ihn so schnell nicht aus dem Sinn; er wirkt nach. So wird es auch den Frauen ergangen sein – für ihn kein Zeichen ihrer Flatterhaftigkeit, sondern Bestärkung seiner selbst. Der geschmeidige Wechselgang zwischen den Kulturen bereitet ihm Vergnügen, denn die Bewunderung seiner Fertigkeiten geht stets mit dem Rätselraten um seine Herkunft und Prägung einher. Doch bei Gasbarra muss man sich mit Andeutungen begnügen.

Ungereimtes zu seiner Person ist ihm durchaus angenehm. Selbst seine Töchter lässt er gelegentlich im Ungewissen, so wie meine Mutter einst auch mich. „Er war kein Vater, aber er war ein interessanter Mann", sagte mir Claudia, „dass er stets vage blieb, gehörte zu ihm."

Verunsichern, um sich selbst zu sichern, wird in den nun kommenden Jahren zu Gasbarras Credo, denn seine wirtschaftliche Existenz hängt nach dem Ende der Piscator-Ära noch stärker an der Kommunistischen Partei, die zu Beginn der Dreißigerjahre auf ihren Überlebenskampf zusteuert. Noch ist es zu früh für die Tarnkappe.

Gasbarra kämpft unverdrossen an der Schreibmaschine, doch der Gedanke „was wird aus mir" beginnt, sich in ihn einzufressen. Mit der lebensfrohen Ilse, die seinen „großen Freund" Walter Mehring mit ihm hintergeht, hat er weiterhin viel Freude und angenehme Stunden. An Doris geht das alles nicht spurlos vorüber, doch sie lässt ihn offenbar gewähren, macht weiterhin ihre Kunst und wünscht sich mit vierunddreißig Jahren ein weiteres Kind.

Im Sommer 1932 fährt Gasbarra zum ersten Mal in die Sowjetunion. Alle seine Freunde und Genossen sind schon mehrmals auf Pilgerfahrt gewesen, sein Freund Franz Jung schon gleich nach der Revolution. Erstaunlicherweise ist Gasbarra noch nie auf dem Roten Platz gestanden, obwohl es ihm an Gelegenheiten nicht gefehlt haben kann, das „Land der Verheißung", das er aus Filmen, Erzählungen und Berichten zu kennen glaubt, zu bereisen. Anlass ist die „Kultur-Olympiade" der UdSSR in Moskau. Es finden sich Hinweise. Sein Jubelbericht in der *Roten Fahne:* „Solche Festlichkeiten, solche sorglose Ausgelassenheit erlebt man nur in der UdSSR", und in Ilses Erinnerungen: „Er fuhr zu einem Kongress nach Moskau, und als er zurückkam, sagte er mir: ‚Ich habe dir ein Paar russische Stiefel mitgebracht, Jo-Jo. Wenn wir hier die Revolution haben, ziehst du diese Stiefel an!'"

Was er in der Sowjetunion sonst noch – außer Festlichkeiten – zu sehen und zu hören bekommt, macht Gospodin Gasbarra nicht öffentlich, denn statt des gefeierten „Neuen Menschen" erlebt er Mangel und Armut. 1932 ist das Jahr, in dem Stalin den Hunger zu seiner Waffe macht. Millionen ukrainischer Bauern werden im „Holodomor" dem Hungertod ausgesetzt. Für Gasbarra noch kein Grund zur inneren Umkehr, wie er 1969 in einem Interview bekennt: „Meine kommunistische Überzeugung hatte bereits einen starken Stoß erlitten durch eine Reise, die ich im Jahr 1932 durch Russland machte und bei der ich mich von den wirklichen Verhältnissen überzeugen konnte, vor allem von der Diskrepanz zwischen Propaganda und Realität. Aber selbst das hat mich noch nicht zur Aufgabe meiner Überzeugung bringen können."

Mit seinen guten Verbindungen hätte er möglicherweise in der UdSSR bleiben können. Er ist mehrsprachig, ein versierter Dramaturg und ideologisch zuverlässig. Arbeit hätte es gegeben, vielleicht sogar wieder an der Seite von Piscator, der noch am Schwarzen Meer weilt und neue Projekte in seinem „irdischen Paradies" aushcckt. Gut möglich, dass Doris unter dem zunehmenden Druck der politischen Zustände in Deutschland eines Tages nachgekommen wäre. Doch im Herzen ist Gasbarra kein Mann des Ostens. Nach Süden treibt es ihn, danach sehnt er sich. So kehrt er nach Berlin zurück, wo sich das Jahr 1932 mit der Geburt seiner Tochter Claudia dem Ende zuneigt.

Es war schon im Dezember und politisch sah es nicht zum Besten aus. Im Januar 1933 war Gasbarra nach Hahnenklee in den Harz gefahren, um sich zu erholen, und er wollte mich auf drei Tage dort haben. Ich fuhr hin und brachte ihm eine Nachricht, die ihn kreidebleich werden ließ: Hitler ist von Hindenburg gerufen worden. Mehring, der dabei war, stöhnte: „Was soll aus uns werden?" Er hatte immer schon gesagt, wenn Hitler an die Macht komme, dann könnten sich die Juden und die anderen Parteien auf was gefasst machen. Ich sagte ganz ruhig: „Es wird weiter gehen." Wir blieben nur noch ein paar Stunden und fuhren sofort nach Berlin zurück. Mir war das sehr angenehm, denn ich hatte schon Sorge, das Kleine allein zu lassen, trotzdem ich ja eine gute Haustochter hatte.

Bei unserer Ankunft war meine Mutter in der Wohnung und so sahen wir gleich den großen Fackelzug des Abends an unserem Fenster vorbeiziehen, denn wir wohnten Parterre, nur durch einen kleinen Vorgarten von der Straße getrennt. Und manches Gesicht, was wir bei anderen Gelegenheiten in roter Aufmachung gesehen hatten, war auch dabei. Das sah gefährlich aus und ich schaute Gasbarra dabei von der Seite an. Er war aschgrau im Gesicht. „Wir müssen noch warten", sagte ich, „vielleicht wird es nicht so schlimm." Dabei erinnerte ich mich an Otto Katz, den Geschäftsführer von Piscator. Der hatte mir vor Jahren einmal gesagt: „Wenn wirklich Hitler in die Regierung aufgenommen wird, dann heißt es untertauchen und schwimmen." Schwimmen, damit man am Leben bleibt. So lebten wir bis zum Reichstagsbrand.

Als der Reichstag brennt, weilt Ilse auf Tournee mit Henny Porten und Carl Froelich in Amsterdam. Dort spielen sie den Schwank *Alles um Eva.* Zurück im Hotel hört sie im Funk von den Ereignissen in Berlin. In höchster Aufregung und wie immer, wenn sie außer sich ist, verliert Ilse den Kopf. An der Rezeption lässt sie sich mit Gasbarra in der Yorckstraße verbinden: „Molz – haben sie dich noch nicht verhaftet …? Bist du noch da?" Gasbarra legt wortlos auf. Er ist wachsam und kappt die Verbindung zu seiner Geliebten, um sich, und auch sie, zu schützen.

Am nächsten Morgen dreht er seinem Papagei den Hals um. Ihm hat er vor Urzeiten beigebracht, ein kräftiges „Rot-Front" zu krächzen. Das war nun sein Todesurteil.

Und jetzt ging es los, die Hetze begann. Man hörte Schreie von überfallenen Menschen, und das Schlimmste war das Knallen der Autotüren in der Nacht. Man lag mit angespannten Nerven da und hörte, aber man konnte nicht helfen, denn es gab kein Recht mehr. Wohin hätte man sich auch wenden können? Polizei gab es nicht mehr, wer jetzt die Polizei war, das waren die braunen Horden, die nicht nur den Gummiknüppel schwangen, sondern sofort die Pistole zückten. Genickschüsse waren an der Tagesordnung. Die Straßen waren merkwürdig leer und die Leute hasteten in ihre Wohnungen.

Aber wer kam da mit einem Blumenstrauß an? Es war die Frau des engsten Mitarbeiters von Willi Münzenberg. Sie sei jetzt allein, ihr Mann sei Münzenberg sofort nach Paris nachgefahren. Sie sah mich an.

„Und die Blumen?", fragte ich.

„Die sind für meine Wohnung, ich kann nicht ohne Blumen leben."

„Ja", sagte ich knapp. Die Frau von Münzenbergs engstem Vertrauten kauft sich Blumen und die Arbeiter werden niedergeknallt. Der Herr Gemahl, der das alles mit aufgeputscht hat, wie alle Parteibonzen, ist weit vom Schuss und lässt die Arbeiter alles bezahlen. Na, eine schöne Gesellschaft seid ihr. Und ich ließ sie stehen.

Da saßen sie nun alle im Ausland. Münzenberg war mit der Parteikasse und seiner Geliebten im Auto über die Grenze. Die Nazis nahmen überhaupt keine Rücksicht mehr. Es war wie Standrecht, welches über einen ganzen Staat verhängt war. Man wusste nie, wer drankam.

Gasbarra wollte, dass ich einfach aus der Wohnung rausgehe.

„Was? Ich soll alles verlassen, was ich besitze?"

„Warum nicht?", war seine Antwort. „Wir laufen hier um unser Leben."

Alles stehen und liegen lassen kann Doris nicht. Sie überlegt, was zu tun sei. Zunächst schickt sie ihre Mutter mit der nun schon siebenjährigen Livia nach Schreiberhau. Damit erlöst sie Gertrud von der „bösen Schwiegertochter", die bei jeder Gelegenheit „Endlich fließt Blut" frohlockt. Die darauffolgenden sechs Wochen verbringt Doris damit, ihre Bücher, Bilder, Zeichnungen zu sichten und ihre Atelierwohnung zu räumen. Zehn Jahre Arbeit gehen durch Kopf und Hände. Schwere Schwangerschaften

Doris Homann, Tusche, ohne Titel

hat sie Am Friedrichshain verbracht, viel gemalt, geschrieben und gezeichnet, Gasbarras Freunde bewirtet und gemeinsam mit ihm gute wie auch schwere Tage erlebt. Nun packt sie ihre Erinnerungen ein, prüft jedes Blatt und jeden Kochtopf und schickt viel guten Hausrat nach der Wohnung von Mama Laura in der Yorckstraße. Ihre Malsachen, die Staffelei, der Büffeledersessel, die Leinwände und Mappen, ihre bemalten Kommoden und natürlich auch die Kinderbetten gehen mit auf den Transport nach Schreiberhau. Was danach noch übrig ist, schenkt sie ihrer Nachbarin, einer stillen, „verhärmten" Frau, die sich vor allem über die Nähmaschine freut, da sie damit nun Heimarbeit machen könne und nicht mehr bei jedem Wetter zur Fabrik müsse.

Bevor ich einpackte, hatte ich vieles zu vernichten. Alles, was etwas über meine Tätigkeit aussagte und mich belasten konnte. Es waren zwar keine hochverräterischen Sachen, aber es war besser, alles zu verbrennen. Wir hatten einen sehr schönen Anthrazitofen, den mir mein Vater geschenkt hatte, damit ich es schön warm in der Parterrewohnung hätte. Ich war gerade dabei, lustig Papiere und Zeitungsartikel im Ofen zu verbrennen, und vor dem Kamin lag noch ein großer Packen, der auf das Vernichtungsfeuer wartete, da klingelte es scharf an der Tür und draußen standen zwei SA-Männer. Noch heute freue ich mich darüber, wie ich mit keinem Muskel verriet, dass ich Angst hatte.

„Sie wünschen?", fragte ich ruhig.

„Wir sammeln."

Ich ließ die Tür weit offen und ging das Geld holen. Gib nicht zu viel, warnte mich eine innere Stimme. Die Männer bedankten sich, und als ich die Tür zugemacht hatte, zitterten mir die Knie. Fieberhaft verbrannte ich den Rest und arbeitete wie eine Wilde, um fortzukommen.

Am letzten Morgen hatte ich nach den Möbeltransporten nur noch ein bisschen Handgepäck, und ein kleines Bündel mit dem Mädchen drin lag auf dem Boden. Es schlief so ruhig, als wäre es der sicherste Platz auf der Welt. Auf dem Weg raus verabschiedete ich mich noch von der Portiersfrau. Als sie das Bündel sah, flossen ein paar Tränen in ihren Schürzenzipfel. „Ach Gott, wie auf den Fotos mit den Vertriebenen."

Ich sagte ihr: „Beruhigen Sie sich doch. Wir kommen noch sehr elegant fort."

Auch Gasbarra wird sich in jenen Wochen überlegt haben, wie er fortkommt und vor allem, wohin. Um ihn herum sind Freunde, Kolleginnen, Genossen fluchtartig abgereist, und wer es nicht rasch entschlossen über die Grenze geschafft hat, wird von der Gestapo abgeholt oder von SA-Schergen halbtot geprügelt. Im April 1933 steht Gas allein auf weiter Flur. Dass er – seines Lebens unsicher – zunächst stillhält und darauf setzt, als „kleiner Fisch" nicht oben auf den Listen der „Säuberung" zu stehen, erscheint wahrscheinlich. Dennoch folgt er Doris nicht in das noch von der Menschenjagd verschonte Schreiberhau, sondern harrt der Dinge in Berlin, denn dort hat er seine Mutter, die bei allem stets zuerst kommt.

Dazu mag ihn auch bewogen haben, dass Mutter und Sohn als italienische Staatsbürger geschützt sind. Im Ersten Weltkrieg waren sie noch Bürger eines Kriegsgegners, nun aber stehen sie unter dem Schutz des faschistischen Brudervolks. Felix Gasbarra, Kommunist, Agitator, Moskau-Reisender, würde ohne diesen Pass in Not geraten.

Nun aber ist er „tolerabel", eine Einordnung, die der Historiker Alfred Kantorowicz für Lebensläufe vergleichbaren Zuschnitts geprägt hat. Gasbarra muss 1933 nicht „um sein Leben laufen", und so entscheidet er sich fürs Abwarten. „Schließlich müssen ja auch noch ein paar bleiben, außer 12 Millionen Proletariern", schreibt er 1934 an Otto Katz nach Paris.

Doch das Bleiben erweist sich im Verlauf des Jahres 1933 von Woche zu Woche als schwieriger. Gasbarra hat mit einem Schlag seine Einkünfte verloren. Es gibt keine Möglichkeit, an Aufträge zu gelangen. Immerhin muss er sich um Doris und die Töchter keine Sorgen machen. Seine Frau hat geregelte Einkünfte aus dem Immobilienerbe des Vaters. Gasbarra, zur Untätigkeit gezwungen, verbittert und vereinsamt zusehends. Selbst seine Ilse ist nicht länger in Berlin. Sie kehrt nach ihrer Theatertournee nicht mehr zurück, sondern reist zu ihrer Tante Anni nach Wien weiter, wo sie versucht, bei einer Bühne unterzukommen.

Gasbarras Tage werden lang. Erinnerungen an das Hungerjahr 1920 werden wach. Doch er ist zu alt, um einen neuen Beruf zu erlernen. Was ihm bleibt, sind seine Schreibmaschine und ein Haufen weißer Blätter. Wie es um ihn steht, ist in seinem ersten Nachkriegsbrief an Freund Erwin nachzulesen:

```
5. September 1946
```

```
Für mich war es nicht nur eine vorübergehende
Niederlage, bei der sich, wie ein Idiot aus
dem Ausland verkündete, die Massen „geordnet
zurückzogen", sondern es war das Ende, das
unwiderrufliche Ende alles dessen, wofür wir
```

gekämpft und gelebt hatten. Nicht, weil H. an die Macht gekommen war, dass er an die Macht gekommen war, war schon schlimm genug und ein böses Zeichen, sondern weil die Gegenseite einfach auseinanderlief wie eine Hammelherde, in der der Wolf eingebrochen ist – von einzelnen Ausnahmen immer abgesehen. Das, was ich erlebt habe in den Jahren 33 bis 34, es war so trostlos, politisch und menschlich, dass mir seit jenem Tage in meinem Leben alles ziemlich egal geworden ist. Meine und unsere Welt war in einer Woge von Dreck untergegangen, ob die Überlebenden sich an ein Teerfass anklammerten oder an ein rot angestrichenes Blumenbrett, das war schon ganz egal.

Dieser Zusammenbruch, dessen persönliche Tragweite Felix Gasbarra erst viele Jahre später in der Abgeschiedenheit von Burg Kampenn zu formulieren weiß, das sind 1933 auch der Boykott der jüdischen Geschäfte, die Auflösung der Parteien, die kulturelle und geistige „Gleichschaltung", die Bücherverbrennungen, das Ende vieler Freundschaften; Trennung, Hass, Zwietracht und Mord.

„Was in diesen chaotischen Tagen und Wochen so bestürzte, war das abschiedslose Verschwinden von Freunden, Bekannten und Prominenten. Am Telefon meldete sich niemand. Vertraute Stimmen im Radio und auf der Bühne verstummten", erinnert sich die Journalistin Elisabeth Castonier in ihren Memoiren. Auch Gasbarras Stimme ist verstummt.

Obwohl seine Ersparnisse nur für ein paar Monate ausreichten, war Felix gewillt, auch weiterhin bei seiner Mutter in Berlin zu bleiben. Er musste trotz des langen Schattens seiner hasserfüllten antinazistischen Tiraden einen Modus für sich gefunden haben, zu dem ich ihn gerne befragt hätte. Doch dazu ist es nie gekommen. So muss ich denn auf meiner Suche nach Gewissheiten seine Fährte an anderen Stellen aufnehmen.

Einen Hinweis auf seine Tarnkappe finde ich 2020 zu meiner Überraschung im Deutschen Bundesarchiv. Dort – wird mir mitgeteilt – sei eine auf den Namen Felix Gasbarra lautende Signatur verfügbar. Ich bestelle. Zwei Monate später liegt eine Kopie seines Antrags auf Mitgliedschaft im Reichsverband Deutscher Schriftsteller vor mir, einer im Sommer 1933 von Joseph Goebbels „angeregten" Zwangsvereinigung, in die nur aufgenommen werden konnte, wer die Fragen zu „deutschblütig" und „politisch einwandfrei im Sinne des neuen deutschen Staates" bejahen konnte. Für Gasbarra kein Hindernis. Seine Erbmasse war „arisch", die Mutter eine von Gravenhorst, der Vater – wenn auch nicht der Namensgeber – ein Conte Basta. Die Auskunft nach einer „früheren politischen Zugehörigkeit" erteilte Gasbarra mit einem Federstrich. Bei „Beruf" trug er sich wahrheitsgemäß als Tischler ein, ergänzte dies eitel um „Jurist". Die Frage nach der beruflichen Tätigkeit kreuzte er im Vordruck mit „Übersetzer" und „Fachschriftsteller für Rundfunk und Film" an. Was mag ihm durch den Kopf gegangen sein, als er zu guter Letzt mit seiner Unterschrift den „vorbehaltlosen Einsatz für das deutsche Schrifttum im Sinn der nationalen Regierung" bescheinigte, obwohl er – wie später von ihm selbst behauptet – erst 1936 einen „Schlussstrich" unter seine kommunistische Parteizugehörigkeit zog?

Hitler, nur ein kurzlebiger Spuk? Nicht für Gasbarra. Er war kein Glaubensbruder seiner Wunschgedanken. Die Schritte in der neuen Volksgemeinschaft wollten gut bedacht sein. Fragen nach dem Wohin würden sich später stellen. Das Hals-über-Kopf seiner Weggefährten drängte ihn nicht zur Nachahmung. Am 8. Dezember 1933 lag die Mitgliedskarte des „Reichsverbands", ausgestellt auf Felix Gasbarra, im Briefkasten an der Yorckstraße 16.

Dazu hatte Gasbarra zwei Bürgen zu benennen. Der eine war Dr. Fritz Pauli, Leiter der Abteilung Musik und Hörspiele bei der *Berliner Funk-Stunde*, dessen Spur sich für mich als Sackgasse erweist. Gasbarra kannte ihn wohl von der Zusammenarbeit bei den Tonaufnahmen zu seinen Hörspielen. Dr. Pauli hatte den für die Bürgschaft erforderlichen Ruf, sorgte er doch im Funk mit Militärmusik für den „arteigenen Klang der deutschen Volksseele". Weshalb er sich für Gasbarra einsetzte, bleibt unbeantwortet. Weit ergiebiger und aufschlussreicher sind hingegen die mutmaßlichen Beweggründe des Italieners Dr. Alfredo Stendardo, Sekretär des Fascio di Berlino, dem ich mich deshalb ausführlich widme. Er nahm für die sich nun anbahnende Lebenswende von Felix Gasbarra eine Schlüsselrolle ein.

Der aus Neapel stammende Stendardo zog nach seinen Studienjahren (Jura, Philosophie, Germanistik) 1921 nach Berlin. Sein reges Interesse am Leben der Stadt brachte ihn schon nach zwei Jahren so weit, als Korrespondent des Mussolini nahestehenden *Giornale d'Italia* regelmäßig aus dem brodelnden Berlin berichten zu können. Neben seiner Arbeit als Journalist organisierte der kulturbegeisterte Stendardo Vorträge, Lesungen und Sprachkurse in der Casa degli Italiani, dem Treffpunkt der Berliner italienischen Kolonie. Hier gründete er mit Gleichgesinnten am 1. Januar 1925 den Fascio di Berlino, den Berliner Ableger des Partito Nazionale Fascista.

Der rührige Dottore verstand es, auf sich aufmerksam zu machen. 1926 entsandte seine Partei den gewandten, zweisprachigen Stendardo nach Bozen, um dort die Chefredaktion der in deutscher Sprache erscheinenden *Alpenzeitung* und des Parteiblatts *La Provincia di Bolzano* zu übernehmen. Das Südtiroler Jahr weckte seine Liebe zur Bergwelt – eine Passion, die ihn mit Gasbarra verbinden wird.

1927 kehrte Stendardo nach Berlin zurück, wo ihm die Stelle des Vizekonsuls am italienischen Generalkonsulat angeboten wurde. Schon bald war er unverzichtbar, doch da sein Gehalt von fünfhundert Reichsmark kaum für das Lebensnotwendige ausreichte, arbeitete er auch weiter für den *Giornale*. Vermutlich widmete er damals auch einige Artikel dem Agitationstheater von Erwin Piscator.

Damit hatte Alfredo Stendardo seinen Platz gefunden, hätte man ihn nicht 1930 mit einer Untersuchung des Fascio di Berlino beauftragt, dessen Sekretär im Verdacht stand, Parteigelder zu veruntreuen. Die Misswirtschaft flog auf, und aus Furcht, Rom könne nun einen „fascista di professione" – einen Berufsfaschisten – nach Berlin entsenden, wurde der feinsinnige Stendardo kurzerhand zum Parteisekretär des Berliner Faschistensprengels bestimmt. Dass diese Aufgabe nicht nur darin bestand, Vorträge und Gesellschaftsabende zu veranstalten, berichtete *Berlin am Morgen* 1931 in einem Artikel mit der Überschrift „Aia, Aia, Alala! Ein Blick auf ‚unsere' Faschistenkolonie": „Die Bedeutung der italienischen Kolonie in Berlin liegt nicht in ihrer zahlenmäßigen Stärke, sondern in ihren politischen Beziehungen und Verbindungen. Von der Casa degli Italiani in der Französischen Straße führen die Fäden zu den Nationalsozialisten und zum Stahlhelm und natürlich auch zur Botschaft, wo spezielle Attachés mit der Beobachtung der politischen Vorgänge in Deutschland eifrig beschäftigt sind. Die Faschistische Zentrale erhält einen umfangreichen Spitzelapparat, der jeden einzelnen Italiener sorgsam beobachtet und überwacht, weshalb sich viele italienische Staatsbürger in Berlin selbstverständlich von jeder antifaschistischen Äußerung enthalten. Aber es ist bekannt, dass die italienischen Artisten, Musiker, Kellner und sehr viele italienische Intellektuelle, die in Berlin leben, erbitterte Gegner Mussolinis sind."

Zu diesen zählt sich natürlich auch Felix Gasbarra, der immer schon einen weiten Bogen um die Casa degli Italiani gemacht hat und dem Mussolini und der Faschismus ein Gräuel sind. Wie sehr, liest sich in einem seiner Zeitungsartikel in *Berlin am Morgen* aus dem Jahr 1931:

„Naive Gemüter glauben noch heute, dass der Faschismus so etwas wie ein neues Wirtschaftssystem darstellt, dass die Übelstände des Kapitalismus mildern, wenn nicht gar ihn selbst ersetzen will. In Wirklichkeit ist er nichts anderes als ein Instrument, das sich die herrschende Klasse geschaffen hat, um ihre Besitztümer und damit das in seinen Grundfesten erschütterte kapitalistische Wirtschaftssystem zu retten. Arbeitslosigkeit im ganzen Lande. Namenloses Elend der werktätigen Massen. Die Unterstützung ein Hohn. Und im Süden die Kinderhölle der Schwefelgruben. Jenseits des Meeres tobt sich die faschistische koloniale

Politik in blutigstem Mord, gierigster Ausbeutung der Bewohner von Tripolis aus. Das ist Italien von heute. Man präge sich all dies ein, damit es im Kampf gegen den deutschen Faschismus lebendig bleibe."

Dem Zeitungsmann und an allem interessierten Berlin-Flaneur Stendardo ist der italienische Staatsbürger Gasbarra schon deshalb bestimmt kein Unbekannter, auch ist Felice Gasbarra längst im Fadenkreuz des italienischen Geheimdiensts. In seiner Personenakte, die im Archiv des römischen Innenministeriums unter Direzione Generale della Pubblica Sicurezza zu finden ist, lassen sich die geheimpolizeilichen Erkundungen zu seiner Mitgliedschaft in der KPD nachlesen. Stendardo weiß genau, mit wem er es zu tun hat, als er den Dottore Gasbarra im Mai oder Juni 1933 um ein vertrauliches Gespräch unter Landsleuten zu sich bittet. Bis dahin hat Gasbarra das Konsulat nur betreten, wenn Pässe zu verlängern waren oder er die Geburt der Töchter im Register einzutragen hatte. Doch angesichts seiner prekären Lage ist er bereit sich anzuhören, was der Vizekonsul ihm mitzuteilen wünscht. Der kommt schnell zur Sache, denn Stendardo kann sich an drei Fingern abzählen, dass sein Gegenüber aufgrund seines politischen Vorlebens ernsthaft in Gefahr ist, als „unliebsamer Ausländer" aus Deutschland ausgewiesen zu werden. Diesen Abreisebefehl will Gasbarra unter allen Umständen vermeiden, hat er doch für seine betagte Mutter zu sorgen und will er auch Doris, Livia und Claudia nicht mit in seinen Strudel ziehen.

Stendardo fackelt nicht lange. Er sähe durchaus Möglichkeiten, eine für den Dottore sehr unangenehme Entwicklung abzuwenden, sofern der sich vorstellen könnte, seine unbestreitbaren Fähigkeiten in den Dienst des Vaterlands zu stellen. Was ihn auszeichne, habe auch im Fascio ein hohes Ansehen. Eine sozialistische, ja sogar kommunistische Vorbildung sei dabei kein unüberwindbares Hindernis, wie viele prominente Beispiele lehrten – der Duce nicht ausgenommen.

Es ist nicht Zuneigung, die den in seiner Karriere mittlerweile frustrierten Stendardo dazu geführt hat, sich den versierten Propagandamann nützlich machen zu wollen. Als Vizekonsul und Sekretär des Berliner Fascio – das weiß Stendardo genau – kann er auf der Karriereleiter nicht weiterkommen. Um aufzusteigen, bleibt ihm nur der Weg in den Diplomatischen Dienst. Doch für diese Laufbahn hat er das Eintrittsalter längst überschritten. In diesem Engpass gefangen, sucht er nach Eilfertigkeiten, die ihm die Gunst der römischen Würdenträger verschaffen könnten. Will er weiterkommen, muss

Ein Mann mit weitreichenden Beziehungen: der italienische Vize-Konsul Alfredo Stendardo

er sich einschmeicheln. Der Augenblick dafür erscheint ihm günstig, denn mit Hitler an der Macht geben sich die römischen Granden in Berlin die Klinke in die Hand. Sie reisen an, um sich zu verbrüdern – und noch viel wichtiger – um sich in der Reichskanzlei aufzuplustern. Sie kommen als Hagiografen ihrer Heldentaten und Autoren staatstragender Schriften zum Wesen des Faschismus. Verlage für ihre Schriften, so Stendardo, würden sich rasch finden lassen. Schwieriger sei die Suche nach einem einfühlsamen Übersetzer, einem Mann, der in beiden Kulturen seine Heimat habe. Die Arbeit werde gut honoriert. Gasbarra, geschmeichelt und mit Geld gelockt, scheint nicht abgeneigt. Der belesene Stendardo hat in ihm den Richtigen für seinen Plan gefunden.

Nach diesem Gespräch wird sich Gasbarra keine lange Bedenkzeit ausbedungen haben, dazu ist sein Spielraum zu klein. Zudem ist er kein freier Autor mehr. Mit Doris kann er sich nicht beraten, ohne sein Gesicht zu verlieren. So findet sich in ihrer Lebenserinnerung auch kein Hinweis darauf. Will Gasbarra das vergiftete Angebot Stendardos annehmen, so hat er dies mit sich selbst auszumachen. Er muss darauf hoffen, dass sich sein Tun eines Tages im Dunkeln verlieren würde.

Als sich die beiden Männer in der Sache einig werden, gibt er Gasbarra zu verstehen, dass der in den Partito Nazionale Fascista einzutreten habe. Nur so könne er mit seinem unbescholtenen Namen für einen Mann mit kommunistischer Vergangenheit bei der Reichsvereinigung bürgen, eine Mitgliedschaft, die Gasbarra zwingend benötige, um Übersetzungen annehmen zu können. Zudem sieht Stendardo voraus, dass sich die Granden, der „caro" Meletti, Marpicati oder Mussolinis Sohn Vittorio, danach erkundigen werden, wer denn dieser Landsmann sei, der zur Übersetzung und deutschsprachigen Bearbeitung ihrer Werke ausgesucht wird. Wenige Wochen nach dem vertraulichen Treffen holt sich Gasbarra den ersten Auftrag, die Übersetzung von Arturo Marpicatis Kriegsroman *La coda di Minosse* bei Stendardo in der Konstanzer Straße 58 ab.

Am 16. Oktober 1933 tritt Felice Gasbarra im Beisein seines Mentors dem Partito Nazionale Fascista bei. Am 5. Dezember 1933 reicht er seinen mit erstklassigen Bürgschaften versehenen Antrag auf Mitgliedschaft beim Reichsverband ein. Wenig später erscheint Marpicatis Roman unter dem Titel *Am Rande der Hölle* im W.-Goldmann-Verlag, Leipzig.

Gasbarra leistet in Diensten des Dottore, der damit seinem Ziel ein gutes Stück nähergekommen ist, offenbar gute Arbeit. Die von Stendardo mit viel Geschick hofierten Autoren werden es ihm 1937 mit der lang ersehnten Ernennung zum Presseattaché im Diplomatischen Korps des Ministero della Cultura Popolare danken. Stendardos weitere Laufbahn ist vom Krieg geprägt. Nach vielen Entbehrungen und Rückschlägen wird er Anfang der Fünfzigerjahre dafür mit einer Entsendung nach Brasilien belohnt.

Dort werden sich Doris' und Alfredo Stendardos Wege in Rio de Janeiro kreuzen. „Es war derselbe Konsulatsbeamte, der Gasbarra in den Hitlerunruhen geholfen hatte und ihn also gut kannte. Ich hatte das Gefühl, dieser Mann wusste mehr als ich."

Über Weihnachten und Neujahr 1934 reist Felix zu seiner Familie in das tief verschneite Schreiberhau. Fernab vom nazitrunkenen Berlin kommt er nach einem hektischen und von Ungewissheiten geprägten Jahr ein wenig zur Ruhe. Nach und nach berichtet er Doris, wie es ihm ergangen ist und wie es in nächster Zeit weitergehen könnte. Gewissheiten gäbe es keine. Anders für Doris. Ihre Welt ist unter einem Dach, wo die Mädchen von ihr und der sorgenden Oma behütet aufwachsen, wo sie ihre Arbeit und vertrauensvolle Künstlerfreundschaften hat und das Leben noch freudvoll und erquickend ist. Nach den Weihnachtstagen legt Felix ihr das druckfrische Marpicati-Buch wortlos ins Atelier. Doris blättert, sie mag es nicht lesen. Sie will darüber nicht sprechen. Sie legt es weg.

Nach zwei Wochen mit ausgedehnten Wanderungen zur Schneekoppe und abendlicher Geborgenheit kehrt Felix an die Yorckstraße zurück, wo ihn Laura mit Ungeduld erwartet. Sie ist stolz auf ihren Felix.

Ilse hat im Herbst 1933 Wien den Rücken gekehrt. Ihre Hoffnungen, an einem Theater unterzukommen, haben sich zerschlagen. Um ihrer Tante Anni nicht gänzlich zur Last zu fallen, übernimmt sie schlecht bezahlte Schreibarbeiten. So hat sie sich das nicht vorgestellt. Zurück zu ihrer Mutter nach Berlin kommt nicht in Frage. Was ihr bleibt, ist Walter Mehring, der in Paris lebte, wenn auch mit wenig Geld, in kleinen Hotels des Quartier Latin. Walter freut sich auf Ilschen. Von ihrer Liebe zu Gasbarra hat er keinen Schimmer, obwohl der auch nach Paris abgereiste Piscator-Mann Otto Katz – und vermutlich auch andere Berliner Emigranten – „au courant" sind.

Nach dem freudigen Widersehen an der Gare de l'Est zieht sie in Mehrings Mansardenzimmer im Hotel Trianon, Rue de la Harpe, ein. Nach tristen Monaten in Wien blüht sie in der geistreichen Bohème des Boulevard Saint-Michel auf. Mehring, ein erfahrener „Parisien" lebt und schreibt in den Cafés. Ilse findet gelegentliche Beschäftigungen bei Willi Münzenberg. Zunächst in seinem Verlag Editions du Carrefour und ab 1934 bei der Internationalen Arbeiterhilfe.

Münzenberg, der ein bisschen in Ilse verliebt ist, geht gerne mit ihr Billard Russe spielen. Er füttert sie vormittags mit Croissants und beschwipst sie nachmittags mit Suze und Pastis. Bei guter Laune führt er Ilschen – mal auch gemeinsam mit Walter – zum „Sattessen" aus. Im Mai oder Juni gibt Ilse einer drängenden Bitte Münzenbergs nach. Sie soll als Kurierin einen Koffer mit als Reclamheften getarnten „Braunbüchern", mit denen die Exil-KPD den Verschwörungstheorien der Nazis zum Reichstagsbrand entgegentritt, nach Berlin bringen. Ilse macht sich reisefertig. Sie hat Sehnsucht nach Molz. In ihrer Naivität sieht sie die Gefahren dieser Fahrt nicht. Sie lässt sich die Haare blond färben und macht sich mit einem Koffer voller Hochverrat auf den Weg nach Deutschland.

Ilse reist als „arische Schönheit". Ihr Gesicht ist rundlich, der Schmollmund süß und die hohen Wangenknochen machen sie „über jeden Zweifel erhaben". Wenn sie ihr Haar lang trägt oder es zu einem blonden Kranz arrangiert, ist sie „unwiderstehlich". Damit kokettiert sie gern, denn welches jüdische Mädchen kann sich schon so „unjüdisch" herrichten? Schon immer hat sie die Extreme geliebt!

Im Grenzbahnhof Aachen, wo die Gestapo alle Zugabteile durchsucht, und Gepäck und Taschen öffnen lässt, bleibt sie völlig gelassen. Ihre knappe Geste, mit der sie ihren Pass reicht, inszeniert sie mit einem kurzen, schnippischen Augenaufschlag und einem gedachten: Bitte, wenn es denn sein muss … Die Männer gehen weiter.

Auch Ilse ist Mimikry. Sie kann Leben und Bühne nie auseinanderhalten, Gefahr nicht ahnen und Bedrohung nicht erkennen – alles ist bei ihr auf Effekt gelebt. Ilse wähnt sich stets in einem Film, der ihr Leben zu sein hat, und sie versteht es, sich so in Szene zu setzen, dass ihr die Hauptrolle jeden Tag neu auf den Leib geschrieben werden muss – Autoren und Publikum dafür findet sie immer.

Jo-Jo und Molz haben sich über ein Jahr lang nicht gesehen, doch sie müssen einander geschrieben haben – so wie sie das ihr ganzes Leben lang über alle Grenzen hinweg taten. In Berlin wird es ein großes Wiedersehen. Kein Hakenkreuz kann die Freude trüben. Gasbarra, wieder ganz Mann von Welt, führt seine Jo-Jo aus und lässt sich von ihr ausführlich von Paris und den dortigen Freunden erzählen, von Katz, von Heartfield, von Münzenberg und natürlich von Mehring. Theater ist nicht mehr, dafür umso mehr Liebesnest – eine kleine Pension in Charlottenburg, wo der Herr Doktor Gasbarra kein Unbekannter ist. Beide ahnen, dass es ein Abschied für lange Jahre sein wird, vielleicht für immer. Nach zwei Wochen „im Himmel" kehrt Ilse nach Paris zurück. Sie hat nicht die Zeit – und wohl auch nicht den Mut – ihre Mutter in der Landhausstraße aufzusuchen. So ist Ilse.

Gasbarra hat seine Jo-Jo nur ungern wieder ziehen lassen. Die Stadt ist trostlos und leer gefegt, die Übersetzungsarbeit bedrückt. Ihr Besuch war ein Lichtblick. „Ich war durch Ilse ja überhaupt so ein bisschen auf dem Laufenden über Euch, konnte mir gut vorstellen, wie Ihr da lebt, und habe mich über manches sehr amüsiert", schreibt er im Juli 1934 an Otto Katz nach Paris.

Über dieses Jahr schreibt Doris in ihren Lebenserinnerungen:

Nun es waren solche Zeiten, da kam es ja wohl auf nichts mehr an, wenn jemand sein Leben hatte, so hatte er genug; ich musste für die Kinder da sein, für die ich mich verantwortlich fühlte. Gasbarra blieb allein in Berlin zurück, wie ich dachte, denn ich wusste ja nicht, dass schon eine Frau lange meinen Platz eingenommen hatte. Es war die Braut Walther Mehrings, seines Freundes.

―

Im Sommer 1934 ist Gasbarra nach der Schweiz unterwegs, um sich im Engadin mit dem Patron des Zürcher Schauspielhauses, Direktor Ferdinand Rieser, zu treffen, der einen fähigen Dramaturgen für sein Theater sucht. Vermittelt hat das Treffen im luxuriösen Kurhaus Tarasp, wo Rieser in Ferien weilt, der stets gut informierte Erwin Piscator. Am 22. Juli 1934 schreibt er aus Moskau an Gasbarra: „Grüße Riesers recht herzlich von mir und schreibe mir umgehend, damit wir uns von jetzt ab auf dem Laufenden halten, denn schließlich wünschte ich Dich auf diesem Posten, damit ich eine enge Verbindung mit dem Theater behalten kann – um später nach Berlin zurückzukehren – mit dem jetzt gebildeten Kristallisationspunkt." Ein Freundschaftsdienst mit Hintersinn, der misslingen wird. Gas kann die Geister, denen er in Berlin die Hand gereicht hat, nicht mehr abschütteln.

Kaum hat Gasbarra seine Arbeit als Leiter der Dramaturgie in Zürich aufgenommen, taucht Walter Mehring dort auf. Er hat auf der Fahrt von Paris nach Wien einen Zwischenhalt eingelegt. „Paris verließ er, da er es nicht mehr aushielt abgeschlossen zu sein vom geistigen, befruchtenden Zusammenhang mit dem deutschen Kulturkreis, musste vor allem wieder mal deutsches Theater und Kabarett hören, um selbst was schreiben zu können", notiert Max Herrmann-Neiße nach einer Begegnung mit ihm in Küsnacht am Zürichsee. Mehring trifft sich auch mit Leopold Lindtberg, der am Schauspielhaus Regie führt, mit Erika Mann im Exilkabarett Pfeffermühle, mit Curt Bois, der als Alleinunterhalter im Revuetheater Corso gastiert, und mit dem Berliner Theaterkritiker Alfred Kerr, der auch auf Durchreise ist. Ein Hauch Berliner Luft in aller Heimweh, der auch durch Mehrings „Ode an Berlin" aus dem Jahr 1934 weht.

> Manchmal berliner ick aus'n Träume
> Und soo'ne Träne kullert auf mein Schemisett.
> Ich höre ümmassu:
> „Nun sind wie frei im deutschen Raume!"
> Nee, Emil; nich, det ich dir flaume,
> Emil, angter naunu (entre nous):
> Jloobst'n det? Jloobst'n det?

Seinem „großen Freund" Gasbarra, von dem er weiß, dass der sich durch Vermittlung Piscators in Zürich aufhält, will Mehring nicht begegnen – aus gutem Grund. Nach Ilses Rückkehr aus Berlin hat ihr Verhältnis mit Gas rasch die Runde bei den Pariser Freunden gemacht. Vermutlich hat sich Ilschen bei Otto Katz ein bisschen verplappert, der wie sie für Münzenberg arbeitet. Mehring hatte den Spott und war außer sich, und er lässt, wer immer es hören mochte, wissen, dass er den

„salaud" bei der Gestapo denunzieren werde. Es kommt, was in kleinen Städten nie ausbleibt: Die beiden begegnen sich kurz vor Mehrings Abreise am belebten Limmatquai. Dazu Gasbarra am 13. Juli 1934 an Otto Katz: „Inzwischen habe ich aber einen anderen Herren in Zürich getroffen, und zwar Herrn W. Mehring. Ich habe ihm zunächst ein paar geklebt, a conto der Verleumdung, die er über mich verbreitet hat. Und da ist noch eine Sache, die mich interessiert und nach der ich Dich fragen wollte. Ilse behauptet nämlich, dass er des Öfteren gedroht habe, mich bei den momentanen deutschen Behörden zu denunzieren, ja dass er einmal, in Deinem Beisein, wörtlich gesagt habe, er werde nicht eher ruhen, bis ich im Konzentrationslager säße. Stimmt das? Bitte tu mir doch den Gefallen und antworte mir darauf, so wie Du es weißt. Tatsache ist, dass ich drüben mit der Zeit große Schwierigkeiten bekommen habe, und nur durch einen sehr glücklichen Zufall mit einem blauen Auge davongekommen bin" – womit Stendardos Aufträge gemeint sein dürften!

Katz, der gerne mitmischt, antwortet postwendend: „Ich möchte mit dem Herrn M. nichts zu tun haben, er hat sich schauerlich gegen mich benommen, obwohl ich sechs Monate ihn seelisch über Wasser gehalten habe. Was Deine Frage betrifft, möchte ich feststellen, dass er in meiner Gegenwart nie gesagt hat, er möchte Dich ins Konzentrationslager bringen. Ich rate Dir persönlich: lass den Mann laufen, es hat keinen Sinn, jetzt Stunk zu machen. Den Profit haben nur die Nazis."

Der handfeste Schlagabtausch mit dem schmächtigen Mehring kostet Gasbarra viele Freundschaften, auch am Zürcher Schauspielhaus, wo „alte Bekannte", Schauspielerinnen und Schauspieler, Inspizienten, Bühnenbildner und Regisseure nach ihrem Rausschmiss aus Deutschland Arbeit gefunden haben. Direktor Rieser hat für sein Provinztheater ab 1933 ein Starensemble arbeitsloser jüdischer und kommunistischer Theaterleute „wie ein Großhändler den Weizen bei schlechter Wetterlage" engagiert. Gasbarra, im Emigrantentheater kein Unbekannter, ist trotz seiner politischen Vergangenheit kein Exilant. Deutschland ist ihm nicht versperrt, was Argwohn schürt.

Gasbarras erste Arbeit am Schauspielhaus ist *Professor Mamlock* (in Zürich, *Professor Mannheim*), ein zeitkritisches Drama von Friedrich Wolf. Die Hauptfigur, der jüdische Arzt Hans Mamlock, zerbricht als überzeugter Demokrat an den zunehmenden Repressalien gegen die Juden und begeht in seiner Verzweiflung Selbstmord. „Ein Schauspiel aus dem Deutschland von heute" nennt es der Autor. Die Premiere findet am 8. November 1934

Die Aufführung begründete den legendären Ruf des Zürcher Schauspielhauses als freie Bühne deutscher Sprache während der Nazizeit.

vor ausverkauftem Haus statt. Es ist ein denkwürdiger Theaterabend. Das Publikum ergreift Partei gegen das Unrecht.

Von der Aufführung geht ein Signal aus, das zum Widerstand gegen Rassenwahn und Antisemitismus aufruft. Die Inszenierung verursacht Randale. Bürgerliche und Rechtsnationale boykottieren das Theater. Die völkisch gesinnte Schweizer „Frontenbewegung" hetzt gegen das „Judentheater" und der deutsche Botschafter Ernst von Weizsäcker verfasst eine Protestnote, die das Schauspielhaus unter der Leitung des Juden Rieser als Herd kommunistischer Umtriebe und der Hetze gegen Deutschland brandmarkt. Der Ruf des Zürcher Schauspielhauses als „Theater des Widerstands" ist mit dieser Inszenierung etabliert. Gasbarra hält sich für dazugehörig. 1969 sagte er dazu: „In dieser Zeit fand ich am Schauspielhaus eine große Anzahl alter Bekannter aus Berlin wieder, die Deutschland als Emigranten verlassen hatten, zum Teil geflüchtet waren. Innerhalb dieser Gruppe bestand eine gewisse Solidarität, die durch das gemeinsame Schicksal gegeben war. Darüber hinaus hatten die Mitglieder der KPD, zu der ich damals noch gehörte, eine Betriebszelle aufgebaut, die sich regelmäßig traf, zu agitieren versuchte und politische Fragen besprach."

Doch gerade dort tauchen nun Fragen auf. Gerüchte machen die Runde. Wie und mit wem hat sich der Genosse über ein Jahr lang in Nazi-Berlin arrangiert? Weshalb blieb er unbehelligt, mit welchem Geld leistet er sich teure Tweedanzüge? Kann man ihm trotz der langen Parteizugehörigkeit noch trauen? Was wussten Walter Mehring oder Otto Heller, sein alter Kumpel bei der *Roten Fahne,* der nun auch in Zürich sitzt? Die Zweifel mehren sich, die Gerüchte kochen. Felix Gasbarra wird zum Thema, seine Vita bekommt Risse. Da hilft auch nicht, dass Wieland Herzfelde an Brecht schreibt: „Mit Gasbarra sprach ich. Er macht einen vernünftigen Eindruck. Manches, was man über ihn hörte, scheint nicht zu stimmen."

Als im Frühjahr 1935 ein Exemplar seiner Übersetzung von Marpicatis Kriegsroman bei den „alten Bekannten" die Runde macht, ist Gasbarras Ruf endgültig dahin. Er steht mit dem Rücken zur Wand. In seiner römischen Geheimdienstakte ist vermerkt: „Negli ambienti communisti è qualificato traditore" – er war als Verräter gestempelt. Direktor Rieser versucht zu schlichten, doch für das Ensemble ist er untragbar geworden. Noch vor Ende der Spielzeit muss er seinen Koffer packen. Was in Zürich geschehen ist, schiebt er 1969 in einem Interview zur Seite: „Mein Aufenthalt in Zürich dauerte nur eine Spielzeit, von Juli 1934 bis April 1935." Selbst Doris hat nie den wahren Grund seines kläglichen Zürcher Abgangs erfahren. Für sie hat der Skandal einen Namen: Ilse Winter.

Dass es zum Skandal kam, denn Mehring war auch in Zürich, erfuhr ich erst später. Gasbarra hatte mir verboten nach Zürich zu kommen, was ich so gern wollte. Er drohte sogar, dass alles zwischen uns aus wäre, wenn ich trotz Verbot kommen würde. Ich lebte sehr glücklich, meine Mutter bestritt unseren kleinen Haushalt. Geld – trotz Gasbarras gutem Einkommen in Zürich – blieb für mich nicht übrig. Ich machte mir keine Sorgen. Ich wusste ja, dass er sehr viel für sich verbrauchte. Also würde die Reise zu viel kosten. Da fiel aus heiterem Himmel die Entlassung Gasbarras. Warum? Hatte dieser intelligente Mensch nicht den künstlerischen Erwartungen genügt?

Ich erhielt dann einen Brief, in dem er mir erklärte, dass er sich von mir scheiden lassen wollte, denn er liebte die junge Schauspielerin Ilse Winter, die Braut Mehrings, die jung und elegant wäre, im Gegensatz zu mir. Ich kochte vor Scham. Es war in Zürich zu einem großen Skandal mit Mehring gekommen, der für Ilse Winter und ihre Mutter zahlte. Mehring wollte Gasbarra sogar erschießen, weil er ihm seine Braut gestohlen hatte, aber da waren eine Frau und zwei Kinder, die ohne Vater bleiben würden, und Mehring nahm von seinem Racheakt Abstand.

Das Ganze wirbelte so viel Staub auf, dass nur eine Entfernung Gasbarras aus dem Emigrantenkreis einigermaßen Ruhe schaffte. Ich war zu Tode erschrocken. Gut, sagte ich mir, Liebe kann man nicht erzwingen. Wozu kämpfen gegen eine Liebe zu einer jüngeren, eleganteren Person, die Jüdin war und das gute Leben gewöhnt war, was Gasbarra – trotzdem er Kommunist war – so liebte?

Es tat mir sehr weh, aber einem Mann nachlaufen? Ich willigte sofort in eine Scheidung ein, und so schrieb ich: „Ja, du kannst dich von mir scheiden lassen, aber du musst mich und die Kinder ernähren." So wartete ich.

Felix sieht einer unsicheren Zeit entgegen. Das gute Schweizer Einkommen hat sich in Luft aufgelöst, seine Ehe steht vor dem Zusammenbruch, zu Ilse nach Paris will er nicht, was soll er dort? Auf die mittlerweile nach überallhin verstreuten Kameraden kann er nicht mehr zählen. Was ihm bleibt, ist seine Mutter – und Alfredo Stendardo. Er kehrt nach Berlin zurück, denn nur dort sah er für sich – ganz gegen den Lauf der Zeit – eine Chance, seinem Schlamassel zu entkommen.

Anfang Mai unterrichtet er Piscator über sein Fiasko und die Rückkehr nach Berlin. Das ganze Ausmaß der Affäre verschweigt er, denn Pis reagiert in einem Brief mit Verwunderung: „Was nun dich weiterhin anbelangt, so verstehe ich gar nicht, wie du ganz ruhig nach Deutschland fahren kannst, denn einerseits bist du doch sicher nicht gut beleumundet von früher her, andererseits hast du nun in Zürich an einem Theater gearbeitet, das Prof. Mannheim gegeben hat etc. Aber nun gut."

Es wird Gasbarra nicht leichtgefallen sein, erneut als Bittsteller bei Stendardo vorzusprechen. Doch der zeigt sich über den unerwarteten Besuch erfreut, berichtet über den Erfolg des Marpicati-Buchs in Deutschland und wünscht sich von Gasbarra die Übersetzung von Vincenzo Melettis Buch *Il partito fascista: origine, sviluppo, funzioni*. Doch das löste Gasbarras Probleme nicht. Das Klügste in dieser Situation wäre es, schlägt ihm der pragmatisch denkende Stendardo vor, wenn er als Italiener mit seiner Familie nach Rom ziehen würde. Mit seiner Bildung, seiner profunden Kenntnis der deutschen Kultur und der Mitgliedschaft im Fascio könne er sich dort leicht ein Auskommen machen. Zudem seien Deutschland und alles Deutsche nun in Rom hoch angesehen. Wenn Gasbarra dies wünsche, so sei er jederzeit bereit, sich für ihn bei seinen Freunden in Graf Cianos Ministerium für Presse und Propaganda (Ministero per la Stampa e la Propaganda) zu verwenden – und Meletti, der zweite Mann im Partito Nazionale Fascista, bestimmt auch. Der habe übrigens schon nach ihm gefragt.

Erneut wünscht sich Gasbarra einige Tage Bedenkzeit – wohl wissend, dass er keine andere Wahl hat. Im Juni schreibt er Doris, er sei vor Kurzem in Rom angekommen.

„Gasbarra verzichtete auf seine große, heiße Liebe. Er bat mich, nach Rom zu kommen."

Dann kam ein Brief. Ich war erstaunt, denn Gasbarra verzichtete auf seine große, heiße Liebe. Er bat mich, nach Rom zu kommen, um noch einmal das Leben mit ihm neu anzufangen. Das war 1935. Ich fuhr ohne Argwohn nach Rom, wo gerade eine schwere Typhusepidemie herrschte, die Hunderttausende dahinraffte. Ich sollte mir Rom ansehen und entscheiden, ob es mir gefiele, dort ein neues Leben zu beginnen.

Am 5. Juni 1935 meldet sogar die *New York Times*, dass sich – wie jedes Jahr zu Beginn des Sommers – eine Typhusepidemie in Rom ausbreite: „An outbreak of the infection is usual at the beginning of each Summer. But this year the increase in the number of cases was abnormal." Doris lässt sich deswegen nicht von ihrer Reise zu Gasbarra abhalten. Sie liebt ihn immer noch, auch wenn sich seit „der Geschichte mit Ilse ein schwarzer Pfeil durch mein Herz gebohrt hatte". Sie war bereit, zu verzeihen. Ihre „zwei süßen Geschöpfe" sollten in elterlicher Wärme aufwachsen. Im Frühsommer 1935 reist sie mit dem festen Willen, eine Lebensentscheidung zu treffen, von Schreiberhau nach Rom.

―

Gasbarras erste Bleibe in Rom ist bei Zia Rita in der Via del Babuino 55. Diese und weitere seiner römischen Anschriften hat Ilses rotlederiges Adressbüchlein, ein verlässliches Verzeichnis der Lebenswege von Molz und Jo-Jo, bewahrt. Für ihn ist die Via del Babuino mit Erinnerungen gepflastert. Hier hat ihn Zia Rita an Lauras statt ins Leben geführt, ihm die Sprache beigebracht und ihn zum Italiener werden lassen. Eine Abkunft, zu der er sich ein Leben lang nicht bekennen mag, und falls unabdinglich, dann nur mit dem nachdrücklichen Hinweis, dass auch Wikingerblut in seinen Adern fließe. Mit der Rückkehr in das Haus seiner frühen Kindheit taucht der nun Vierzigjährige in vertraute, nie vergessene Gerüche und Geräusche ein, die in ihm so zeitlos aufgehoben waren wie die an gleißend hellen Sommertagen in Dämmerlicht getauchten Räume oder der klappernde Obstkarren des „fruttivendolo". Zia Rita ist Kindheit. Vor ihr gibt es keine Geheimnisse.

Die meisten Freunde und Genossen Gasbarras leben schon seit über zwei Jahren als geduldete Fremde im ungewissen Exil. Sein Aufbruch hingegen ist eine Rückkehr. Schon wenige Tage nach der Ankunft besucht er Weggefährten, die es nach Rom verschlagen hat. Es sind nicht viele, denn auch wenn Mussolini den Juden das Leben noch nicht schwer macht, so ist es doch beinahe unmöglich, in Italien ohne Sprachkenntnisse und hilfreiche Beziehungen ein Auskommen zu ergattern. Wie hart dies noch werden wird, muss Gasbarra 1939 beim Schicksal der mit ihm eng befreundeten Berliner Familie Kürschner mitansehen.

Zunächst aber führt Felice Gasbarras erster Gang zu Rudolf Arnheim, der schon kurz nach Hitlers Machtergreifung mit seiner Frau Annette in Rom eine Existenz gefunden hat. Arnheim hat sich in Carl von Ossietzkys *Weltbühne* mit Aufsätzen und Essays zur Ästhetik des Films einen Namen gemacht. Als „der Kampf gegen die Reise ins Dritte Reich" verloren war und Arnheim in Deutschland Publikationsverbot hatte, wurde das Internationale Lehrfilminstitut mit Sitz in Rom auf ihn aufmerksam. Arnheim erhielt einen Ruf dahin, um das Projekt einer umfassenden Enzyklopädie des Films voranzutreiben. Ende 1937, als sich auch in Italien die Anzeichen einer antisemitisch gelenkten Judenpolitik mehren, ziehen die Arnheims weiter nach London.

Als Gasbarra sich mit ihm verabredet, redigiert Arnheim auch die deutschsprachige Ausgabe der internationalen Filmzeitschrift *Intercine*. „Das Institut gab allmonatlich eine außerordentlich gut ausgestattete Zeitschrift heraus, bei der an Kosten offensichtlich nicht gespart wurde", erinnert sich Franz Jung und fährt fort: „In diesem Institut waren Dutzende von ‚Staatsfeinden' untergebracht, an denen – wie es hieß – der Duce ein besonderes Interesse hatte. [...] Sie waren alle nach außen hin Anhänger des Regimes, mit der Faschistennadel am Rockaufschlag". Für Gasbarra eine ideale erste Adresse.

In einem ersten Aufsatz wird er sich mit dem Zusammenwirken von Film und Bühne in Piscators Inszenierungen befassen. Bei dieser Gelegenheit zieht er als Fazit, dass es die kostspieligen Filmexperimente waren, die Piscator in die Pleite getrieben hätten. Ein Satz, der ihm in Berlin nie und nimmer über die Lippen gekommen wäre. Zudem soll Gas als Übersetzer für das Institut arbeiten. Das ist mehr, als sich der Neuankömmling erhoffen konnte. Doch die Sache hat noch einen Haken. Das Filminstitut ist in einem weitläufigen Park untergebracht, in dessen Haupthaus, der Villa Torlonia, Benito Mussolini und Donna Rachele residieren.

Der Zugang ist dementsprechend scharf bewacht und auch die im Gelände zwischen mächtigen Pinien, Obelisken, Monumenten und Gewächshäusern weit verstreuten Nebengebäude unterstehen der Überwachung durch die Polizei und den Geheimdienst. Kein Zutritt also für Gasbarra ohne vorherige Nachforschungen. Ende Juni wendet sich deshalb die Direzione Generale della Pubblica Sicurezza mit der Bitte um Auskunft zu seiner Person an das Italienische Generalkonsulat in Berlin.

Etwa zu dieser Zeit erwartet Gasbarra den Besuch von Doris. Um nicht den Küchentisch in der Via del Babuino mit zwei so konträren Frauen seines Lebens wie Zia Rita und Doris teilen zu müssen, mietet er von Bekannten, die wie alle vermögenden Römer die vom Typhus bedrohte Stadt fluchtartig verlassen haben, eine kleine Wohnung.

Doris, die mit Gasbarra 1925 schon einmal in Rom gewesen ist, will die Stadt diesmal nicht mit den Augen der Ferienreisenden oder Künstlerin sehen, sondern als Hausfrau – wie sie schreibt. Gelegenheit dazu bietet sich ihr schon eine Woche nach Ankunft. Gasbarra erleidet einen Schwächeanfall.

Es war ein großes Sterben in Rom. Überall am Tage sah man große Leichenzüge mit pompösen Behängen und in schwarzes Tuch gehüllte Pferde und die riesigen Blumenkränze, die in den Droschken hinterhergefahren wurden. Es gab auch Prozessionen, bei denen die Särge von vermummten Gestalten getragen wurden. Typhus! Mein Mann war so schwach, dass er sich kaum auf den Füßen halten konnte. Die Krankenhäuser waren überfüllt. Da konnte man sich das Telefonieren ersparen. Außerdem hatten wir kein Geld. Die beste Krankenpflegerin würde ich sein. Ich hatte eine homöopathische Apotheke gesehen, raste hin, kaufte die nötigen Medikamente, die ich ihm alle Stunden einflößte. Der Arzt kam erst nach drei Tagen, da er überlastet war. Da war die Krise schon im Abklingen. Vor einer Ansteckung hatte ich keine Angst. Ich sah die Krankheit wie eine Reinigung an, denn wir wollten ja ein neues Leben aufbauen und uns über den Graben setzen, den Gasbarra durch seine Liebesabenteuer zwischen uns gezogen hatte. Es war also eine göttliche Fügung, dass ich gerade da war.

In einer Woche sollten die Besitzer zurückkehren.

„Du hast noch acht Tage, um dich zu erholen, mein Lieber. Steh auf!"

Gasbarra fühlte sich sehr matt. „Ich kann nicht."

„Es gibt keinen Grund länger im Bett zu bleiben – das Leben ist hart." Das hatte ich inzwischen gelernt. „Je länger du im Bett bleibst, desto schwächer wirst du. Komm, wir wollen den Kindern und meiner Mutter etwas kaufen. Wenn ich zurückfahre, möchte ich nicht mit leeren Händen ankommen."

Wir suchten ein paar hübsche Kleider in der Casa dei Bambini aus und, Gasbarra untergehakt, steuerte ich uns sicher durch das Straßengewühl und über den Corso. Jede Stadt hat ihr Gesicht. Rom ist wie eine Frau, die zuerst nur aus dem Winkel eines Auges Blitze schleudert, bis uns ein voller Blick aus ihren Augen verheißungsvoll zulächelt, um ihr zu verfallen. So erging es mir.

Die letzten acht Tage kochte ich dann noch sehr gut, sodass Gasbarra wieder zu Kräften kam. Jeder Tag war ein Fest. Ich war glücklich, denn ich fand, dass ich mich bewährt hatte.

„Ich komme, ich komme!", rief ich aus dem abfahrenden Zug. „Schreib mir, wann es dir möglich ist!" Gasbarra hatte im Propagandaministerium und beim Radio eine Stellung in Aussicht – wenn das klappte, konnte ich meine Koffer packen.

Die Möglichkeiten, in Rom Fuß zu fassen, entwickeln sich günstig. „Gasbarra Felice di Giovanni Battista e di Weil Ermina nato a Roma il 7.12.1895" – so sein amtlicher Eintrag – ist zur rechten Zeit angekommen. Im Sommer 1935 ordnet der Duce an, das schwerfällige Staatssekretariat für Presse und Propaganda in ein Ministerium umzuwandeln, das zur Verbreitung der faschistischen Einheitskultur mit umfassenden Vollmachten ausgestattet werden soll. Dazu gehören die Lenkung und Zensur der Presse und aller öffentlichen Veranstaltungen, die Aufsicht über die wissenschaftlichen Akademien, den Rundfunk sowie die Kontrolle über Autoren und Verlage. Zum Herrscher über diesen Machtapparat ernennt Mussolini seinen Schwiegersohn und Zögling, Graf Galeazzo Ciano, der sich gerne auch in Berlin hofieren ließ, wo er in Goebbels Reichsministerium für Volksaufklärung und Propaganda das Vorbild für sein neues Ministero per la Stampa e la Propaganda ausgemacht hat.

Felice Gasbarra kann sich gelassen geben. Er weiß, dass die Anfrage nach seinem Berliner Vorleben keine Unannehmlichkeiten nach sich ziehen wird. Stendardo hat an der Quelle bestimmt gute Vorarbeit geleistet. So richtet er sich umsichtig in einer Bibliothek am Corso Umberto ein und arbeitet an der Meletti-Übersetzung, die im Berliner Verlag für Kultur und Politik erscheinen wird. Zudem redigiert er Aufsätze für die Filmenzyklopädie, die – obwohl weit fortgeschritten – nicht mehr vor Kriegsbeginn erscheinen wird.

Am 16. August 1935 trifft aus Berlin die Auskunft des Italienischen Generalkonsulats bei der Pubblica sicurezza ein. Darin werden Gasbarras Übersetzungsarbeiten ausdrücklich erwähnt und zur Person vermerkt, dass er viele Jahre mit seiner Familie in Berlin verbracht habe: „Stets sehr zurückgezogen, hat er nur selten am öffentlichen Leben unserer Kolonie teilgenommen. Er arbeitete unermüdlich, um seinen sowie den Lebensunterhalt seiner Familie zu sichern. Es gibt nichts Nachteiliges über ihn zu berichten." Sein unbescholtener Leumund wird zum ersten Blatt einer Personenakte, die unauffindbar bleiben wird.

Andere Vermerke, die seinen Namen tragen, sind weit verstreut. Etwa ein Hinweis vom 3. November 1938 in einem Hefter der Pubblica sicurezza: „Unsere Quelle teilt mit, dass Gasbarra, der in Berlin in den Jahren vor 1933 Teil der kommunistischen Bewegung war, diese auch von Rom aus weiterhin mit Informationen versorgt." Daraufhin wurde sein Telefonanschluss überwacht und er zum Verhör einbestellt. Dazu 1969 von einem Historiker befragt, lässt Gasbarra wissen: „Die Frage ob ich in Deutschland einer Partei angehört hätte, wobei man deutlich durchblicken ließ, dass damit nicht die Nationalsozialisten gemeint waren, leugnete ich strikt ab. Ich konnte das ableugnen, weil das schwer nachzuweisen ist, sofern nicht gerade das Parteibuch beschlagnahmt wurde. Der Fall wurde zu den Akten gelegt, und blieb ohne Konsequenzen."

Sollte es sich wirklich so zugetragen haben, hätte ihn die mächtige Geheimpolizei OVRA im Jahr XVI der Faschistischen Ära ohne Protektion von höchster Stelle nicht durch ihre Maschen schlüpfen lassen, denn Gasbarra ist gewiss nicht der „kleine Fisch", der er so gerne vorgibt zu sein. Doch schon vor diesem Intermezzo hat der Persilschein aus Berlin, der zu Beginn von Gasbarras römischen Jahren einer Empfehlung für höhere Aufgaben gleichkommt, dafür gesorgt, dass sein Leben in den Akten der Überwacher nicht gesammelt wird.

Im August 1935 wird ihm das Laissez-passer ausgestellt, mit dem er nun als „zuverlässig" eingestuft, im Sperrbezirk der Villa Torlonia ein und aus gehen kann – dort, „wo die Mitarbeiter mit dem Parteiabzeichen am Revers" – wie sein Freund Franz Jung sich erinnert – „nur nach außen hin Anhänger des Regimes waren". Solch römisches Leben, das ihm Einkünfte verschafft und kaum Verpflichtungen abverlangt, wird Gasbarra gefallen haben, denn bei der Planung des Zuzugs von Doris und der Töchter Livia und Claudia legt er, trotz der schon über zwei Jahre andauernden Trennung, wenig Eile an den Tag. Das „ich komme, ich komme" der abreisenden Ehefrau verhallt umso mehr, je länger er die Annehmlichkeiten eines eloquenten und weltgewandten Flaneurs zwischen Corso und Piazza für sich in Anspruch zu nehmen weiß. Auch Zia Rita, die für ihn kocht, wäscht, bügelt, dürfte dieser unverhoffte Glanz des verloren geglaubten Sohns Genugtuung verschaffen. In der Zweisamkeit der Via del Babuino herrscht Zufriedenheit.

Gasbarra wird die ewige Stadt ähnlich empfunden haben wie der Schriftsteller Cesare Pavese: „Rom kam mir wie eine neue Stadt vor, die schönste der Welt, wo die Leute gar nicht begreifen, wie gut sie es haben. So wie wenn einer an seine Kindheit zurückdenkt und sagt: Wenn ich das gewusst hätte. Ich hätte spielen können. Doch wenn dir einer sagt: Du kannst spielen, dann wüsstest du nicht einmal, wie du es anfangen sollst. Ich war schon ein anderer, losgelöst und froh. Ich betrachtete die Kneipen, die schwarzen Bäume, die hohen Häuser, die alten und neuen Steine – und ich begriff, dass man so eine Sonne nicht zwei Mal sieht."

Von Gasbarras angenehmem Leben erfährt auch Ilse, die weiterhin – mit wenig Lebensziel, doch stets abenteuerlustig – in Paris in den Tag lebt. „Ich machte Gelegenheitsarbeiten, um mein Leben zu fristen: als Haushaltshilfe, als Sekretärin, als Kindermädchen, kleinere journalistische Arbeiten", ohne dabei ihren Molz aus den Augen und schon gar nicht aus ihren Sinnen zu verlieren. Mit Postkarten, und dann und wann auch mit einem Brief, werden Erinnerung und Sehnsucht am Leben gehalten. Walter Mehring lebt mittlerweile in Wien, wo sich die geistreiche und elegante Hertha Pauli seiner liebevoll annimmt. Bald ist es ein Jahr her, seit Molz und Jo-Jo in Zürich zuletzt beisammen waren. Als zum Ende des in Rom schier unerträglich heißen Ferragosto ein launiger Brief von Molz eintrifft, machen sich Ilse und ihr treuer Lebensbegleiter, der Foxterrier Jimmie, reisefertig.

Über Nizza, Genua und Florenz geht es mit der Bahn nach Rom. Wie ich meine Mutter erinnere, wird sie in diesen Städten ausgiebig Halt gemacht haben, um sich in den Kaschemmen der Hafenviertel, den weihrauchschweren Kirchen und den damals noch menschenleeren Florentiner Uffizien umzutun. Mit kleinen Abenteuern der Annäherung pflegte sie ihre Vorfreude zu steigern.

Auch Felix trifft in Erwartung seiner Geliebten Vorkehrungen, denn Ilses alle Wände durchdringendes Wesen kann er Zia Rita nicht zumuten. Zudem ist er verheiratet, was zwar in Rom angesichts von Mussolinis sexueller Unmäßigkeit niemanden an Eskapaden hindert, doch die Form will stets gewahrt sein. In der Via dei Due Macelli, nur einen Steinwurf von der Spanischen Treppe, macht er ein diskretes Refugium aus.

Aus Ilses römischen Reisenotizen: „Am späten Nachmittag zwischen sechs und acht, während der ‚goldenen Stunde', wenn die rostrote Farbe der Häuser erglüht, sich die Schatten der Dämmerung über den Pincio breiten, belebt sich die Via Veneto. Unter den Mimosenbäumen der breiten, noblen Straße des römischen Westends flaniert eine elegante Menge, eskortiert von Bettlern. Bei Doney und Rossetti, den Treffpunkten der mondänen Welt, ist kein Tisch zu erhalten. Geputzte, kleine Buben und Mädchen kehren an der Hand einer Nurse vom Nachmittagsspaziergang heim. Barfüßige Ragazzi flitzen zwischen Autos hindurch, lungern um die Zeitungskioske, verzerren ihre Gaminfrätzchen zu einer Armsündermiene, damit man ihnen eine zerfetzte, schmutzstarrende Lira-Note zuschiebt. Das Erste, was ich in Rom erstand, war ein Portefeuille, um den papierenen Reichtum zu verstauen. Die Geschäfte sind angefüllt mit den erlesensten Dingen. Das alles gibt es noch in unserer uniformierten, standardisierten, nüchternen Welt, und zwar nicht als Schöpfung einer Haute-Couture-Industrie, sondern als Produkt des kleinen Handwerkers. Stolz wie ein Künstler in seinem Atelier zeigt mir der Schuhmacher seine Kollektion. Jedes Paar der federleichten, farbigen Sandalen hat er selbst entworfen und von Hand gemacht. Nur Ausländer und die kleine, groß verdienende Schicht können die Taschen, die gold-ornamentierten Lederwaren, die florentinische Seidenwäsche, die eleganten Kleider erstehen. Waren im Überfluss und keine Käufer!!" Dem Künstlerschuhmacher Italo Cavicchia, dessen Handwerk auch Doris begeistert, werden wir 1944 erneut begegnen, als Partisan und tatkräftigem Türöffner.

Ilses Eindrücke ihrer Romreise habe ich nach ihrem Tod so zufällig gefunden wie den Brief von Molz. Seinen Rückblick auf die Tage und Nächte mit ihr durchzieht Wehmut – auch weil die Welt mittlerweile eine ganz andere geworden ist.

Rom, den 18. Juli 1939

Komisch, ich habe gerade in der letzten Zeit viel an Dich gedacht und dabei sogar – warum soll ich es Dir nicht gestehen – so etwas wie Sehnsucht nach Dir gespürt. Du hast recht, es gibt so verdammt wenig Menschen, mit denen man reden kann, nein, es gibt für mich eigentlich gar keinen, und schon gar keine Frau. Ich sitze jeden Vormittag in der schönen kühlen Bibliothek am Corso Umberto, in der Nähe der Galerie, wo wir uns damals in einem Café trafen. Weißt Du noch, wo Jimmie friedlich auf einem Stuhle schlief, bis er zu fürchterlichem

Leben erwachte und die Bettdecke in der Via
Due Macelli vollkotzte, was er aber bestimmt
nicht war, sondern das ekelige Weib selbst,
die damit nur die Rechnung erhöhen wollte.

———

Die Mutter von Doris soll einmal gesagt haben: „So, mein liebes Kind, du wolltest einen interessanten Mann und nun hast du einen interessanten, also komm nicht zu mir dich zu beklagen." In den drei Jahren, die Doris in Schreiberhau verbracht hat, ist sie der vielen Avancen, die ihr Mann immer wieder von anderen Frauen erhält, etwas müde geworden, wobei sie sich durchaus eingesteht, mit ihrem Rückzug in das kleine Haus dazu auch beigetragen zu haben. Doch worauf ihre Mutter eigentlich anspielte, ist die Unverbindlichkeit des „interessanten Mannes". Wer immer sich mit Gasbarra einlässt, muss mitansehen, wie er sein Leben in einem raffinierten Spannungsbogen von Kommen und Gehen, von Abschied und Ankommen arrangiert. Bekenntnisse sind ihm ein Gräuel.

Schon deshalb kann er sich selbst, wie auch den Frauen seines Lebens, nie mehr als eine Zweisamkeit auf Zeit zugestehen. Doris, die immer schon gerne häuslicher mit ihm gewesen wäre, ist dennoch bereit, seine Hängepartien mitzuspielen.

Malen und Zeichnen waren Freude und Müssen zugleich. Hatte ich lange nichts gearbeitet, so wurde ich unausstehlich, wie meine Mutter mich nannte, und so verdanke ich dieses Malen-und-Zeichnen-Müssen meiner Hartnäckigkeit, in den schlimmsten Lebenslagen immer wieder dahin zurückzukehren, sowie den Worten

Das Exlibris von Doris Homann

von George Grosz, der mir eingebläut hatte, jeden Tag ein paar Stunden eisern zu zeichnen.

Morgens um fünf Uhr erhob ich mich. Zwei Stunden wunderbarer Arbeit lagen vor mir. Gäbe Gott mir zehn Jahre solcher Arbeitslust, war oft mein Stoßseufzer, zehn Jahre, dann würde ich etwas erreichen. Es hatte sich gelohnt, zu leben, zu kämpfen. Meine Hand war so sicher geworden, dass ich mit einem einzelnen Schwung eine Linie über den ganzen Bogen ziehen konnte und in sicheren Kreisen ohne Fehl und Tadel über das Papier glitt. Meine Farben waren ein Schrei in tobender Ekstase. Um sieben kamen die Kinder, bis dahin hatte ich schon ein ganzes Stück Arbeit geleistet.

Aber es kamen auch immer neue Prüfungen, die ich zu bestehen hatte.

In Schreiberhau meidet Doris das mondäne Leben der Hotels und Kurhäuser, der eleganten Villen und Geschäfte, wohin – wie ein zeitgenössischer Reisebericht vermerkt – die oberen Zehntausend aus dem ganzen Nordosten des Reiches strömen. Auch im Winter ist der Luftkurort ersten Ranges rege besucht und nähert sich damit immer mehr seinem Ziel, ein „schlesisches Davos" zu werden.

Fashionable ist das Schlagwort, dem selbst die „Kraft durch Freude"-Massen keinen Garaus machen können. Auch Reisende, die keine Erholung suchen, machen sich in den ersten Jahren der Naziherrschaft auf den Weg nach Schreiberhau. Ihr Ziel ist die nahe Grenze zur Tschechoslowakei, die sich auf den Wanderwegen zum Kamm des Riesengebirges mühelos erreichen lässt.

An einem kühlen Herbsttag des Jahres 1934 stehen zwei Männer vor der Türe des Hauses Am Zackenberg 1158. Sie wurden von Gasbarra dahin geschickt.

Ich war wie vor den Kopf geschlagen, Gasbarra wusste doch ganz genau, dass das strafbar ist. Wie konnte ich in Begleitung zweier fremder Männer über die Grenze gehen? Ich erklärte ihnen die Kammwanderung. „Und jetzt kommen Sie, denn hier sind Sie nicht sicher in meinem Haus, wir haben nun einen Blockwart, der nichts lieber täte als mich anzuzeigen." Als sich am Bahnhof ein Nazi in Uniform in unsere Nähe stellte, sagte ich meinen Begleitern leise: „Ruhe", und laut: „Nein, wie ich Sie beneide, bei diesen goldenen Herbsttagen diese Tour machen zu dürfen."

Etwas später klopfte unser Gendarm an meine Tür. „Ach, ich wollte mal nachsehen, ob den Damen was fehlt." Die Kinder spielten unbesorgt weiter und so verschwand er wieder. Also hatte es sich rumgesprochen, dass ich Männerbesuch hatte. Später passierte noch eine andere Sache.

Da Doris von Jugend an beinahe jeden Sommer in Schreiberhau verbracht hat, die Landschaft liebt, Freundschaften pflegt und den Menschenschlag kennt, kann sie – auch wenn es ihr zuwider ist – nicht übersehen, dass die „neue Zeit" viele ihrer Freunde und Bekannten in Bann geschlagen hat. So ist ihr Nachbar, dem der Vater das Grundstück einst abgekauft hat, der Kutscher Oskar Süßmilch, zum Blockwart aufgestiegen. Dazu Doris: „Dies, obwohl er einen sehr schlechten Leumund hatte und seine Töchter für sich gebrauchte. Alle Welt nahm das hin und niemand wagte es, gegen den Mann aufzutreten." Sie steht nun unter seiner Beobachtung. Der ihr übel gesinnte Spitzel kann es kaum erwarten, die Frau Gasbarra und, besser noch, ihren frechen Gatten anzuschwärzen.

Auch einige Malerfreunde des Oberschlesischen Künstlerkreises, die sich in Schreiberhau oder im nahen Agnetendorf niedergelassen haben, gingen nach 1933 für Doris verloren. Zwei davon finden sich in ihren Lebenserinnerungen.

Artur Ressel war ein ganz großer, hagerer Mann, der mich etwas an die Maler der romantischen Schule erinnerte, er malte auch so. Ein Schmuckstück war genau zu erkennen, woraus es bestand, aber der Hintergrund war trotz aller Feinheit ohne Luft und das Gesicht war immer wie ausgeschnitten. Seine Frau war sehr jung und frisch und bestellte einen riesigen Garten, der für die Familie Obst und Gemüse in Hülle und Fülle gab.

Der zweite interessante Mann war der Maler Herbert-Martin Hübner. Auch er war verheiratet und hatte wie Ressel zwei Kinder. Dieser Maler hatte das Zeug, einer der interessantesten zu werden. Er war sehr modern und hatte kultivierte Farben. Leider schlug er sich auf die falsche Seite und wurde ein wütender Nazi, sodass ich später einen großen Bogen um ihn machte.

Doch selbst als Doris mit Umsicht auf Distanz ist, bleibt ihr Leben in Schreiberhau von den Zeitläuften nicht unberührt. Gasbarra ist nach seinem Rausschmiss in Zürich im Frühjahr 1935 für einige Wochen nach Berlin zurückgekehrt. Wie gewohnt logiert er bei seiner Mutter in der Yorckstraße, wo längst keine Kanarienvögel mehr in der einst fröhlichen Küche zwitschern. Nach den Absprachen, die er mit Alfredo Stendardo getroffen haben wird, ist nun klar, dass er schon sehr bald wieder nach Rom reisen würde. Laura, die ihren Sohn seit beinahe einem Jahr nicht mehr bei sich gehabt hat, muss sich – zum ersten Mal hilflos – eingestehen, dass sie von Felix nun wohl für immer zurückgelassen wird. Mit ihren bald siebzig Jahren macht sie sich keine Illusionen mehr und eine Ortsveränderung kommt nicht mehr in Frage, selbst nach Rom nicht, wo sie einst ihre größten Erfolge feiern konnte. Ihre Ahnung wird sich bewahrheiten. Es ist das letzte Zusammensein. Felix wird erst 1937 wieder nach Berlin reisen, dann um den Haushalt der Mutter aufzulösen.

Gasbarra, der sich inkognito in der Hauptstadt aufhält, nimmt auch Verbindung zu Genossen auf, die sein altes Kampfblatt *Rote Fahne* – solange es irgendwie ging – im Untergrund am Leben gehalten haben. Als die Gefahr aufzufliegen unmittelbar wird, entscheiden sie, die *Fahne* zukünftig in Prag erscheinen zu lassen. Von nun an sind sie auf unverdächtige Kuriere angewiesen, die es wagen, Bilder und Manuskripte illegal über die tschechische Grenze zu schaffen. Seine Frau, wollen die Genossen von Gasbarra wissen, habe doch unlängst den X und den Y verlässlich rübergebracht, ob sie denn auch bereit dazu wäre, Post weiterzuleiten. Genosse Gasbarra, der bei solchen Zusammenkünften stets vom schlechten Gewissen geplagt ist, traut sich nicht, die Bitte seiner Kumpel abzuschlagen. Er verspricht, dies mit Doris zu klären, mutig genug wäre sie ja. Doch statt anzufragen, schreibt er ihr nach Schreiberhau, dass schon bald wichtige Post aus Berlin eintreffen werde, die weiterzubefördern sei. Egal, wie! Doris ist entrüstet: „Lass mich in Ruhe mit diesen Dingen. Es sind genug Männer da, die so was machen können." Danach trifft für mehrere Monate kein Brief mehr aus Berlin bei ihr ein.

Plötzlich tauchte unser Briefträger mit einem großen, gelben Umschlag auf. Ich sagte nur neugierig: „Was ist denn das?" Der Umschlag war schon geöffnet worden und ich wusste sofort, dass es die angekündigte Post war. Ich sah genau, dass mich der Postbote forschend ansah, sagte ganz ruhig: „Komische Sache, hier ist ein Versehen unterlaufen – ich weiß gar nicht, was das zu bedeuten hat", und steckte scheinbar ruhig die Blätter, die uns alle den Hals kosten konnten, zurück in den Umschlag. Alle Welt soll mich, schimpfte ich in mich hinein. Aber wo lasse ich das Zeug bloß?

In Panik sucht Doris nach einem Versteck, doch bald wird ihr klar, dass dieses keiner Hausdurchsuchung standhalten würde. Also muss der Umschlag rasch über die

Grenze weitergeleitet werden. Ein guter Freund, dessen Namen sie nicht nennt, soll das erledigen, doch der ist im Gebirge unterwegs. Am nächsten Morgen – noch vor Tagesanbruch – schnallt Doris ihre Ski an und macht sich an den Aufstieg. Sie weiß, wo der Mann zu finden ist. „Ich habe gerungen, aber ich finde, es ist unsere Pflicht, damit sie draußen wissen, was hier in Deutschland gespielt wird. Das ist auch Gottes Wille." Ein paar Tage später erreicht der Umschlag die Empfänger.

Bei meiner Rückkehr fand ich meine Mutter in Aufregung. Die Polizei sei mit Hunden hinter mir her. Die Leute waren eine Stunde, nachdem ich das Haus verlassen hatte, gekommen. Ich war mit meiner Tat vollkommen im Einklang. Der Wahrheit musste zum Sieg verholfen werden. Doch danach wurde ich vier Wochen bewacht. Die Nazis hatten jeden Abend unsere Straße abgesperrt und saßen auch oben auf den Bäumen. Vergeblich, denn ich hatte nie Männerbesuche – bis auf den Maler Alfred Nickisch, der jeweils über den Zaun sprang. Der dachte, ich wäre eine leichtfertige Person, weil ich meinen Mädchennamen beibehalten hatte. „Für Sie bin ich nicht Doris Homann, sondern Frau Gasbarra!" Was sich diese Männer alles einbildeten. Sollen mich alle in Ruhe lassen.

Aber in mir bohrte es. Wer hatte mir das zugeschickt, wo ich doch immer sagte, ich wolle nichts mit Politik zu tun haben? In all den Jahren später wurde ich den Verdacht nicht los, dass diese Person mein eigener Mann war, der mich auf diese Art und Weise loswerden wollte, denn unsere Ehe war nach italienischem Recht geschlossen worden. Es gab es keine gesetzliche Scheidung.

Im feinen Loden: Der Verwandlungskünstler in Schreiberhau (mit Claudia und Livia um 1936)

Doris ist zutiefst verunsichert und wird bald darauf in ihrem Verdacht bestätigt, dass Gasbarra danach trachtet, sich seiner Verantwortung für die Familie zu entledigen. Bei einem seiner nächsten Besuche in Schreiberhau sagt er „scherzend" zu Doris, dass sie eigentlich gar nicht amtlich getraut seien. Der erfahrene Desinformator weiß genau, was er damit anrichtet. „Mein Herz stand mir still – dann wären die Kinder ja unehelich? ‚Ja, das kann schon sein', war seine Antwort." Bald darauf kehrt er nach Rom zurück. Doris ist sehr beunruhigt. Sie sucht das Italienische Konsulat in Breslau auf, wo der uns mittlerweile bekannte Alfredo Stendardo, zu dessen Bezirk auch die schlesische Metropole gehört, sie erwartet.

Der sieht Doris forschend an. Welchen Grund hätte denn ihr Mann, so etwas zu behaupten? Doris sagt zunächst nichts, denn es kann nur eine Antwort geben. Dann bricht sie ihr Schweigen: „Er will fortgehen, und wenn ich mit ihm gehe, muss ich wissen, ob ich seine Frau bin, denn nur dann würde ich mein Haus aufgeben." Stendardo, der mittlerweile tief in die Verhältnisse der Gasbarras blicken kann, stellt sich auf Doris' Seite. Er schlägt vor, einen italienischen Pass auf ihren Namen auszufertigen, „was in diesen Zeiten noch sehr nützlich werden könnte".

Damit versehen, kehrt Doris zunächst beruhigt nach Schreiberhau zurück. Sie hat die Verhältnisse geklärt und hält einen Pass in Händen, der schon bald von großem Nutzen für sie sein wird. In ihr nagt die Frage, weshalb Gasbarra sie in höchste Gefahr gebracht hat?

Viele Jahre später, kurz vor ihrer Auswanderung nach Brasilien, wird Felix sie oberhalb von Burg Kampenn zu einem steilen Felsabbruch führen. Sie solle vortreten, er habe ihr etwas zu zeigen. Den Schritt kann sie nicht gehen, zu tief sitzt in ihr die Erinnerung daran, dass Gasbarra schon einmal versucht hat, sich ihrer zu entledigen.

―

In Schreiberhau stand seit 1832 ein Rettungshaus, von dem es in der Gründungschronik heißt: „Verwahrloste Kinder bedürfen besonderer Sorgfalt, Pflege, Mühe und Aufopferung, sowohl der Erziehung als auch im Unterrichte. Sie bedürfen eines harmonischen Zusammenseins, der erziehenden, beaufsichtigenden und unterrichtenden Kräfte nach einem Ziele hin." Von 1845 an nahm das Haus der Herrnhuther Brüdergemeine auch geistig behinderte Kinder auf, wobei sich die Anstalt ständig vergrößerte. Bald schon gehörten Werkstätten, eine Glashütte und eine ausgedehnte Landwirtschaft dazu. Die von weither sichtbaren Gebäude im Ortsteil Kochelhäuser hatten dem touristischen Wandel getrotzt. Sie trugen die Entbehrungen und die Gottesfurcht der Brüderschaft unverdrossen weiter.

In ihrem dritten Schreiberhauer Jahr führt Doris' Weg immer öfter dahin. Sie hat den Maler Michael Uhlig kennengelernt, der aus einer Missionarsfamilie stammt, die nach Schreiberhau versetzt wurde, um das Rettungshaus zu leiten. Doris beschreibt ihn als einen Bohemien, der sich die Malerei selbst beigebracht hat. „Doch seine Frau ließ ihn nicht geruhsam nachdenken, sonst hätte er sehr Gutes leisten können. Leider waren wir einander zugetan, doch ich fand es besser, Schluss zu machen, denn ich hatte ja Kinder und einen Mann, trotzdem es mir wohltat, dass ein anderer begabter Mann sich um mich kümmerte, denn meiner ging eigene Wege."

Doris macht sich beinahe jede Woche mit einem Leiterwagen, auf dem ihre Staffelei festgebunden ist, auf den Weg zum Haus der „gefangenen Seelen". Hier offenbart ihr die Schöpfung unergründliche Geheimnisse vom Werden und Sein. Nie hat sie solches gesehen, nie zuvor hat sie sich trotz ihrer Berliner Erkundungen bei den Elenden zugestanden, in Gesichter zu blicken, aus denen die „Anklage der Natur" zu ihr spricht. Die tief empfundene Religiosität und ihre Demut vor aller Kreatur lassen Doris Zärtlichkeit empfinden.

Ich sah mich einfach gezwungen, sie zu malen. Der Wasserkopf, ein grausig großer Kopf, saß auf dem Körper eines eben geborenen Kindes. An den Schläfen war er

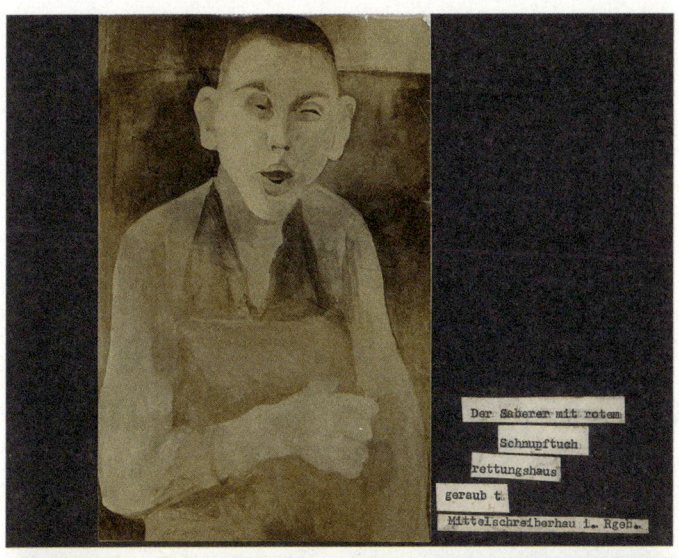

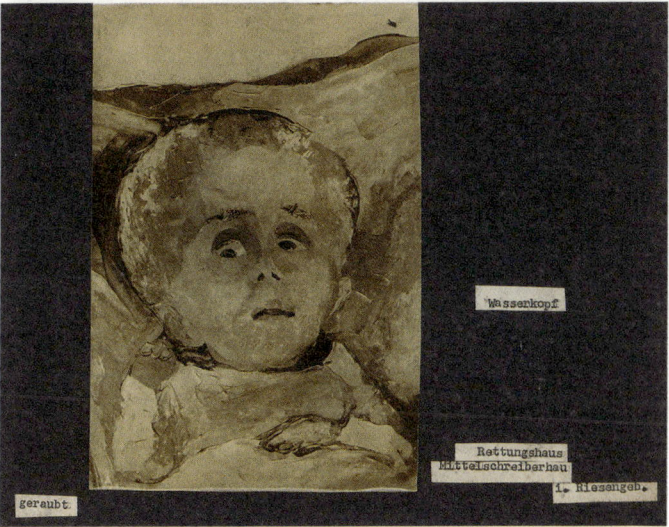

Von Doris Homanns Bilderzyklus aus dem Rettungshaus ist nur wenig in ihrem Fotoalbum erhalten.

aufgeplatzt und aus den Öffnungen sickerte eine Art Schaummasse. Ich habe ihn in sehr zarten, grünlichgrauen Farben gemalt. Oder den Rüsseljungen. Er bildete sich ein, einen Rüssel zu haben. Zudem schnaufte er wie eine Lokomotive und gab die Geräusche eines ein- oder zweijährigen Kindes von sich.

Die Besucher des Rettungshauses mögen in dessen Bewohnern Monstren gesehen haben, unfähig zu menschlichen Regungen und Empfindungen. Nicht so Doris, die ihnen ihre Seele öffnet. Es sind nur einige wenige, schon arg vergilbte Fotografien ihrer dort entstandenen Malerei erhalten. Doch auch dieses Wenige ist wertvoll, es sind letzte Zeugnisse vom Leben hinter den Mauern des Herrnhuther Rettungshauses, denn das „Unwerte" ist auch dort ausgemerzt worden. Wann und wie das in Schreiberhau geschah, weiß dort heute niemand mehr zu sagen. Auf meine Fragen danach deutet man mir mit der Hand zum nahe gelegenen Wald.

Mit der Journalistin und Autorin Ilse Reicke, die 1933 nach Schreiberhau gezogen ist, erweitert sich der Kreis von Doris' Freundinnen. Beide Frauen sind in Berlin mit Käthe Kollwitz befreundet gewesen. Mag sein, dass ihre Verbindung aus diesem Zusammenhang herrührt. „Sie gefiel mir ausnehmend gut. Sie war für mich die erste selbständige Frau. Sie hatte eine Zeitschrift, die hieß *Mutter und Kinderland*. Sie selbst war Demokratin, was sie immer sehr betonte", schreibt Doris über sie.

Ilse Reicke bemüht sich um Doris' Freundschaft, wobei sie offensichtlich Absichten hegt, denn Reicke, die weit davon entfernt ist, eine Demokratin zu sein, erkennt rasch, wie die eindringlichen Bilder aus dem Rettungshaus umgedeutet werden können. Reicke ist eine überzeugte Nazistin, woraus sie keinen Hehl macht, und zählte 1933 zu den achtundachtzig Schriftstellerinnen und Dichtern, die dem „Führer" das „Gelöbnis treuester Freundschaft" abgegeben haben, ein Bekenntnis, das zeitgleich mit den Bücherverbrennungen in allen Zeitungen abgedruckt wurde. Weiß Doris das nicht?

Schon bald nach ihren ersten Besuchen im Atelier missbraucht Ilse Reicke die Vertrauensseligkeit der Freundin für einen Artikel. Weshalb die klar denkende Doris ihrer neuen Freundin dies zugestand, bleibt vage, denn Ilse Reicke taucht in Doris' Erinnerungen danach nie mehr auf. Behielt Gasbarra recht, der in Doris einen gutgläubigen, manchmal naiven Menschen sah, oder war es Doris' dunkle Seite, von der sie selbst sagte: „Ich wäre eine gute Nazi geworden – hätte ich nicht dauernd andere Dinge im Kopf gehabt."?

Ilse Reicke veröffentlicht ihren Artikel über Doris unter dem Titel *Eine Mutter, die das Grausen malte* in der von ihr geleiteten Zeitschrift *Mutter und Kinderland* im April 1936:

„Diese Frau ging in eine der großen Pflegeanstalten und hat dort Idioten und Blöde gemalt. Und wie gemalt! Der nackte, ungeschminkte Ausdruck der entarteten Natur, das missgeborene, das gebliebene letzte Fünkchen Seele steht im Grinsen des blöden Hütejungen unter dem großen gelben Sonnenhut. Die entartet stehenden, fletschenden Zähne, die große Nase haben etwas unvergesslich Schauriges an sich, ebenso schaurig wie der oberkopflose, fleischig und tropfig aufgeschwemmte junge Kerl mit der winzigen Knopfnase und den schmalen Lidspalten, der davon träumt Lokomotivfahrer zu werden, oder wie der triefäugige, sabbernde mit dem immer offenstehenden hässlichen Rüsselmund. Am erschreckendsten ist der Wasserkopf, das Bildnis eines Fünfjährigen mit dem Körper eines Einjährigen mit winzigen Händchen und einem Kürbiskopf mit großen, bläulich-weißen Augenballen, die dauernd erfüllt sind vom Ausdruck höchster Angst.

Das Gesetz zur Verhütung erbkranken Nachwuchses soll dies für alle Zeiten verhindern, und in einem Menschenalter werden diese trostlosen Entartungen des Begriffes Mensch nicht mehr da sein. Wir haben es uns ausdrücklich versagt, diese Bildnisse zu veröffentlichen, weil unser Blatt von hoffenden und stillenden Müttern gelesen wird und auch Kindern in die Hände kommt. Aber in einer Klinik für Sterilisation, in einer großen Werbestelle der Volksaufklärung und Rassenhygiene, in einem großen medizinischen Schausaal sollen diese Bilder hängen; als Kunstwerke sind sie tausendmal wirksamer und eindringlicher als die nur scheußlichen Fotografien der gleichen armen Wesen es sein können."

Ob Ilse Reicke die Absicht einer Wanderausstellung mit den Kindern aus dem Rettungshaus je realisiert hat, wissen wir nicht, doch die Bilder sind verloren. Ob in den Plünderungen bei Kriegsende oder schon früher, konnte Doris nie in Erfahrung bringen. Sie ist nach ihrer Abreise aus Schreiberhau im Februar 1937 nie wieder dahin zurückgekehrt.

Im Mai 1936 treffen sich Doris und Felix in München. Gasbarra hat in Rom den Auftrag erhalten, den damals berühmtesten Tenor Beniamino Gigli und die italienische Filmdiva Isa Miranda zu Filmaufnahmen nach München-Geiselgasteig zu begleiten. Gedreht wird *Du bist mein Glück*, eine mit Opernarien unterlegte Tränendrüsenromanze, in der Gigli und Miranda alle Register der Rührseligkeit zu ziehen haben. Gasbarra begleitet die Dreharbeiten als Impresario, Dolmetscher und Aufpasser des italienischen Mitproduzenten. Doris ist noch nie in einem Filmstudio gewesen, was für Unruhe sorgt, denn sie lässt sich sofort – ihren kleinen Chow-Chow auf dem Schoß – in den Klappstuhl des Regisseurs fallen; ein schrecklicher Fauxpas, den ihr Gasbarra lange vorhalten wird.

Miranda war eine von Ehrgeiz zerfressene Person. Es galt nur, in der ersten Reihe zu spielen und dabei jeden anderen an die Wand zu drücken. Dabei von einer Art Geschäftssinn besessen, der krankhaft war. Sie kämpfte wie ein alter „Kleiderjude" um die Kostüme und Taschen, die ihr die Filmgesellschaft zur Verfügung gestellt hatte, und auf mein Hündchen Kaja, das mir Gasbarra bei meiner Ankunft in einem roten Strauß überreicht hatte, war sie schrecklich eifersüchtig, da er mehr Aufsehen erregte als ihr schwarzes Pudelchen.

Gigli war dagegen ein wunderbar großzügiger Mensch. Er war zwar ein Fleischkoloss, aber seine Stimme hatte einen so wunderbaren Klang, dass ich hinschmolz wie Butter an der Sonne. Ich lauschte hingerissen, hatte ich doch noch nie einen Sänger von so Nahem gehört. Ich hatte das Gefühl, dass Gigli mich ansah, während er sang. Ich hatte meinen Kopf erhoben, denn er stand auf einer Art Balkon und ich sah zu ihm auf und lauschte der schwingenden Leichtigkeit seiner Töne. Gasbarra stand neben mir und sagte sehr ärgerlich: „Sieh diesen Kehlkopfmann nicht so hingebend an, ich will das nicht!" Später zeigte mir Gasbarra Gigli, wie er missmutig zwischen den Leuten saß und im Essen rumstocherte. Gigli muss gemerkt haben, was Gasbarra zu mir gesagt hatte, und das zarte Gebilde zwischen ihm und mir war damit zerrissen.

Ansonsten fand ich alles sehr langweilig. Immer diese Wiederholungen, bis es saß. Nein, der Film konnte mir nicht imponieren, wo alle Welt nur von Gagen sprach. Das war die Hauptsache, und was sie nachher alle machen wollten. Ich zeigte meiner Tochter Livia, die mitgekommen war, um ihren Vater nach längerer Zeit wieder einmal zu sehen, noch die schöne Stadt München. Dann fuhren wir mit Kaja zurück nach Schreiberhau, wo der Sommer vor der Tür stand.

Auch wenn das genaue Datum nicht mehr festzustellen ist, hat Felice Gasbarra seine Tätigkeit als „funzionario" des Ministero per la Stampa e la Propaganda Ende 1936 aufgenommen. Er selbst bestätigt dies etwa Ende 1938 – in einem Schreiben an den Präsidenten der Deutschen Reichsschrifttumskammer, der sich nach seinem Verbleib erkundigte. Darin glättet Gasbarra seinen Werdegang, indem er mitteilt, dass er als italienischer Staatsbürger zum Leiter der deutschsprachigen Rundfunksendungen nach Rom „berufen" worden sei. Im Wissen um die Etappen seiner Orts- und Seitenwechsel verfasst er ein der Zeit angepasstes Zeugnis seiner Wandlungsfähigkeit – sowohl in übergeordneter wie auch in eigener Sache.

Sowohl in meiner Tätigkeit als Leiter der deutschsprachigen Funkabteilung wie in meiner gelegentlichen übersetzerischen Tätigkeit sehe ich als meine Hauptaufgabe die geistige Annäherung der beiden jungen befreundeten Nationen Deutschland und Italien an. So wie ich mich in Deutschland für italienisches Schrifttum eingesetzt habe, so setze ich mich hier für die Verbreitung und Vertiefung der Kenntnis deutschen Wesens und Wollens ein.

Das wird gefallen haben! Unangenehme Fragen muss er sich als Mitglied des Fascio und Funktionär eines mächtigen Ministeriums nun nicht mehr gefallen lassen. Dienstlich ist Dottore Gasbarra der Generaldirektion für Propaganda (Direzione Generale per i Servizi della Propaganda) zugeteilt. Dies belegt ein Rundschreiben, das seinen Dienst anlässlich der mit Pomp inszenierten Italienfahrt des „Führers" im Mai 1938 regelt.

Den heißen römischen Sommer 1936 verbringt Gasbarra mit der Gelassenheit eines Privatgelehrten in den kühlen Lesesälen der Bibliotheken. Auch sein nächster Auftrag ist schon verabredet. Der Münchner C.-H.-Beck-Verlag hat sich das Epos *Bomber über Abessinien* des Mussolini-Sohns Vittorio für die deutsche Leserschaft gesichert. Darin werden die Heldentaten der berüchtigten, von Graf Galeazzo Ciano angeführten Flugstaffel La Disperata in der Wüstenei von Tigray und Amhara heroisiert. Gasbarras Name ist im inneren Zirkel der Macht angelangt. Auch Graf Ciano, dessen Reden er übersetzt, wird sein Kunde, und wenig später auch der Duce.

Abgesehen von seiner sprachlichen Vielseitigkeit strahlt Gasbarra in der alltäglichen „gran baraonda", dem

„großen Gewirr" Roms, deutsche Tugenden aus, die ihm den Ruf einbringen, seine Arbeit verlässlich und gewissenhaft zu erledigen. Er ist fleißig, lebt zurückgezogen und hält Distanz zur ideologisch aufgeladenen Prahlerei seiner Autoren und Auftraggeber. Er achtet peinlich darauf, das Bild eines gebildeten, leicht geheimnisvollen, doch stets mit sich im Einklang stehenden Außenseiters abzugeben. Sein Mimikry, das sich nur schwerlich mit seinem aufbrausenden Temperament vereinbaren lässt, etabliert er in Rom mit viel Geschick und guter Umgangsform.

Rom ist 1936, anders als Paris, Prag, London oder auch Zürich, kein Fluchtort, wo die Ausgestoßenen, Vertriebenen oder aus Nazideutschland Geflohenen auf ihren Koffern sitzen und begreifen müssen, dass Hitler mittlerweile nicht länger als vorübergehende Erscheinung bagatellisiert werden kann. Die galante Via Veneto ist kein Boulevard Saint-Michel, kein Umschlagplatz für Literaten und Gestrandete. Schon deshalb begegnet Gasbarra auf dem Corso nur sehr vereinzelt alten Berliner Bekanntschaften. Außer mit Annette und Rudolf Arnheim trifft er sich regelmäßig wohl nur mit Arthur Kürschner, der bis 1933 Programmleiter „Aktuelles" bei der *Berliner Funkstunde* war, oder mit dessen Bruder Eugen, der versucht, als Eugenio Kurschner in der neu geschaffenen „Cinecittà" Fuß zu fassen. Nach Doris' Ankunft in Rom hat sich der Freundeskreis um Mutter Leonore und Tochter Renée Kürschner erweitert, die 1921 als junge Diseuse bei der ersten Begegnung von Doris und Felix im Berliner Kunstasyl von Käthe Hyan zugegen gewesen war.

Abgesehen von einigen wenigen Ausnahmen bleiben Gasbarras Tage zwischen Bibliothek und Zia Ritas Obhut einsam. Wie viele andere auch sehnt er sich nach

Felix Gasbarra
und der Kameramann Curt Oertel
im Kolosseum,
Rom 1936

einem Berlin zurück, das es nicht mehr gibt. Ob er auch neue, römische Bekanntschaften knüpft, wissen wir nicht. Erinnerungen dazu sind nicht erhalten.

Nur selten kündigen sich Besucher aus Deutschland bei ihm an. Im Herbst 1936 trifft Curt Oertel ein, mit dem er an der „Piscator-Bühne" die ersten Filme des „Politischen Theaters" realisiert hat. Oertel, der sich seither einen Namen als Regisseur gemacht hat, ist nach Rom gekommen, um seinen Kulturfilm über Michelangelo vorzubereiten. 1937 wird er für die Dreharbeiten zurückkehren. Sein Film *Michelangelo – Das Leben eines Titanen* wird ein internationaler Erfolg werden.

Gasbarras Leben erscheint erträglich und dennoch treiben ihn die Erinnerungen an seine glorreiche Zeit um. Berlin ist noch nicht zu lange her, um zu verblassen. Dort hat er Einfluss gehabt, zeitweise gar Macht. Seine Texte wurden gelesen, diskutiert und kommentiert. Im Romanischen Café beeilten sich die Kellner, ihm einen Tisch freizuräumen. Bei Greco, wo man sich in Rom zu treffen hat, wird er zwar freundlich, doch nicht wie einst mit Respekt empfangen. Rom ist Bedeutungsverlust. Er leidet unter der Vereinsamung seiner Mutter, und auch die Frage, was aus seiner Ehe – sollte sie noch existieren – werden soll, kann er nicht stillschweigend vor sich herschieben, selbst wenn es den Eindruck macht, als hätten sich die Eheleute Gasbarra mittlerweile in ihrem jeweiligen Umstand eingerichtet. 1936 leben Doris und Felix schon seit bald drei Jahren auf Distanz. Nur ein einziges Mal hat Doris ihn in Rom besucht („ich komme, ich komme"), doch ihr damaliger Enthusiasmus hat sich gelegt. Sie liebt ihr Schreiberhau, wo sie sich ganz ihrer Malerei und dem Gedeihen der Töchter widmen kann. Er hingegen war mehrfach bei ihr zu Besuch, doch länger als einige Wochen konnte er ein Familienleben unter den Augen der Schwiegermutter nicht erdauern.

Zurück in Rom ergreift den Einzelgänger immer öfter eine Niedergeschlagenheit, der er sich in der Stille der Lesesäle und im abgedunkelten Zimmer seines Refugiums bei Zia Rita fügen muss. Ob er sich an solchen Tagen nach Doris, Livia und Claudia sehnt? Dennoch macht er keine Anstalten, die Familie nachkommen zu lassen. Vieles deutet darauf hin, dass sich die Gasbarras auseinandergelebt haben und sich die Trennung verfestigt – würde Doris' Leben in Schreiberhau im Herbst 1936 nicht unheilvolle Züge annehmen.

Ich telefonierte von Zeit zu Zeit nach Rom und konnte das nur abends tun, wenn die Verständigung gut war. Dazu ging ich in das Haus von Blockwart Süßmilch.

Als ich eines Abends mit dem Telefonieren fertig war, fragte der mich: „Warum abonnieren Sie nicht den *Völkischen Beobachter?"*

Ich sagte ihm, dass ich schon ein Blatt hätte, das *Schreiberhauer Wochenblatt,* das nun schon seit über hundert Jahren im Umlauf sei und für das ich ab und zu über Kunst schreibe.

„Was?", rief er, „dieses Wochenblatt! Heute liest man nur den *Völkischen Beobachter.* Den müssen Sie abonnieren!"

„Nein, ich will nicht", sagte ich ruhig.

„Wenn Sie den nicht abonnieren, zeige ich Sie als Volksverräterin an!"

„Hören Sie – ich bin keine Deutsche und kann lesen, was ich will. Lassen Sie doch den Leuten das Vergnügen zu lesen, was ihnen gefällt! Das *Wochenblatt* ist eine angesehene Zeitung."

„Nein, wir werden Sie zerstören", drohte mir der Blockwart finster.

Doris lässt sich von Süßmilch, der schon längst auf eine Gelegenheit aus ist, Doris zu denunzieren, nicht einschüchtern. Bei nächster Gelegenheit sucht sie den Besitzer des *Wochenblatts* auf, einen „stillen, schüchternen Mann, der sehr besorgt aussah, da er einen Abonnenten nach dem anderen verlor". Sie erzählt ihm, dass die Partei drauf und dran sei, sein Blatt zu ruinieren.

Ob sie bereit wäre, ihm dies eidesstattlich zu bestätigen, will er von ihr wissen.

„Ne", sagte ich. Dazu waren mir meine Haut und meine beiden Kinder und meine alte Mutter zu lieb. Da konnte ich mir dann gleich einen Strick nehmen oder den Gashahn aufdrehen. Nun hatte ich es aber immer gehasst, zu reden und dann mich feige zu verkriechen. Er setzte sich also an die Maschine und schrieb. Ich unterzeichnete und sagte noch: „Wollen wir sehen, was dabei rauskommt." Nun, es kam eine ganz schöne Menge für mich raus.

Nach einer Woche steht eine Tochter Süßmilchs vor Doris' Türe. Sie bringt ihr eine Vorladung der Staatsanwaltschaft. Dabei wirft sie den Kopf in den Nacken und lächelt Doris boshaft an: „Diesmal wird es Ihnen schlecht ergehen!"
Drei Tage später macht sich Doris auf den Weg zum Hotel Zackenfall, wohin sie bestellt worden ist.

Na, da haben wir ja den Salat; das kommt davon, wenn man gutmütig ist und eidesstattliche Erklärungen unterschreibt. Ich ging also nach Oberschreiberhau. Das Hotel lag wie ausgestorben, das beunruhigte mich. Ein Mann fegte den Hof. Ich fragte nach dem Richter aus Breslau. „Im großen Saal", war die Antwort.
Ich klopfte. Es tönte: „Herein!" Die Tür öffnete sich, ich sah einige Personen im Braunhemd an einem langen Tisch sitzen. Ich grüßte: „Guten Tag", mir antwortete ein mehrstimmiges: „Heil Hitler!" Ich nickte mit dem Kopf, erhob aber nicht meinen Arm zum Gruß. Der Richter, der am Kopf des Tisches saß, bot mir den Platz zu seiner Linken an. Neben mir hatten Süßmilch und seine Frau ihre Plätze. Gegenüber zwei unbekannte Gesichter, von denen einer das Protokoll schrieb, dann

kam der Gauleiter, echter Germane, fein geschnittenes Gesicht, ehemaliger Korpsstudent mit vielen Schmissen.

Und nun ging es los. Ich hätte die Partei verächtlich gemacht. „Sie haben eine eidesstattliche Versicherung abgegeben, die der Wahrheit nicht entspricht." Ich widersprach und berichtete, wie es sich wirklich zugetragen hatte. Darauf der schneidige Süßmilch, der unter Eid aussagte, ich hätte die Partei verächtlich gemacht. Totenstille. Dann erzählte ich nochmals alles ruhig Wort für Wort und schloss: „Ich habe unterschrieben, weil ich als Deutsche fühle, trotzdem ich jetzt Italienerin bin. Wenn ich etwas gesagt habe, muss ich dafür einstehen. Ich habe unterschrieben, weil mir der Besitzer des *Wochenblatts* geklagt hatte, dass es um seine Existenz gehe." Schweigen.

Nach einer Weile sagte der Richter, der aus Breslau angereist war, um den Fall zu untersuchen: „Sie sind eine intelligente Frau. Doch als Italienerin haben Sie sich nicht in die politischen Verhältnisse Deutschlands einzumischen. Diesmal warnen wir Sie. Das nächste Mal werden wir Ihre Staatsangehörigkeit nicht mehr respektieren." Ich stand auf. Alle riefen „Heil Hitler!" Ich sagte ruhig, mit dem Kopf nickend: „Guten Tag", ging zur Tür und hatte hinter mir eisige Stille. Dass ich durch Heirat Italienerin geworden war, das und nur das hatte mich gerettet. Ich zwang mich, keine schnellen Schritte zu machen.

Dann aber ging es schnell nach Haus, wo ich meine Kinder inbrünstig umarmte und meiner Mutter liebevoll zunickte. „Du musst dich gefasst machen, dass ich so schnell wie möglich auswandern werde, denn im Konzentrationslager will ich nicht enden."

Im Augenblick, als die Tür hinter ihr ins Schloss fällt, ist Doris klar, dass sie Deutschland verlassen muss. In Schreiberhau steht sie von nun an unter scharfer Beobachtung. Der Satz von Johanna Fechner – „Ach, meine Liebe, du weißt gar nicht, zu was allem sie fähig sein werden." – taucht als Menetekel vor ihr auf. Bald schon würden die Schreiberhauer Süßmilchs sie auffordern, Livia zum Bund deutscher Mädel zu schicken – und anderes mehr. Im Oktober 1936 lässt Doris einen „Lift", eine geräumige Transportkiste, anfertigen, in die sie „als praktische Hausfrau" ihr Bett, Claudias Kinderbettchen, Wäsche, Teppiche, Kleider und die von ihr besonders geliebten Bücher packt. „Es war die Habe für den Anfang eines neuen Lebens", schreibt sie auf. Um ihre Mutter nicht Knall auf Fall alleine zurückzulassen, soll die zehnjährige Livia noch so lange in Schreiberhau bleiben, bis das römische Abenteuer Gestalt angenommen hat.

Vor ihrer Abreise hat Doris noch eine Ehekrise zu überwinden, denn Gasbarra will angesichts ihrer Auswanderungspläne nicht so ohne Weiteres von seiner Ilse ablassen. Es ist ein Kampf auf Biegen und Brechen, den Doris für sich schon verloren sieht, „wäre Ilse Winter nicht eine Jüdin gewesen und die Zeiten überhaupt schlecht für neue Verbindungen, so wäre ich vielleicht der Hölle nie entkommen".

Was der Abschied von der Großen bedeutete, will ich nicht erwähnen, weil es mir fast das Herz zerriss, als sie sich mir in die Arme warf wie ein Menschlein in höchster Not. Und dann der Abschied vom Häuschen, was ja trotz alledem ein Hort für mich gewesen war, wenn ich abends nach Hause kam und schon von Wei-

Ein Erinnerungsbild: Doris mit ihren Töchtern im letzten Schreiberhauer Jahr

tem den Lichtschein durch die Bäume schimmern sah und darüber sich der weite Sternenhimmel spannte, so war mein Herz immer dick geworden vor Freude. Und nun musste ich in eine Zukunft gehen, von der ich nicht wusste, wie sie werden würde. Nie mehr habe ich solchen Schmerz gefühlt, der mich so tief verwundete. Später habe ich viele Häuser verlassen, aber nie litt ich so wie damals in Schreiberhau.

Jahre der Trennung liegen hinter Doris und Felix. Auf der Spur ihrer Lebenswege sind es bewegte Jahre, die kaum unterschiedlicher, wenn nicht sogar gegensätzlicher sein könnten. Doris ist sich stets treu geblieben. Der Rückzug aus der großen Stadt in die Stille hat sie in ihrer künstlerischen Entwicklung vorangebracht. Ihre Malerei kann abseits gedeihen, was ihr angesichts der vom NS-Staat geforderten Blut-und-Boden-Kunst viel bedeutet haben muss, denn an keiner Stelle beklagt sie sich über mangelnde Anerkennung oder fehlende Ausstellungsmöglichkeiten. Dennoch ist Schreiberhau für sie kein Ort der inneren Emigration. Es ist ein sinnlicher Ort, ein Fleckchen Erde, dem sie sich seit ihrer Jugend verschrieben hat, das ihr in den vielen zurückliegenden Jahren tiefe Freundschaften und Geborgenheit bescherte. Der Abschied fällt ihr schwer.

Felix erwartet sie in Rom mit einem großen Strauß roter Rosen am Bahnhof. Ein Willkommen, das Doris überrascht haben dürfte. Zu undurchsichtig ist ihr der Ehemann in den Jahren des Alleinseins geworden. Wäre sie nicht in Panik, würde sie bestimmt gründlich darüber nachdenken, ob sie sich den erneuten Versuch eines Ehelebens mit Felix Gasbarra zumuten möchte. In Rom – das ist ihr klar – wird die einstige Berliner Menage der getrennten Tische und Betten keine Neuauflage finden können, selbst wenn Felix dies schwerfallen sollte. Das gemeinsame Leben unter einem Dach würde sie ihm beibringen müssen – der Kinder und des Geldes wegen.

Auch er wird sich nach dem ersten Schock Gedanken gemacht haben. Doch Felix muss einsehen, dass ihm diesmal seine Verachtung des bürgerlichen Familienlebens keine Ausflüchte mehr bieten kann. Die zunehmenden Beklemmungen in seinem nun schon länger währenden Leben eines verwöhnten Garçons – er wird im Dezember 1936 einundvierzig Jahre alt – sind quälender. Zudem steht er kurz vor seiner Anstellung im Ministerium – dafür hat Graf Ciano gesorgt –, was ihn so weit beruhigt, als er zumindest tagsüber seiner Wege gehen kann. Andere Möglichkeiten, sein Leben neu zu gestalten, sieht er nicht.

Worauf er sich im Ministerium für Propaganda einlässt, weiß der erfahrene Agitprop-Mann, auch dass er es dort mit mediokren Beamten und beflissenen Karrieristen zu tun haben wird. Weit mehr sorgen ihn die italienischen Kolonialkriege in Afrika. Am 3. Oktober 1935 sind die italienischen Truppen von Eritrea und Italienisch-Somaliland aus in das bis dahin unabhängige Abessinien eingefallen. Übergriffe auf die Zivilbevölkerung und der Einsatz von Giftgas schockieren die Weltöffentlichkeit. Schon deshalb verwendet sein zukünftiger Arbeitgeber seit Monaten alle Energie darauf, den ungleichen Wüstenkrieg als Stunde des Triumphs („ora del trionfo romano", so der *Corriere della sera* vom 11. Mai 1936) zu beweihräuchern. Gasbarras Aufgabe im Ministerium wird darin bestanden haben, der „Stampa estera", der ausländischen Presse, das arg in Bedrängnis geratene Bild des glorreichen Italien mit Aura zu versehen. Auch wenn es nirgends geschrieben steht, Dottore Gasbarra ist für den Propagandaapparat Mussolinis kein Zufallstreffer. Er ist ein „specialista", ein geübter Drahtzieher, der die Register der Manipulation zu bedienen weiß. Felix kann sich Ende 1936 an fünf Fingern abzählen, dass er für längere Zeit in Rom festsitzen würde. Dann doch lieber mit Doris und den Töchtern Livia und

Claudia als mutterseelenallein. Nicht zu vergessen: Er ist ein von Jugend an verwöhnter Mann, der vom Leben gutes Essen und makellos gebügelte Hemden verlangt, eine Selbstverständlichkeit, die ihm weder die besuchsweise Geliebte noch Zia Rita auf Dauer bieten konnten. Auch das wird ihm durch den Kopf gegangen sein. So ist denn sein galanter Empfang am Bahnhof auch Ausdruck einer sichtbaren Erleichterung des Herzens.

Nach ein paar Tagen in einer vornehmen Pension mit Seidentapeten, doch steinkaltem Fußboden – es ist November – übernimmt Doris das Zepter. Gasbarra, der noch nicht begriffen hat, dass sie nicht gewillt ist, das römische Eheleben in einem immerwährenden Provisorium einzurichten, setzt sich vehement gegen eine Wohnungssuche zur Wehr.

Doris fackelt nicht lange: „Nur hier raus, war mein Gedanke, und so wurde in mir der Beschluss gefasst, eine Wohnung mit Zentralheizung zu mieten." In Parioli, einer begehrten Wohngegend nah am Park der Villa Borghese, findet sie, was sie sucht. Anfang Dezember 1936 ziehen Felix, Doris und die gerade vier gewordene Claudia in ein modernes Wohngebäude – von Gasbarra „Käseloch" genannt – in der Via Filippo Civinini ein.

Es war eine hübsche Wohnung mit riesigen Fenstern, zwei Bädern und, als wunderbarer Zugabe, einer Riesenterrasse.

„Aber wir haben doch keine Möbel", warf Gasbarra ein.

„In ein paar Wochen kommt mein ‚Lift', und die anderen Möbel, die kaufen wir. Sollst sehen, es wird dir gefallen."

Ich hatte die Wohnung mit der Portiersfrau blitzend gesäubert. Der Fußboden war eine Art Zement mit glitzernden Splitterchen, glatt wie eine Spiegelfläche. Gebohnert war das sehr sauber und praktisch. Die Fenster hatten große Jalousien, welche man weit ausklappen konnte und so vor der Sonne geschützt war, aber zur gleichen Zeit auch das Draußen sehen konnte, und der Wind, der im achten Stockwerk wehte, brachte Kühlung. Alles strahlte Licht, Sauberkeit und Wärme aus. Wir lebten aus Koffern und aßen aus Koffern, waren aber unbändig glücklich. Das Erste, was wir kauften, war ein Küchenschrank, einen Küchenmarmortisch und drei Stühle.

Wir hatten auch sofort Telefon bekommen. Wir waren nur vierzehn Tage in der Wohnung, als es eines Abends klingelte und ein dünnes Stimmchen von weither flehte. „Komm, komm – Omi ist sehr krank." Es hieß, Gasbarra und die Kleine allein lassen. Nur einen Tag zuvor hatte ich ein Aquarell an eine Signora verkauft. Sie war die Geliebte des Polizeichefs von Italien, Arturo Bocchini. Sie hatte literarische Ambitionen und ließ sich von Gasbarra ihre Dramen übersetzen. Das brachte viel Geld. Als ich so weit alles geregelt hatte, um losfahren zu können, kam die Nachricht, dass meine Mutter gestorben war.

So stand ich wieder auf dem verschneiten Bahnhof von Schreiberhau und schloss das geliebte Kind in meine Arme. „Jetzt wirst du alles vergessen. Du kommst mit, und Kaja, der Chow-Chow, auch."

Das junge Mädchen, das meine Mutter gepflegt hatte, war auch da. So sah ich dann meine Mutter, wie sie still und starr dalag. Ich blieb die ganze Nacht allein mit ihr im Haus und hielt Zwiesprache. Große Liebe durchflutete mich. Der Schnee lag sehr hoch und das Beerdigungsauto konnte die vereiste Straße nicht heraufkommen. Der Sarg wurde auf einen kleinen Schlitten geladen. Ein wilder Schmerz durchzuckte mein Herz, als ich das sah. Von diesem Bild kam ich nie mehr los, und später in Rom entstand das Sepia mit der heulenden Frau, die den Sarg begleitet, den der Sohn zieht.

Anfang 1937 rechnet Doris noch damit, eines Tages zurückzukehren, um ihre Bilder, die Bibliothek und viele der liebgewonnenen Sachen in Ruhe abzuholen, oder – wie sie sich erhofft – später wieder einzuziehen: „Ja, ich lasse viel hier, aber nur für die zwei Jahre, wie nach Gasbarras Meinung der Hitlerspuk noch dauern sollte. Dafür lohnte es sich nicht, jetzt einen großen Umzug zu machen. Zwei Jahre sind ja schnell herum."

Mühelos findet Doris eine Mieterin, eine alleinstehende Studienrätin, die in ihrem Haus bleibt, bis auch sie Schlesien 1946 verlassen muss. Mit dieser Einnahme und den Mieten aus ihrem Berliner Erbteil wird Doris von nun an erheblich zum Lebensunterhalt der Familie beitragen. Anfang Februar 1937 kehrt sie mit der nun schon elfjährigen Livia und dem kleinen Chow-Chow nach Rom zurück.

Der Zug brachte uns über den Brenner. Eine verzauberte Landschaft mit Felsen, Bergen, Schneefeldern von Sonne überstrahlt, die uns in Italien ganz in ihre Arme nahm. Und was für eine Freude gab es, wie wir alle vereint wieder zusammensaßen und uns aneinander freuten. Es gab bald nichts Schöneres, als die beiden Schwestern zusammen zu sehen.

Doris wird Schreiberhau nie mehr sehen. Was sie zurückließ, geht verloren. „Die Möbel sind fort, alle meine Bilder und alle meine Zeichnungen und Bücher. Darum traure ich. Es war die Arbeit von zwanzig Jahren. Trotzdem ich viel verkauft hatte, stapelten sich die Arbeiten in den Schränken."

―――

Ich liebte Rom sehr. Der Italiener ist ganz anders als der Deutsche. Ich spreche jetzt von 1937. Er ist in Harmonie mit sich und den Genüssen des Lebens. Er kann sich kindlich über Dinge freuen, die dem nördlichen Intellektuellen zur Selbstverständlichkeit geworden sind. Immer aber ist er auf Haltung bedacht, wie ein guter Schauspieler auf der Bühne. Und dann auf Schritt und Tritt lächelt Kunst den Schlendernden an. Alles ist wie ein großes Museum; ohne den Geruch von Muff, im Gegenteil, alles nah zum Streicheln und zum Liebhaben. Die klare Luft ist erfüllt vom Duft der Mimosen. Jasmin, der aus alten Mauerritzen herunterhängt, ertränkt fast die Umgebung, und Tuberosen und Kamelien streiten alle mit ihrem Duft um die Wette. Und wenn es heiß ist, steigt der harzige Geruch der Pinien wie eine Fahne lotrecht in den Himmel. Die Zikaden zirpen mit ihren schrillen Tönen, dass die Luft vibriert.

Gasbarra, der ja Italiener war – von Geburt und auch durch sein Blut – hat nie diesen Zauber verspürt, dem ich zum Opfer fiel. Ich habe in Trastevere Wein getrunken, ich bin im Lateran gewesen, ich habe die Peterskirche bewundert und im Vatikan die Sammlung der Kostbarkeiten gesehen. Ich habe die Thermen bewundert und ging mit den römischen Kaisern ihre Prachtstraßen entlang. Ich folgte der Via Appia und umrundete die Mauer des Aurelius. Ich habe das Kolosseum gesehen, in dessen Rund so viel Blut geflossen war, und das goldene Haus, wo Nero seine Gäste in einem Regen von Rosenblüten erstickt hatte. Auch die Katakomben, wohin Menschen fliehen mussten, während draußen der Frühling seinen Einzug hielt oder im Herbst die Weinlese begann. Ich habe die Brücken gesehen und die Bauten des neuen Italien, wo sich der starke Wille der Nation kundtat. Rom war schwer zu verstehen. Kultur lag über Kultur. Es hatte zwei Gesichter; den Friedensgott und den Kriegsgott. Als ich in Rom ankam, fing das Janusgesicht langsam an, sich zu drehen.

Die Kinder hatten wir in einem deutschen Collegio untergebracht. Dort blieben sie bis Nachmittag. Sie lernten außergewöhnlich schnell Italienisch. Ich half ihnen nie bei den Schularbeiten, dazu waren die Nonnenlehrerinnen da, die das mit großer Hingabe taten. Und wozu hatten sie die Intelligenz ihres Vaters geerbt, wenn sie diese nicht ausnützen sollten?

Das alles fanden die Kinder schön und richtig, nur murrten sie über den Klosterbrei, wie sie das Essen nannten. „Ach", sagte ich „abends kochen wir dann was Schönes."

Wenn Gasbarra dabei war, durften sie nicht ungefragt bei Tisch sprechen. Er hatte den Grundsatz: Kinder und junge Hunde gehören unter den Tisch. Einmal zerschmetterte er mitten im Essen sogar eine Tasse, als ich mir erlaubte, über ihn zu lachen. Er war, was man sagt, immer sehr zeremoniell. Ich hatte anfänglich ein bisschen Angst vor dem Zusammenleben in einer gemeinsamen Wohnung. Es war das erste Mal! Wir waren bisher nur daran gewöhnt, unsere Liebe zu dosieren. Aber es gelang, diese schwierige Klippe zu nehmen.

Unter Doris' Ägide formt sich ein Familienleben. Felix verbringt die Vormittage weiterhin im Lesesaal am Corso Umberto, wo er an seinen Übersetzungen arbeitet. Doris packt die Malsachen aus und macht sich wieder an ihre Arbeit. Wie in Italien üblich, kehrt Felix in der Mittagsstunde in die Via Filippo Civinini zurück, wo die Haushaltshilfe, eine junge Wienerin, das Mittagessen auf den Tisch bringt. Gegen 16 Uhr trifft er im Ministero per la Stampa e la Propaganda (ab Mai 1937 in Ministero per la Cultura Popolare – Minculpop umbenannt) ein, wo er üblicherweise bis neun Uhr abends beschäftigt ist.

Über seine Tätigkeit dort ist kaum etwas bekannt. Der Bericht seiner polizeilichen Überwachung aus dem Jahr 1939 vermerkt wortkarg, dass er als Übersetzer (in qualità di traduttore) beschäftigt sei. Auch Claudia hat nie erfahren, was er dort zu tun hat. Über seine Arbeit im Palazzo Balestra wird zu Hause nicht gesprochen. Ein Kenner des Minculpop, der Deutsche Eugen Dollmann, der in Rom als Übersetzer bei den hochrangigen Besuchern aus dem Reich sehr gefragt war, lässt in seinen Memoiren mit dem Titel *Roma Nazista* erahnen, welche Bedeutung Gasbarra im Ministerium gehabt haben könnte: „Die Allmacht des Übersetzers, hat er erst das Vertrauen seines Opfers gewonnen, ist beinahe unbegrenzt." Von Dottore Gasbarra selbst gelangt nur das Bild eines Mannes nach außen, der ein arbeitsames und wohlbestelltes Leben führt. Dazu passt, dass Doris schon bald darauf drängt, Gäste einzuladen. Die Dachterrasse, auf der nun Lorbeerbäume in Töpfen wachsen und der Jasmin Schatten spendet, wird zum beliebten Treffpunkt einer bunt gemischten Gesellschaft, wie sie sich 1937 in Berlin nicht mehr hätte zusammenfinden können. „Wir hatten eine Menge Leute da oben

Via Civinini 19, die römische Dachterrasse der Gasbarras (2022)

eingeladen", schreibt Doris und nennt einige Namen: Zappa, ein italienischer Journalist, dessen Reportagen Gasbarra für die *Neue Illustrierte Zeitung* übersetzt, die einflussreiche Signora Pupeschi, Geliebte des allmächtigen Polizeichefs Arturo Bocchini, die frisch verliebten Alberto Moravia und Elsa Morante mit ihrem afghanischen Windhund, der Regisseur Georg Wilhelm Pabst auf Durchreise, der Schriftsteller Gerhart Pohl, Curt Oertel, die Arnheims. 1944 wird auch Klaus Mann während der alliierten Besatzung Roms einige Abende auf der Civini-Terrasse verbringen, doch nicht auf der des Jahres 1937, sondern auf jener der Dachwohnung nebenan, was den vielen, noch zu erzählenden Turbulenzen im Leben der Gasbarras geschuldet ist.

Doris und Felix haben eine gemeinsame Liebe: das Radio. Wo auch immer sie leben, das wuchtige Empfangsgerät mit dem grünlich-blau oszillierenden „Auge" hat stets einen Ehrenplatz. Gasbarra hat schon als Radiopionier auf das neue Medium gesetzt und dessen Wirkung seither nie aus dem Blick verloren. Als er mit seinen Übersetzungen in Rom schon Renommee hat, bietet ihm Anfang 1936 der staatliche Rundfunk EIAR die beliebte wöchentliche Sendung „Lezione di lingua tedesca" an. Seine Radiostimme, die in Berlin das Publikum verzückt hat, findet nun im Palazzo della Radio in der Via Asiago einen Wirkungsort, der seinem Hang zum gesprochenen Wort und der ihm angeborenen Eitelkeit auf das Beste entspricht.

Gasbarras tiefe Pädagogenstimme schmeichelt: la tavola, alla tavola – der Tisch, dem Tische; la bottega, alla bottega – der Laden, dem Laden; la signorina, alla signorina – das Fräulein, dem Fräulein; alles noch heute nachzulesen in der Programmillustrierten *Corriere della radio*, in der seine Deutschkurse abgedruckt wurden. Der Dottore etabliert sich als Lehrer der Nation, denn Deutsch ist in Italien damals hoch angesehen, und wer diese für Südländer immer schon schwierige und vertrackte Sprache beherrscht, ist bewundert. Noch in Schreiberhau hat Doris ihre Töchter Woche für Woche vor dem „grünen Auge" versammelt, um dem Vater auf Kurzwelle zu lauschen. Wenn Claudia heute in ihren Erinnerungen nach Felix sucht, dann fällt ihr zunächst seine Stimme ein. Ihre ersten Begegnungen mit ihm entstammen dem Kasten.

Bei den Gasbarras regelte „la radio" den Tagesablauf. Für Doris begann der Tag mit der Sendung „ginnastica da camera". In den Mittagsstunden war Felix das

„giornale radio" heilig und abendliche Konzerte und „Leggende radiofonice" bildeten jeweils Höhepunkte der Woche. Für Doris ist es deshalb ein besonderes Ereignis, als Felix im Frühjahr 1937 mit der Einladung zu einem Festakt für den Erfinder des drahtlosen Funks, den Schöpfer des Radios, Guglielmo Marconi, nach Hause kam. Auch für ihn eine Genugtuung, denn seit den ausschweifenden Berliner Premierenfeiern hat er kaum noch Auftritte – egal mit welchem Parteiabzeichen im Knopfloch – auf dem großen Parkett gehabt.

Ich hatte die größte Hochachtung vor dem Kasten mit den kleinen Knöpfen, der wie durch ein Wunder plötzlich eine Welt in den Raum brachte, die Hunderte von Kilometern entfernt war und dir gerade eine süße Stimme, die wie aus anderen Sphären erklang, Balsam in dein Ohr träufelte. Wir waren zu einem Empfang, den König Emanuel in der Akademie zu Ehren Marconis gab, eingeladen. Ich stieg mit sehr gemischten Gefühlen in meinem schwarzen Kleid, einem schwarzen Filzhut, der noch immer einigermaßen modern war, und meinen lang ersehnten beigefarbenen Handschuhen die breite Treppe hoch, um jenen Mann zu sehen, der ein Wunder der Technik vollbracht hatte. Hier lernte ich die italienische Geisteswelt kennen. Marconi wirkte elegant und vornehm, und obwohl ich fast kein Wort – er sprach Italienisch – verstand, war er eine große Überraschung für mich, die lange anhielt.

Zum ersten Mal sah ich einen eleganten Wissenschaftler, der sich zu geben verstand. Marconi wirkte ungleich majestätisch im Gegensatz zum kleinen König Emanuel II., den man vollkommen übersehen hätte, wenn er nicht als Erster über den roten Läufer geschritten wäre. Von ihm habe ich keine interessante Äußerung vernommen. Dagegen fiel mir das ziemlich laute Geschnatter der kreuz und quer redenden Leute auf und dazwischen das Gezwitscher der eleganten Frauen, die sich hierhin und dorthin verneigten und grüßten, wie ich das aus Deutschland nicht gewohnt war. Es waren die gleichen reichen Leute, die es in Berlin gab, aber in Deutschland war alles gedämpfter, gesetzter, möchte ich sagen. Es schwirrte kein Lärm der Frauen auf, der ungeniert im Saal zu flattern schien. Alles war zeremonieller, und wie muss ich immer noch lachen, wenn ich an den Vorsitzenden der Akademie denke, der einen schwarzen Adlerorden III. Klasse von Hitler erhalten hatte, der ihm bei dieser feierlichen Angelegenheit wie ein „Pour le Mérite" aus dem Kragen hing, „weil es so interessanter aussieht", wie er lachend meinte. Da bekam ich zum ersten Mal die Ahnung von diesem Volk der südlichen Sonne. Von sich eingenommen, angebend, aber zugleich liebenswürdig und graziös wie ein Kätzchen, das mit einem Wollknäuel spielte und seine Krallen kaum bewegte.

Im September 1937 erwartet Deutschland den Duce. Der Staatsbesuch wird für die Geschichtsbücher inszeniert. Die Welt soll den Atem anhalten. Nichts darf dem Zufall überlassen bleiben. Der Duce ist fest entschlossen, dem „Führer", der kein Wort Fremdsprache beherrscht, mit seinen Deutschkenntnissen zu imponieren. Im Außenministerium fürchtet man eine Blamage, denn es ist es wohl so, wie es Eugen Dollmann beschreibt: „Überzeugt von seinen Sprachkenntnissen war der Duce der Meinung, dass er ohne fremde Hilfe zurechtkommen könne. Doch sein Deutsch reichte kaum für ein belangloses

Gespräch. Wenn es darum ging in die Tiefen von Hitlers Denken hinabzusteigen oder Realpolitik zu verhandeln, wurde er jedes Mal an der Nase herumgeführt. Er war nicht bereit sich einzugestehen, dass er kaum in der Lage war den Gedankengängen seiner Gegenüber zu folgen. Diese fatale Selbstüberschätzung hatte Italien öfters teuer zu bezahlen gehabt."

Graf Ciano bemüht sich deshalb, dem Duce eine sprachgewandte Person anzudienen, mit der er sein Deutsch auffrischen sowie seine Berliner Rede einstudieren soll. Die Wahl fällt auf Dottore Gasbarra, den populären Radiolehrer. Gleich bei ihrem ersten Zusammentreffen in der Villa Torlonia unterhalten sich die beiden Männer ausführlich über Politik. Gasbarra versucht, den Duce davon zu überzeugen, dass es das Allerbeste für Italien wäre, wenn es sich neutral verhalten würde. Das Land hätte dabei wenig zu verlieren. Wie hingegen Deutschland in einem Krieg abschließen würde, sei kaum vorherzusagen. 1918 sei der Begriff „sich zu Tode siegen" geprägt worden. Davor müsse Italien sich hüten. Doch vermutlich weiß Gasbarra schon damals, dass der Duce dem Drängen Hitlers nach Waffenbrüderschaft früher oder später nachgeben wird. Von seinen Treffen mit Mussolini sei er immer „sehr niedergeschlagen" zurückgekehrt, schreibt Doris auf.

Im Anschluss an die Konversationen zur Weltlage werden Rhetorik und Gestik der Rede, die der Duce am 28. September 1937 im Berliner Olympiastadion halten soll, eingeübt. Wie Graf Ciano es sich erhofft hat, liefert sein Schwiegervater einen denkwürdigen Auftritt ab. Gasbarra hat ganze Arbeit geleistet. Dramaturgie und Demagogie der Berliner Duce-Rhetorik sind dem Gestus der Imperatoren-Monologe der Piscator-Inszenierungen nachempfunden, deren Wirkung Gas natürlich im Blut hat. Das politische Theater ist für einen Wimpernschlag nach Berlin zurückgekehrt. Gasbarra wird das Ergebnis seiner Regieanweisungen später in der Filmwochenschau gesehen haben. Noch im selben Jahr wird dem Zauberlehrling Piscators in Anerkennung dieses Bravourstücks – gleichzeitig mit Alfredo Stendardo – der Orden eines Cavaliere della Corona d'Italia verliehen.

Im September 1937, da ganz Italien gebannt nach Berlin schaut, wo der „Führer" seinem „Bruder im Geiste" einen nie zuvor gesehenen Empfang bereitet hat, macht sich auch Felix Gasbarra auf die Reise. Erwin Piscator ist aus der Sowjetunion zurückgekehrt und hat sich in Paris niedergelassen. Aus Saint-Raphaël an der Côte d'Azur, wo er den Sommer über weilt, lädt er Gasbarra ein, ihn dort zu besuchen. Sein Brief deutet an, dass Felix ihn schon seit Längerem nicht an den Entwicklungen seines Lebens hat teilhaben lassen: „Lieber Felix, ich freue mich immer, wenn ein Brief von Dir kommt, verstand Dein langes Schweigen gar nicht" – wohl aus gutem Grund. Nach einigem telegrafischen Hin und Her verabreden sich Pis und Gas in Bourg-en-Bresse im Burgund. Auf seiner Weiterreise in die Schweiz will Erwin – der in Begleitung des Schriftstellers und Kommunisten Rudolf Leonhard ist – dort am Mittwoch, den 22. September, im Hotel de l'Europe einen Zwischenhalt einlegen. Bourg liegt auch für Felix am Weg. Sein Reiseziel ist Paris und von dort weiter nach Amsterdam.

Fünf Jahre haben sich Erwin und Felix nicht gesehen. Zum letzten Mal 1932 in Berlin. Das Wiedersehen beginnt herzlich. Es gibt viel zu berichten, auch

Gas und Pis: das vorläufige Ende einer langen Freundschaft im Grandhotel

wenn Gasbarra Etliches zurückhält. Dass er Bücher und Traktate des Fascio übersetzt hat, ist Piscator bekannt. Nicht aber, dass er Mitglied der Mussolini-Partei geworden ist und seit Kurzem auch im Propagandaministerium ein und aus geht. Dabei hätte es Gasbarra bewenden lassen können, doch stattdessen holt er dazu aus, dass er angesichts „der unwahren und schauerlichen Beschuldigungen Stalins gegen die alte Garde Lenins" beschlossen habe, der Kommunistischen Partei „den Rücken zuzukehren", wie er in einem Interview 1969 ausführt.

Es kommt zu einem heftigen Streit. Piscator, der ungeachtet des „großen Terrors" der stalinistischen Herrschaft ein linientreuer KP-Mann geblieben ist, wittert Verrat, ohne zu ahnen, dass Felix schon seit 1933 das Parteibuch der Faschisten in der Tasche hat. Unnachgiebig geht Erwin mit seinem alten Freund ins Gericht.

Es fallen böse Worte und Leonhard gießt zudem ordentlich Öl ins Feuer. Zu guter Letzt hält ihm Erwin vor, dass Gas ihn auch schon in Zürich hintergangen hätte. Statt dass er dort nach seiner Rückkehr aus der Sowjetunion einige Inszenierungen hätte übernehmen können, habe ihm Gasbarra das Schauspielhaus für immer verbrannt. Er lässt Gasbarras Einwände nicht gelten, dass die Direktion – trotz seiner Bemühungen – Bedenken hatte, ihm ein Stück zu geben, bei dem er „politisch aggressiv" werden könnte. Es kommt zum Bruch. Am nächsten Morgen reist Gasbarra ohne ein Adieu nach Paris weiter.

Die Erinnerung an dieses Zusammentreffen wird nie aufhören, in Gasbarra zu rumoren. Noch nach Jahren fühlt er sich missverstanden, ungerecht behandelt, missachtet. Was ihm in Bourg widerfahren ist, lässt ihm keine Ruhe. Auch in Piscator rumort es: „Ich weiß, dass er sehr eigentümliche Wege wandelte während der Mussolini-Zeit. Gasbarras Meinung ist, dass er nichts Ungewöhnliches getan habe??? Ich möchte ihm nur zu gerne glauben. Ich neige dazu, weder Werner Krauss noch Gustav Gründgens Haltung zu entschuldigen. Kann man es im Falle Gasbarras tun? Und was unterscheidet ihn von den anderen?", schreibt er nach dem Krieg an Friedrich Wolf, dessen Theaterstück *Professor Mamlock* Gasbarra in Zürich zur Aufführung gebracht hat.

Nach zehn Jahren des Schweigens – Piscator lebt 1946 noch in New York – werden sich die beiden Männer wieder erste Lebenszeichen schicken: Piscator Care-Pakete, Gasbarra Rechtfertigungen.

5. September 1946

Wenn ich heute zurückdenke, muss ich sagen, dass der Zusammenbruch von 33 vielleicht die größte Enttäuschung meines Lebens gewesen ist, der Axthieb, der wirklich bis ins Bein ging, und von dem ich mich auch nie wieder ganz erholt habe. Ich habe Dir das damals in Bourg nicht so erklären können in der Eile, habe Dir auch vielleicht falsch geantwortet, weil mich die Art und Weise ärgerte, in der Du mich damals verhörtest. Und dann kam noch der dämliche Leonhard dazu, der glaubte, er müsse mich, ausgerechnet mich, so rasch en passant zum Kommunismus bekehren. Hätte ich die Sache nicht so bitterernst genommen und nicht auch alles Persönliche hinter ihr zurückgestellt, während ich bei Dingen anonym blieb, aus denen sich andere ein Renommee zusammengeschustert hätten, dann hätte mich die Enttäuschung nicht so furchtbar treffen können. Ich weiß noch, Du riefst mir noch nach: aber wir hatten uns doch vorgenommen, keine Bürger zu werden!

Nein, Erwin, ich bin nie ein Bürger gewesen und bin auch keiner geworden, so wenig wie Du, selbst als alles Äußere gegen Dich sprach. Ebenso wenig bin ich je auf die Gegenseite übergegangen, dazu war ich politisch viel zu indifferent geworden, und wenn Leute, deren Ausspruch unvergessen bleiben soll: Lieber unsauber weiterleben, als sauber zu Grunde gehen! mir aus einer Übersetzung einen Vorwurf machen, die mich innerlich völlig unbeteiligt ließ, so war mir auch das egal. Ich will und kann mich in einem Brief nicht so klar ausdrücken, wie ich möchte.

Was mich betrifft, so habe ich die Konsequenzen gezogen, d. h. ich wünsche nicht mehr in diesem Kackhaufen herumzurühren, der menschliche Gesellschaft heißt und in dem die untere Hälfte genauso stinkt wie die obere. Ich nehme auch keine „Standpunkte" mehr ein, man nimmt ja auch einem Scheißhaus gegenüber keinen Standpunkt ein, sondern man benutzt es oder nicht.

1938 kann Felix Gasbarra gar nicht „innerlich völlig unbeteiligt" sein, wie er das Jahre später gerne wahrhaben mag. Auch er rührt weiterhin im „Kackhaufen" einer menschlichen Gesellschaft, die er zutiefst verachtet haben mag. In Rom sitzt er im Epizentrum einer kriegführenden Nation, zu deren Gegnern auch einstige Freunde und Mitstreiter zählen. Vom Schreibtisch in der Via Veneto muss er mitansehen, wie im spanischen Bürgerkrieg, wo viele seiner alten Genossen in den Internationalen Brigaden kämpfen, Mussolinis Militärhilfe dem faschistischen Diktator Francisco Franco zum Sieg verhilft. Und zu Hause kündigt sich die Arbeit an der Buchübersetzung *Somali-Front* von Marschall Rodolfo Graziani an, der in Äthiopien Pogrome an der Zivilbevölkerung und den Einsatz von Giftgas angeordnet hat. Der „Kackhaufen" dampft mächtig.

Im Frühjahr 1938 steht Rom im Bann einer grandiosen Selbstinszenierung, mit der sich Italien im Jahr XVI der faschistischen Zeitrechnung dem „Führer" präsentieren will. In Anlehnung an den Größenwahn der Cäsaren wird der ewigen Stadt ein triumphales Gepräge übergestülpt. Monatelang sind die Verkehrsachsen, die Paradestraßen, das Kapitol, das Kolosseum auf Anweisung eines Opernregisseurs zu Kulissen monumentaler Lichtsäulen und pyrotechnischer Effekte umgestaltet worden, deren Effekte nur einem Zweck zu dienen haben: den „Führer" emotional zu überwältigen.

In Gasbarras Ministerium wird mit Hochdruck an der Vereinnahmung der internationalen Presse gearbeitet, die sich zu den „Führertagen" angekündigt hat. Die „Visita del Führer in Italia" füllt in den Aktenbeständen der Direzione Generale per il Servizio della Stampa Estera unzählige Mappen, Hefter und Ablagen. Doch, wie auch bei den Nachforschungen in der Hinterlassenschaft weiterer Ministerien, ist der Name Gasbarra darin nicht zu finden. „Immer hat ihn etwas leicht Geheimnisvolles umgeben", schreibt Erwin Piscator in den Fünfzigerjahren über ihn und da Felix auch vor Doris vieles zu verbergen wusste, gehören Leerstellen und Verschleierungen zu den Indizien seiner Lebensgeschichte. Belegt ist, dass Dottore Gasbarra während der „Führertage" für das Radio im Einsatz war, da er laut einer Dienstmitteilung zu allen Tageszeiten telefonisch erreichbar sein musste.

Dies kann auch erklären, weshalb die Gasbarras schon gleich beim Einzug in die Via Filippo Civinini den begehrten Telefonanschluss erhalten. Der Mann wird gebraucht! Wie sehr, bestätigt er selbst am 19. August 1938 in einem Schreiben an die Berliner Reichsschriftumskammer:

Im Herbst vergangenen Jahres wurde mir die Ehre zuteil, die deutsche Fassung der Rede ausarbeiten zu dürfen, die der Duce bei seinem Besuch in Berlin gehalten hatte. Anlässlich des Besuches des deutschen Führers in Rom bin ich für die Verleihung mit einem deutschen Orden zum Vorschlag gebracht. Trotz meiner Verbundenheit zu deutschem Geisteswesen, glaube ich jedoch, meine Mitgliedschaft zur Kammer nicht länger aufrechterhalten zu können, da ich nun einen anderen Hauptberuf ausübe.

In Bezug auf alle sonstigen Auskünfte über meine Person und Tätigkeit steht Ihnen zweifellos die hiesige deutsche Gesandtschaft zur Verfügung. Ihnen für die wohlwollende Prüfung meines Antrags im voraus bestens dankend, bin ich

Mit Deutschem und Faschistischen Gruß!

F. Gasbarra

Gasbarra rühmt sich mit dem Verdienstorden vom Deutschen Adler ohne Schwerter, eine von Adolf Hitler gestiftete Auszeichnung des Deutschen Reiches für ausländische Staatsangehörige. „Und du erschrickst …"

―

1937 saßen wir in Rom im Café Valadier auf dem Pincio in der schönen Abendsonne. Es war nicht mehr heiß, die Abendsonne küsste gerade nur die letzten Baumwipfel, die Vögel zwitscherten ihren Tagestanz und die Menschen, die sich jeden Abend auf dem Pincio trafen, um die Sonne sinken zu sehen – alle Ausländer trafen sich zu dieser Stunde dort –, standen in losen Gruppen an der Balustrade, um auf das im Abenddunst schimmernde Rom zu sehen, das sich zu ihren Füßen weitete.

Die Villa Borghese war schon leer und im Valadier waren nur noch ein paar Tische besetzt. Ganz hinten an der Wand war ein Tisch mit vier Personen. Kürschners waren da. Ich sah hin und sah Renée, die ich sehr gut aus der ersten Zeit meiner Begegnung mit Gasbarra kannte.

Von ihr hatte ich – wie mir schien – Übles gehört. Sie spielte die Rosa Luxemburg in einem Nazifilm, der die Juden verächtlich machte. Ich wollte im Pincio auf keinen Fall diese Schauspielerin begrüßen. Aber Gasbarra, der sie in Rom schon kennengelernt hatte, winkte mich hin. So musste ich es tun, um nicht ganz so ungezogen zu sein wie die anderen Deutschen in Rom, die sich von ihnen abseits hielten, weil sie Juden waren.

Natürlich fragte ich Renée gleich, warum sie die Rolle in dem Nazifilm angenommen hatte. „Weil sie mich künstlerisch interessierte", das war eine klare Antwort. Wenn sie Ausflüchte gemacht hätte, wäre es aus zwischen uns gewesen. Aber so wuchs hier eine Verbundenheit hervor, die uns alle beglückte. Es war das Verdienst der Mutter Kürschner, einer wunderbaren, majestätischen Frau. Frauen waren schon immer interessant für mich und rissen mich in kleine Liebeserklärungen und Nöte hinein, wie ich immer feststellen musste, wenn ich mich für ein männliches Exemplar des Homo sapiens interessierte.

Als die Kürschners später in Taormina den Plan ihres Lebens fassten, war Mutter Kürschner die letzte Instanz gewesen. Doch in Rom war vorerst nicht die Rede von diesen letzten Entschlüssen, auch wenn sie wohl schon ihre Schatten vorauswarfen. Noch spielte sich das Leben nach den Regeln einer gut situierten europäischen Familie ab, wo auf einer mit Sorgfalt gedeckten Kaffeetafel die herrlichsten Kuchen standen. In Rom hatte man das Gefühl, mit ihnen in einer glücklichen Familie zu sein. Es wurde viel von Berlin gesprochen.

Renée – das Nesthäkchen – wurde als Märchentante beim Rundfunk sehr bekannt. Viele deutsche Kinder, die später zur Hitlerjugend gingen, hatten aus ihrem Mund den schönsten Märchen von Grimm oder Brentano gelauscht.

Gasbarra, der bei den Kaffeestunden immer Schach mit Arthur spielte, war erstaunt über seine logischen und dann wieder völlig überraschenden Züge, die dem Spiel oft eine unerwartete Wende verliehen. Das gab Gasbarra tief zu denken, der später den Schluss daraus zog, dass sich darin die Vorboten des Schicksals abgezeichnet hätten. Hin und wieder ging die Rede, dass sie Italien verlassen müssten, denn in der „Achse" – der politischen Verbindung Italiens mit Deutschland – machten sich Maßnahmen gegen die Juden bemerkbar. Es werde nicht lange dauern, dann würde es auch in Italien Konzentrationslager geben.

Die Vorahnung von Leonore Kürschner und ihrer drei Kinder Arthur, Eugen und Renée soll sich bewahrheiten. Im Sommer 1938 ordnet die neu geschaffene Direzione Generale per la Demografia e la Razza als eine ihrer ersten Maßnahmen eine Judenzählung an, die alle im

Land niedergelassenen Jüdinnen und Juden – Italiener und Ausländer – zu registrieren hat.

Das Stichdatum, der 22. August 1938, kann als Beginn der Ausgrenzung der Juden aus der italienischen Gesellschaft gesehen werden. Die an jenem Tag erhobenen Daten werden 1943 zur gezielten Deportation der italienischen Juden an die Mordstätten der „Endlösung" Verwendung finden. Im Minculpop, dem Ministerium Gasbarras, wird zur Durchsetzung der staatlich gelenkten Rassenpolitik zeitgleich das Ufficio Studi del Problema della Razza eingerichtet, dessen Aufgabe es wird, die Diskriminierung „fremdrassiger Menschen" voranzutreiben. Dazu gehört auch die „Säuberung" der Presse, des literarischen Schaffens, der Theater und der Filmproduktion sowie des Radios von Juden sowie von ihnen wohlgesonnenen Zeitgenossen.

In diesem Klima, das die jüdischen Emigrantinnen und Emigranten im Freundeskreis von Doris und Felix hochgradig beunruhigt, wird Gasbarra zum Leiter der deutschsprachigen Nachrichten- und Kulturprogramme des staatlich gelenkten Rundfunks EIAR ernannt. Über Kurzwelle ist seine Stimme nun in ganz Europa zu hören. Dazu sein alter Freund und Weggefährte Franz Jung in seinen Lebenserinnerungen *Der Weg nach unten*: „Ich erinnerte ihn daran, dass ich ihn gelegentlich als Ansager der deutschsprachigen Sendung des Mussolini-Rundfunks gehört hatte – unverwechselbar seine Stimme, seine Betonung, der Bedeutung von Nachrichten. [...] Er schien von meiner Erinnerung sehr geschmeichelt. Gasbarra ließ in dieser Sendung schon zum Frühstück ganze englische Divisionen verschwinden. In der Abendsendung türmten sich bereits die Toten zu fantastischen Hügeln, die den Mond über die tripolitanische Wüste nach Ägypten hinein verdunkeln ließen. Das wurde in humorigem Ton vorgetragen [...]: Nur nichts ernst nehmen – regen Sie sich nicht auf – es geht alles zum Besten, und vergessen Sie nicht, vor dem Schlafengehen ihre Pillen zu nehmen ..."

Gasbarras neuer Arbeitsort in der Via Asiago ist ein Stelldichein der Elite, denn in den zwei großen, mit modernster amerikanischer Technik ausgestatteten Konzertsälen und im kleineren Studio Lirico werden vor ausgesuchtem Publikum Konzerte, Opern, Unterhaltungsprogramme und Vorträge in den Äther geschickt.

Schon sehr bald kann Gasbarra miterleben, wer in dem elegant ausgestatteten Palazzo zunächst nicht mehr erwünscht und kurz darauf geächtet wurde. Ab 1941 wird er, wenn er abends die von ihm vorgetragenen Nachrichten im Palazzo della Radio zur Sendung vorbereitet, den seinerzeit populärsten italienischen Journalisten Mario Appelius zum Kollegen haben, der in seinen *Commenti ai fatti del giorno* nicht nachlässt, die „jüdische Weltverschwörung" zu geißeln. Seinen allabendlich vorgetragenen Schlachtruf: „Dio stramaledica gli Inglesi!" – „Gott verfluche die Engländer!" kennt ganz Italien. Zu dieser Zeit setzen auch die Radio-Tiraden des Mussolini-Bewunderers und Hitler-Verehrers Ezra Pound auf der englischsprachigen Welle der EIAR ein. Nach dem Überfall auf die Sowjetunion im Sommer 1941 vervielfachen sich Pounds Auftritte am Mikrofon. Auch wenn es keinen Beleg dafür gibt, kann angenommen werden, dass Gasbarra und Pound sich über eine längere Zeit immer wieder begegnet sind, denn auch Ezra Pound arbeitet schon seit Jahren für das Minculpop. Was sich die beiden von Herkunft und Ansicht so unterschiedlichen Männer zu sagen haben und voneinander halten, ist leider nicht überliefert. Auch diese Hinterlassenschaft hat Gasbarra zum Schweigen gebracht.

Unangenehm werden den Gasbarras mit der Zeit einige ihrer Hausbewohner. Auf derselben Etage – leichthörig, da Wand an Wand – lebt ein deutscher Herr Palmgreen, von dem im Haus gesagt wird, dass er als Spion im Land herumreise. Ob Gerücht oder Wahrheit, Gasbarra beunruhigt die Vorstellung, bespitzelt zu werden, selbst als sich nun durch Abreisen oder Verunsicherung der jüdische Bekanntenkreis auf der Dachterrasse zu lichten beginnt. Fremde Ohren bleiben eine Bedrohung. Gasbarras Vita hat trotz seiner Stellung und den Verbindungen zur Macht noch immer etliche Ungereimtheiten, weiß er doch nur zu gut, dass sich die Geheimpolizei bei Funktionären, Journalisten und Radioleuten stets besonders misstrauisch zeigt und ungemütliche Nachforschungen an der Tagesordnung sind. Als dann aber „ein wirklicher Spion", den Doris den wendigsten Menschen nennt, dem sie je begegnet sei, in das „Käseloch" in der Via Filippo Civinini einzieht, steht der Entschluss fest, in ein neues, ruhiger gelegenes und leichter überschaubares Haus umzuziehen.

Ich fuhr nach Monte Sacro hinaus, das liegt am Ende der Via Nomentana. Ich fand dort eine Villa, die einem höheren Eisenbahnbeamten gehörte, der zwei Stockwerke an Mieter abgab. Ich ging nur hin, um es mir anzusehen, und war gleich gefangen genommen von einem riesigen, blühenden Mimosenbaum.

In der ersten Etage hatte man ein sehr schönes Esszimmer mit Balkon und dem Blick auf die Campagna, ebenso das Kinderzimmer, das Arbeitszimmer für Gasbarra, den Salon und eine große Küche. Im zweiten

Stock war ein großes Zimmer und daneben eine Terrasse, die von niemandem eingesehen werden konnte. Hier würden wir wohnen. Auch Kaja-Hund hätte hier seine Freiheit. Wir zogen kurzentschlossen um und weihten die Wohnung mit einem kleinen Terrassenfest ein.

Am Monte Sacro kommen die Gasbarras zur Ruhe. Noch heute strahlt das mit kleinen Villen bebaute Wohnviertel Behaglichkeit und einen unerschütterlichen Wohlstand aus. Die schmalen Straßen münden jeweils in eine Piazzetta, wo die Kinder der Nachbarschaft sich nach

Doris mit ihren Töchtern im Park der Villa Borghese, Rom 1938

Schulschluss treffen. Hinter den Hecken wetteifern die Gärten mit ihrer Blumenpracht. Die kleine Siedlung war in den Zwanzigerjahren für höhere Beamte und Funktionäre errichtet worden, die sich – mit billigem Geld aus der Staatskasse – hier eine standesgemäße Adresse sichern konnten.

In dieses Ambiente der Zufriedenheit und des „benessere" fügt sich der im Staatsdienst stehende Dottore Gasbarra bestens ein. Sein Metier, das Massenmedium Radio, ist hoch angesehen und die Biglietti für Konzerte oder leichte Muse, die er zu vermitteln mag, sind begehrt. Gasbarra, stets jovial und hilfsbereit, ist ein angesehener Mitbürger auf dem heiligen Berg der Staatsdiener.

Claudia und Livia haben nun einen kurzen Weg zur Schule und finden mit Bubi und Baby Minozzi schnell beste Freunde für ihre Nachmittage auf der Piazzetta. An den Sommersonntagen fahren die Familien gemeinsam zum Strand von Ostia. Dieses Leben macht Doris zufrieden. Sie hat nun wieder mehr Arbeitszeit in ihrem kleinen Atelier. Aus Berlin oder Schreiberhau gelangen nur noch spärlich Nachrichten in die Via Maloia.

Es scheint, als ob Doris und Felix an ihren alten Wirkungsorten in Vergessenheit geraten sind, so wie für die nun zu einer kleinen italienischen Wohlstandsfamilie gewandelten Gasbarras das einst Gelebte in weite Ferne rückt. Doch Claudia hat auch andere Erinnerungen: „In der Zeit in Monte Sacro muss Felix schwere Probleme gehabt haben. Ich nehme an, dass er sich hinter einer illusorischen Krankheit versteckte, um gewissen Dingen auszuweichen. Er hatte immer Kopfschmerzen, alles musste im Haus ruhig sein und er verbrachte ganze Tage hinter zugezogenen Gardinen in seinem Arbeitszimmer.

Wenn ich heute daran denke, dann hatte er damals eine schwere Depression." Ein deutliches Anzeichen dafür, dass er nicht glücklich gewesen sein kann zwischen einem angepassten Familienleben und den Fanfaren des Faschismus, denen er sich verschrieben hat. „Das wirklich Schwere beginnt dort, wo man nach dem Sinn fragt", wird er Ilse aus Rom schreiben. Das war es wohl, was ihn in seinen dunklen Tagen im Haus an der Via Maloia so sehr bedrängte.

Im Herbst 1938 meldet sich Doris' Tante Anna zu einem Besuch an. Bei ihr hat Doris als junge Frau viele Sommermonate in Schreiberhau verbracht, eine prägende Zeit, die ihren Wunsch nährte, Malerin zu werden. Die kunstsinnige Anna ist begeistert von Rom und lädt Doris ein, gemeinsam einige Tage auf Capri zu verbringen. Das allein wäre nicht erwähnenswert, hätte Tante Anna ihr bei dieser Gelegenheit nicht ein Angebot für das Berliner Erbe gemacht. „Im Vergleich zu den übrigen Verwandten, die sich darum rissen, meinen Teil der Berliner Häuser zu kaufen, hat sie einen relativ anständigen Preis bezahlt, während die anderen mir die Kehle zuschnüren wollten, besonders mein Bruder", begründet Doris ihren Entschluss, nun zu verkaufen. Bis der Handel rechtsgültig wird, dauert es noch beinahe ein Jahr. Kurz vor Ausbruch des Krieges ist Doris zu einer wohlhabenden Frau geworden, die über ein bewegliches Vermögen, sie tauschte den Erlös nach und nach in US-Dollars um, verfügt. Mit diesem Geld wird sie 1940 ein kleines Landgut in Frascati bei Rom erwerben können und aus dessen Erlös später auch Burg Kampenn bei Bozen – zwei prägende Stationen auf ihrem und auf Gasbarras weiterem Lebensweg.

Stellen Sie sich einen Vorfrühlingstag vor. Ich bin in einem Vorgarten, der mit einem Staketenzaun eingegrenzt ist. Vor mir steht ein riesiger Bottich, aus dem der Dampf des kochenden Wassers steigt. Mein Mann ist auch dabei. Wir rühren mit riesigen Holzstielen in einer schmutzigen Brühe herum. Keine angenehme Arbeit. Ich schaue bekümmert in den Frühlingshimmel und sehe einen Mann daherkommen. Er trägt einen Hut mit einem Gamsbart und Schaftstiefel. Wir stehen plötzlich auf einem weiten Platz. Bei einem großen Baum steht ein Hauklotz. Um uns scharen sich junge Leute, die auch Schaftstiefel tragen. Der Mann mit dem Gamsbart trägt ein kleines Schwein, das aus seinem männlichen

Doris hatte stets Vorahnungen. Viele ihrer Bilder sind Ausdruck ihrer Träume.

Geschlecht blutet, und legt es zum Töten auf den Hauklotz – da fließt das Blut, und ich wache auf.

Das war ein furchtbarer Traum, der 1931 erstmals auftrat und oft zurückkehrte. Ich ließ ihn mir deuten: Gasbarra und ich waschen die schmutzige Wäsche anderer Leute. Wir geraten in politische Schwierigkeiten, werden aber nicht geopfert, sondern durch das kleine Schwein, das die Jugend symbolisiert, gerettet. Der Gamsbart aber wird eine Vernichtungswelle über Deutschland bringen.

———

Das Jahr 1939 bricht an. Bei den Gasbarras bestimmt der Alltag den Lauf der Dinge. Was in Deutschland vor sich geht, werden sie aufmerksam und wohl auch mit Fassungslosigkeit mitverfolgt haben, doch das berührt ihr Leben nicht mehr unmittelbar. Gasbarras Mutter ist Ende 1937 verstorben. Mit ihrem Tod hat sich für Felix die letzte innige Beziehung gelöst, die ihn noch an Berlin gebunden hat. Seither scheint er umgänglicher mit Doris zu sein. Der einst vergötterte Sohn steht nicht mehr unter dem Kuratel des „Charakterkopfs", der die Ehe mit der „unanständig anständigen" Doris vom ersten Tag an missbilligte und zeitlebens ihre Enkelinnen ablehnte, da sie als Stammhalter nicht taugten.

Einige Wochen nach Lauras Ableben ist Felix nach Berlin gereist, um den mütterlichen Haushalt in der Yorckstraße aufzulösen. Einige wenige Erinnerungsstücke brachte er mit nach Rom. Im Erker seines Arbeitszimmers auf Burg Kampenn wird er diesen später einen Altarplatz einräumen. Weiteres hatte er in der Stadt, die mehr Heimat für ihn war, als Rom es für ihn je werden kann, nicht zu erledigen. Auch sein Rettungsanker von

1933, Alfredo Stendardo, ist weitergezogen. Er hat sein Ziel als diplomatischer Presse-Attaché mittlerweile erreicht. Seine erste Station ist Warschau, wo er kurz nach der Ankunft Zeuge des deutschen Einmarschs und der darauffolgenden Schrecken werden wird.

Und Ilse? Auch sie hat in der Yorckstraße Erinnerungen hinterlassen. Sie lebt seit einem guten Jahr in der Schweiz, wo sie sich in Basel mit einem wohlhabenden jüdischen Hemdenfabrikanten im Hinblick auf ein auskömmliches Überleben arrangiert hat. Berlin ist für Gasbarra entleert. Was übrig bleibt, ist Wehmut.

Wie es in ihm aussieht, erfahre ich aus einem Brief an Ilse, den er ihr im Juli 1939 auf dem Briefbogen seines Ministeriums in die Schweiz schickt.

Liebe Dicke!

Über Deine Karte habe ich mich sehr gefreut, Du kannst daraus ersehen, dass ich mich gleich hinsetze und Dir schreibe, obwohl hier eine irre Hitze herrscht und man am liebsten gar nichts tun möchte. Was ich hier kennen gelernt habe – und es war schon wenig genug –, hat mich nach drei Tagen wieder gelangweilt. Vielleicht ist es auch bei mir das beginnende Alter, ich habe nur noch sehr wenig Freude am Erleben, auch keine Lust mehr zu irgendeiner Anstrengung auf diesem Gebiet. Sonst gefällt es mir nach wie vor schlecht. Ich lebe so für mich hin, arbeite, arbeite zeitweise sogar sehr viel, eben habe ich eine Riesenübersetzung für einen Münchner Verlag fertiggemacht, das Buch von Graziani über den Abessinien-

Krieg an der Somalifront. Jetzt habe ich eine größere Arbeit über die Camorra in der Mache.

Eigentlich hätte ich Ende Juli nach Berlin fahren sollen, aber es scheint nichts damit zu werden. Komisch, früher hätte ich mich darüber vielleicht geärgert. Heute ist mir das so egal, als ob es ein anderer mir erzählte. Überhaupt wird einem alles, je älter man wird, immer egaler und schließlich ist man froh bei der Aussicht, binnen Kurzem mit der ganzen Scheiße nichts mehr zu tun zu haben. Und dann stirbt man friedlich, in dem Bewusstsein, nichts weiter zu versäumen, weil sich das Ganze im Grunde immer und ewig, mit ein paar kleinen Abänderungen, wiederholt. Schon jetzt denke ich manchmal, wenn ich an die vielen denke, die von uns schon dahin sind, Roth, Horvath, Toller, sie haben es hinter sich, wie man eine lästige Schularbeit hinter sich gebracht hat und sich nun tummeln darf.

Gott, ich lebe nicht ungern, wenn ich in Ostia am Strand liege, in der Sonne und den Wind spüre, oder schwimme, fühle ich meinen Körper wie ein altes gutes Tier, das sich redlich Mühe gibt, mich durchzuschleppen.

Manchmal bin ich über mein Herz gerührt, das sich so bieneneifrig Schlag um Schlag tut, als ob damit schon was Rechtes vollbracht sei. Aber wozu das Ganze, wozu?

In ein paar Jahren sind die Kinder so weit, dass sie mich hoffentlich nicht mehr brauchen, meine Frau wird auch ohne mich durchkommen, sie hat Schreiberhau und die Berliner

Häuser, und überhaupt ist die Familie ja nun keine Idee, für die es sich zu leben oder zu sterben verlohnte. Aber für welches Leben überhaupt? Wir haben in unserem 44-jährigen Leben schon zu viele Zusammenbrüche gesehen, zu viele Ewigkeitswerte in Rauch aufgehen sehen! Und ob wir nun dies tun oder jenes, es wird einmal nicht anders gewesen sein, als ob der Wind über Grashalme gegangen ist. An kriegerische Verwicklungen in diesem Jahr glaube ich nicht.

Erhole Dich gut und grüße Deine Mutter, wenn Du an sie schreibst.

Und schreib selbst mal ein bisschen ausführlicher. Ich werde wohl erst August etwas ausspannen können, und auch da werde ich in der Nähe bleiben.

Alles Liebe und Gute wie stets Dein Gas

Bei der Durchsicht von Molz' Leben erscheint Jo-Jo in losen Abständen – doch verlässlich – als ferngeliebte Vertraute seiner Seele. Die wenigen noch erhaltenen der vermutlich vielen Briefe bezeugen eine nie ausgelebte Verbundenheit.

„Unser Vater", hat mir Claudia schon bald nach der ersten Begegnung gesagt, „liebte nur in der Sehnsucht. Wer ihm nah sein wollte, musste fern sein." Doris, Livia und Claudia hatten den Makel des unmittelbaren Bedrängens. Erst nachdem Gasbarras drei Frauen nach Brasilien ausgewandert waren, rückte der trennende Ozean sie wieder näher zueinander. Jo-Jo blieb ihm zeitlebens weder zu nah noch zu fern. Ihre Verführung lag

„Ich Sehnsucht,
Du Sehnsucht!"

darin, Gas je nach Verfasstheit seiner Seele das bieten zu können, wonach er sich gerade sehnte; eine Vertraute, eine Geliebte, eine Erinnernde. Ihr Preis dafür sollte ein Kind von ihm sein: ich. Dabei konnte es bleiben, ohne dass die beiden ihr lieb gewordenes Spiel je hätten aufgeben müssen.

Seine Briefe aus den Fünfzigerjahren lauten so:

Mein geliebtes Bestes, na ja, ... nous y sommes!

Wieder bei dem alten Zustand angelangt, ich Sehnsucht, Du Sehnsucht, ich allein, Du allein, wo soll das hinführen? Unser Schicksal scheint zu sein, einander „unglücklich zu lieben", womit wir alle Anwartschaft hätten, unter die großen Liebespaare der Weltliteratur aufgenommen zu werden. Hättest Du noch den Mut, „Zukunftspläne" mit mir zu besprechen? Ich ehrlich gesagt nicht. Und das alte Spiel einer Ferienehe zur linken Hand können wir nicht wieder beginnen – ich glaube auch nicht, dass Du es könntest oder wolltest.

Oder ein Jahr darauf:

Dicke, Bestes, Geliebtes,

es geht mir genau wie Dir, seitdem wir uns wieder „lieben", fühle ich mich glänzend. Du hast schon recht, es muss etwas in uns sein, das uns fast gegen unseren Willen aneinander bindet und nicht voneinander loskommen lässt. Deine Idee nach Bozen zu kommen ist zauberhaft. Aber ich habe eine noch zauberhaftere Idee. Hier ist am Samstag der Faschingsball des Künstlerbundes Greif. Wollen wir nicht einmal in unserem ganzen Leben eine ganze Nacht richtig durchbummeln und durchschwofen! Dicke, sei kein Frosch ... einmal! Ich sorge dafür, dass Du Dich nicht beschwipst. Ich will viel mit Dir tanzen und am Sonntag können wir herrlich ausschlafen! Du, ich würde mich irrsinnig freuen! Du musst es einrichten können!
   Kisses, kisses, kisses and love, love, love ganz Deiner

Molz

Mitte März 1939 überschattet ein Ereignis das erste Jahr am Monte Sacro. Ein Brief der Familie Kürschner, kurz darauf ein Päckchen. Beides wurde in Taormina auf Sizilien aufgegeben. Es ist ihr Abschiedsbrief. Eleonore, Arthur, Eugen und Renée haben sich gemeinsam im Meer ertränkt. „Liebe Freunde – es ist so weit. Wir alle werden heute freiwillig, unfreiwillig sterben. Das tiefe Meer wird uns freundlicher aufnehmen als die hohen Regierungen der Länder ringsherum. Wir beschweren uns mit Steinen, um nicht wieder aufzutauchen."

Doris mag lange nicht wahrhaben, was geschehen ist. Sie hatte sich innig mit Mutter Eleonore angefreundet, sie auch mehrfach gezeichnet und porträtiert. Renée, die geübte Märchenerzählerin, war Livia und Claudia sehr zugetan. Wenn die Gasbarras bei ihr zu Besuch waren, zog sie die Mädchen mit Andersen und Brentano in ihren Bann. Für Doris zerbricht eine Welt. Zum ersten Mal dringen die Verfolgung und Vertreibung der Juden in ihr Leben ein. Vieles hat sie gelesen, einiges in Schreiberhau erlebt, Weiteres sich auch in Italien angekündigt. Doch dass Freunde keinen Ausweg mehr sehen, ist eine Realität, auf die sie völlig unvorbereitet ist. In ihren Erinnerungen versucht sie zu begreifen:

Wir hatten uns schon länger Sorgen um die Kürschners gemacht, denn ihre Mittel schienen sich zu erschöpfen. Dabei hatten sie sich doch sehr große Mühe gegeben, irgendwo unterzukommen, um arbeiten zu können. Aber sie fanden nichts. Arthur sagte immer wieder, sie hätten in Rom Ferien gemacht für ihr ganzes Leben. Sie genossen den Aufenthalt wie nur je Menschen genießen konnten. Erst nachher fiel uns auf: Sie genossen wie Menschen, die nur noch eine begrenzte Frist

> Wir danken Euch innigst für Euere Freundschaft und grüssen Euch nicht wie sonst "herzlichst", sondern sozusagen mit dem letzten Schlage unseres Herzens. —
>
> Euere:
> Leonore Kürschner
> Renée
> Eugen
> Arthur

Abschiedsbrief der Familie Kürschner aus Taormina

haben. Aber man ist ja dumm und hört nur mit halbem Ohr hin.

Wie sie dann nach Taormina wollten, verkauften sie ihre Sachen. Ich kaufte ihnen eine ganze Menge ab, denn sie wollten keinen Ballast haben. Von dort schrieben sie uns zufriedene Postkarten, wie herrlich alles sei. Dann kam ein Brief, in dem sie schrieben, dass sie nun keine Post mehr schicken könnten, denn sie gingen in ein anderes Land, wo es keine Möglichkeit der Postverbindung gäbe. „Gott sei Dank sind sie fortgegangen", sagte ich zu Gasbarra, denn in Rom hatten die Judenverfolgungen eingesetzt.

Als der Abschiedsbrief und das Päckchen mit dem Familienschmuck ankamen, erkannte ich, dass Kürschners diesen Entschluss schon seit Langem in sich getragen hatten.

Ich brauchte lange, um darüber hinwegzukommen, und schämte mich meiner Leichtgläubigkeit. Ich sagte mir immer wieder: Weil man nicht hören wollte, hat man auch nicht hingehört. Hätte man doch besser aufgepasst.

―

Doris hat nach dem Verkauf ihres Erbes ein kleines Vermögen und ist nun fest entschlossen, damit Grundbesitz zu erwerben. „Ich wollte Land, viel Land, um es zu bebauen. Sollte es wirklich zu einem Kriege in Europa kommen, würden wir Selbstversorger werden und meine Kinder brauchten nicht zu hungern, wie ich das getan habe im letzten Krieg." Nach drei Jahren Stadtleben kommt ihr „Bauernblut zum Wallen". Auch Gasbarra hat die Hungerwinter in Berlin nie vergessen, und wieder sieht es nach Krieg aus.

Am 26. August 1939 erlebt Rom zum ersten Mal die Verdunkelung der Stadt. Doris zaudert nicht lange und macht sich auf die Suche nach einem kleinen Landgut in den nahen Albaner Bergen.

Im Frühjahr 1940 entdeckt sie am Rand des Städtchens Frascati ihr Paradies: drei Hektar Land, ein kleines Wohnhaus, Keller und Grotten zur Lagerung von Trauben-, Oliven-, Obsternten und nahe am Bahnhof, von wo Gasbarra täglich mit dem Littorina-Zug zur Arbeit in die Stadt fahren kann.

Gasbarra hatte sich mit einem Makler verabredet. Als wir an der Villa Aldobrandini ankamen, erwartete uns ein einarmiger Mann. Er führte uns durch das Städtchen Frascati, an einem Dom vorbei, auf die Landstraße, wo an einer Gabelung ein Palazzo stand. Gleich hinter dem Palazzo ging es zu dem angebotenen Haus, das in einem Blumenmeer versteckt lag. Wir gingen durch einen Rosengarten, in dem Hunderte von Rosen blühten und dufteten. Ich traute meinen Augen nicht. Ein großer Wasserturm gab Wasser genug, um drei Terrassen mit Gemüse zu bewässern, Gemüse, das für viele Menschen Nahrung geben würde. Dahinter lagen ein Olivenhain und ein Weinberg, hinter dem sich die Ebene auftat und in weiter Ferne Rom hell aufleuchtete.

Das Haus hatte nur drei Zimmer, einen Vorder- und einen Hintereingang, im Esszimmer einen Kamin. In der Küche regnete es herein und man konnte nur mit Regenschirm darin hantieren. Hinter dem Haus stand ein riesiger Pfirsichbaum, der blühte; er war geschnitten wie eine Laube. Darunter stand ein ovaler Marmortisch, an dem wir dann die herrlichsten Stunden mit unseren Gästen erlebten. Ich erinnere mich an ein Bohnenessen, zu dem ich fast einen halben Vorderschinken geopfert hatte. Zu Gast hatten wir den Filmregisseur Jean Renoir, der uns zusammen mit der Silhouettenschneiderin Lotte Reiniger besuchte.

Vor dem Haus, das hoch lag, war ein großer Platz mit einem „tinello", wo man den Wein bereiten und im Winter die dreißig Zentner Oliven liegen lassen konnte, bis sie zur Ölpresse gebracht wurden. Der Platz war groß genug, damit das Fuhrwerk wenden konnte, auch die Fahrstraße war breit.

Der Olivenhain war in so gutem Zustand, dass ich im ersten Jahr nach der Ernte den ersten Preis von Frascati erhielt. Ich hatte zu diesem Erfolg, über den ich sehr erstaunt und erfreut war, nichts beigetragen. Aber die Arbeiter, die aus den Marken stammten, hatten den Olivenhain so gut geschnitten.

Links vom Haus ragten alte Lebensbäume hoch. Was für eine heroische Landschaft. Ich brauchte nur in die Augen meiner Kinder zu sehen, um zu wissen, dass ich das hier unbedingt anschaffen musste. Der Besitzer hätte nicht verkauft, wenn er gewusst hätte, dass Italien in den Krieg eintreten werde, was vier Wochen später geschah. Die Kaufsumme musste auf den Tisch gelegt werden. Außerdem brauchte man Geld zu leben, bis die nächste Ernte eingebracht war. Wir wollten eine Staatshypothek, da deren Zinsen geringer waren. Nach etwa zwei Wochen bekamen wir die Nachricht, dass wir die Hypothek erhalten konnten.

„Wie sollen wir das zurückzahlen?", fragte Gasbarra.

„Kommt Zeit, kommt Rat", sagte ich und dachte an die Miete, die ich aus Schreiberhau noch kriegte. Ich hatte von Gasbarra außerdem ein Erbstück seiner Mutter, eine sehr schöne Brillantbrosche, bekommen. Ich hatte kein Interesse daran. So verkauften wir den Schmuck und erwarben mit dem Erlös weitere Felder, wo wir Weizen ernteten und auch Kartoffeln pflanzten.

Rom, 6. Mai 1940

Liebe Dicke,

ja, das hat mir schrecklich leidgetan, dass wir uns nicht gesehen haben. Ich war in der Zeit auf einer Dienstreise in östlicher Richtung und fand erst bei meiner Rückkehr Deine Postkarte und das Telegramm vor. Da war es aber schon zu spät. Außerdem habe ich mich dabei fürchterlich erkältet, schwere Grippe, und habe fast drei Wochen gelegen. Dass wir uns an Pfingsten treffen könnten, wird wohl nur eine Wunschvorstellung bleiben, leider.

Es ist, so wie die Dinge augenblicklich liegen, ganz unmöglich für mich Rom zu verlassen, abgesehen von allen anderen Schwierigkeiten, auch materieller Natur. Wir bekommen aus Deutschland nur noch mit entsetzlichen Schwierigkeiten Geld, und ich bin gerade dabei zu retten, was noch zu retten ist. Fraglich, ob es gelingt. Ein lustiges Zeitalter haben wir uns da ausgesucht! Du hast ja kaum noch eine Erinnerung an den Weltkrieg, aber ich dafür eine desto genauere, und dennoch steht man wieder genauso ratlos da wie damals. Ein Albdruck, das alles nochmals erleben zu müssen, wie ein böser Traum, aus dem man aufwachen möchte und kann nicht. Wird Italien dem Krieg fernbleiben? Und wenn nicht – was geschieht dann?

Ausweis von Felice Gasbarra, 1941

„In Frascati war ein anderes Leben", erzählt Claudia. „Wir waren an der Luft. Gasbarra fuhr jeden Tag nach Rom, was er da machte, weiß ich nicht. Doch ich erinnere mich daran, dass es Tage gab, an denen er im schwarzen Hemd aus dem Haus ging. Dazu gehörte auch das Barett mit der kleinen Kordel obendrauf. Weshalb, und was er da erlebte – keine Ahnung. Doch in Frascati war er im Vergleich zu den Jahren davor ein normaler Mensch."

Mit dem Landgut an der Via Colonna haben sich Doris und Felix in einen Ort verliebt, der ihrem Glück nach wenigen Jahren ein jähes Ende bereiten wird. Nicht weil sich das Paar bis dahin auseinandergelebt hätte, wie man denken könnte. Was von den Gasbarras als Lebensversicherung gegen die Nöte des Krieges gedacht war, wird sich im September 1943 mit der Bombardierung Frascatis durch die U.S. Air Force in das Gegenteil der vorsorgenden Absicht verkehren.

Noch von der Bevölkerung kaum wahrgenommen, rücken nach dem Kriegseintritt Italiens im Juni 1940 erste Stabsstellen der Wehrmacht in Frascati ein, um in der Nähe ihrer italienischen Waffenbrüder zu agieren, die hier Kommandostellen der „Marina" und der „Aeoronautica" eingerichtet haben. Es ist der Beginn eines allmählichen Ausbaus Frascatis zu einer Garnisonsstadt der Wehrmacht. Der Ort ist gut gewählt, denn von den Hügeln der Castelli Romani bietet sich ein weiter Blick über Rom bis hin zur Küste. Das Städtchen Frascati ist seit Jahrhunderten wegen seines milden Klimas sehr begehrt, es sind noble Paläste und feudale Hotels entstanden, in die sich die deutschen Armeestäbe nun einnisten können. Vieles ist vorbereitet, als im November 1941 der Oberbefehlshaber Süd beim italienischen Oberkommando, Generalfeldmarschall Albert Kesselring, in Frascati sein Hauptquartier aufschlägt, um von hier aus die Wehrmachtsverbände im Mittelmeerraum zu befehlen.

Sein Oberkommando residiert im luxuriösen Hotel Tuskulum, in dessen Salons auch das Offizierskasino eingerichtet wird. Im Parkhotel operiert der Befehlsstand und in der Villa Fumasoli-Biondi wird mit der Telefon- und Fernmeldezentrale das Nervenzentrum des OKW-Süd installiert. In der romantischen Szenerie der Renaissancegärten von Villa Aldobrandini, deren Erbauer diese einst als „Theater des Weltarchitekten Gott" priesen, lagern bedeutende Munitions- und Benzinvorräte. Nach dem Sturz Mussolinis im Juli 1943 wird Frascati zum Machtzentrum der Wehrmacht in Italien werden. Aus Verbündeten sind Besatzer geworden.

Die Veränderung des beschaulichen Frascati hat sich auch in der unmittelbaren Nachbarschaft der Gasbarras bemerkbar gemacht. Gleich nebenan ist die Feldgendar-

Das Landgut in Frascati bescherte den Gasbarras drei glückliche Jahre.

merie einlogiert, und eines Tages kreuzt ein Leutnant der Nachrichtentruppe bei Felix mit der Anfrage auf, ob die Funker einen Antennenmast auf seinem Grundstück aufbauen dürften. Der Offizier ist nicht schlecht erstaunt, auf dem kleinen Landgut eine deutschsprachige Familie anzutreffen. Die Antenne wird errichtet und schon bald sitzt man gemeinsam unter dem Schatten der Pfirsichbaumlaube und lässt es sich gutgehen, wozu die Leutnants und Feldwebel jeweils erstklassige „Fourage" beisteuern.

Das Leben der Gasbarras liest sich in Doris' Lebenserinnerungen weiterhin als Erfüllung ihrer Träume. Auch wenn sie in dieser Zeit kaum gemalt und gezeichnet hat, so erscheint sie glücklich im Einklang mit der sie umgebenden Natur und der arbeitsamen Lebensgemeinschaft auf eigenem Boden. „Das ganze Land war ein blühender Garten, jeder Fleck war ausgenutzt." Die Erträge verbessern sich und werfen schon im zweiten Jahr mehr ab als das schmale Einkommen Gasbarras.

Livia und Claudia besuchen in Frascati die Klosterschule von Sacré-Cœur. Sie sind Musterschülerinnen. Es werden Freundschaften geschlossen und Feste gefeiert. Livia, nun schon sechzehn, verliebt sich in einen jungen Neapolitaner, der die Sommermonate bei seinem Onkel in Frascati verbringt. Die beiden werden unzertrennlich. Livia und Fabrizio Napoletani werden 1946 in Bozen heiraten und kurz darauf nach Brasilien auswandern, ein Entschluss, der auch Doris und Claudia bald darauf zu neuen Ufern führen wird.

Was Gasbarra neben seinen täglichen und wöchentlichen Radiosendungen noch an Aufgaben hat, bleibt verborgen. Klar ist, dass er nach 1940 keine weiteren Bücher übersetzt, doch sein Hinweis auf Dienstreisen in „östlicher Richtung" lässt umfangreichere Beauftragungen vermuten, bei denen seine Verwandlungskunst, seine Sprachvirtuosität und nicht zuletzt auch sein erprobtes Netzwerk eine Rolle gespielt haben dürften. Auch Claudia, die letzte noch lebende Zeugin, kann zur Klärung eines mutmaßlichen „Doppellebens" nichts beitragen.

Am 25. Juli 1943, dem Tag nach Mussolinis Entmachtung, muss Gasbarras Ministerium, das Minculpop, auf Befehl des Nachfolgers, General Pietro Badoglio, jegliche Tätigkeit einstellen. Das Ministerium, dessen Zweckbestimmung die Verbreitung und Durchsetzung der faschistischen Kultur ist, wird nicht mehr gebraucht. Gasbarra ist seinen Arbeitsplatz in der Via Veneto los. Am selben Tag werden zudem alle Leiter der „großen und kleinen Nachrichten- und Informationssendungen" des italieni-

Die Ruhe vor dem nächsten Lebenssturm: Felix Gasbarra vor seinem Landhaus im Sommer 1943

schen Staatsfunks EIAR abgesetzt – so auch Gasbarra, dessen Programm eine Stimme der staatlich gelenkten Propaganda war. Der Sommer 1943 wird – für ihn vermutlich nicht ganz unerwartet – zum Müßiggang. Er liest, rekelt sich in der Sonne und spielt mit den Funkern so manche Schachpartie.

In diese Idylle bricht am 8. September um zwölf Uhr mittags der Krieg ein.

Der Tag begann wunderbar. Die Obstbäume, die wir hatten, phänomenal. Noch nie hatte man solche Überfülle genossen, meinten die Bauern. Es stand gut. Gasbarra war mit einem Buch und einer Decke in den Olivenhain gegangen, begleitet von unseren beiden Hunden, dem

Chow-Chow und einem Schäferhund, und wollte sich so richtig ausaalen, wie er es nannte.

Die kleine Claudia war bei den Bauersleuten und die große Livia fand ich, nur mit kurzen Hosen und einem Brusttuch bekleidet, lesend unter einem großen Obstbaum. Glücklich vor mich hin summend ging ich zu meinem Mann, der mich – wohlig voller Behagen – an ein Bild von Bruegel erinnerte. „Was für ein Frieden. Das werden wir uns nun öfters leisten können, so zu liegen und zu träumen."

In diesem Moment schrillte die Sirene des Luftabwehrkommandos. Ein furchtbarer Krach, und ein riesiger, braun-schwarzer Pilz stieg drohend in die Luft. Gasbarra war aufgesprungen und lief Richtung Haus. Ich hatte Holzpantinen an, zog sie aus, konnte aber mit bloßen Füßen nicht über das Stoppelfeld laufen, dazu waren meine Fußsohlen zu empfindlich. Gasbarra feuerte mich an: „Los, komm doch!", aber ich konnte bei aller Angst und Willen nicht. Ich sank auf die Erde und wimmerte: „Geh du und sieh nach den Kindern!"

„Nein, wenn du nicht gehen kannst, gehen wir hier in die kleine Grotte. Ich bleibe bei dir, ich verlasse dich nicht", antwortete er.

Es war auch schon zu spät. Vor uns stiegen die Rauchwolken der Bombeneinschläge auf und verdunkelten die Sonne. Es wurde sengend heiß. Die Luft stand nicht mehr ruhig um uns, sondern fauchte in ununterbrochenen Staccatostößen, dass wir kaum atmen konnten. Ich setzte mich weinend in die kleine Grotte, stöhnend den Namen meiner Kinder auf den Lippen. Wo sind sie? Leben sie noch? Ich schlang meine Hände um den Chow-Chow und betete zu Gott, mir meine Kinder zu bewahren.

Es folgten vier Angriffswellen. Es war unnütz, sich wegzubewegen. Die Luft war in einen rostroten Dunst gehüllt, man sah keine vier Meter weit. Ob das Haus wohl noch stand? Im Vorratsraum hatte Gasbarra zur Stützung der Decke vierundzwanzig riesige Baumstämme anbringen lassen, dahinter lag ein kleiner Luftschutzkeller, der durch ein paar Eisenstufen auch von unserem Schlafzimmer aus zu erreichen war und im Keller einen Ausgang hatte. Auf einer gemauerten Bank konnte man sitzen wie eine Schar Vögel auf der Stange. Unser Bauer hatte das gesehen und gemeint: „Da bringen mich keine zehn Pferde hinein." Den Kindern war eingeschärft worden, mag kommen was will, immer den Luftschutzkeller aufzusuchen. Dass die Kleine drin war, davon war ich überzeugt, aber ob es der Großen auch gelungen war, dorthin zu kommen?

„Komm, jetzt ist der Angriff zu Ende!" Wir fassten uns an der Hand und überquerten ein uns völlig fremdes Gelände. Es hatten sich Krater geöffnet, und riesige Erdhaufen, über die wir klettern mussten, versperrten den Weg. Nur dunkel sah ich, dass nichts mehr von dem vorhanden war, was einmal der Weinberg gewesen war. Die großen Obstbäume waren ihrer Krone beraubt und unweit, wo meine Tochter gesessen hatte, tat sich ein riesiger Krater auf, in den man ein zweistöckiges Haus hätte stellen können. Ich spähte nach einem Teil von ihr, einem Bein, einem Arm. Ich gab die Hoffnung auf, sie noch lebend anzutreffen.

Wir kamen nur mühsam vorwärts. In diesem Moment verzog sich der Dunst und wir sahen oben auf der Terrasse zwei Gestalten einen wilden Indianertanz aufführen. Ich glaube, ich habe wie rasend geschrien und geschluchzt: „Sie leben, sie leben!" Ich stolperte über das letzte Hindernis, ein Olivenbaum war mit den Wurzeln aus der Erde gerissen worden. Beide waren gesund. Mir wurde die Brust eng, so sehr schlug das Herz vor Freude.

Gasbarra war zuerst in den Pferdestall geeilt, um das Pferd zu beruhigen. Aber mir war das alles egal, auch als ich die Verwüstungen im Hause sah. Die Decke im Salon war auf die Seidenplüschmöbel herabgestürzt; im Flur war das Oberlicht, das mit Holz und Stroh abgedeckt gewesen war, eingebrochen. Wir tanzten und lachten und waren froher, glücklicher Dinge.

Komisch nur, fand ich, wie bedrückt die Bauernfamilie vor ihrem Häuschen kauerte. Livia sagte mir dann, sie habe sie furchtbar angeschnauzt, weil sie die Kleine nicht in den Luftschutzkeller gelassen hatten. Die Bauern hatten zuerst an sich gedacht, für meine Claudia wäre auch noch Platz im Schutzraum gewesen. Stattdessen hatte sie zitternd im Vorratskeller stehen müssen, wo zweiundzwanzig der vierundzwanzig Baumstämme um sie herum einbrachen. Sie hatte schluchzend darum gebeten, sie hereinzulassen, aber man hatte eine Mauer gebildet, dass sie nicht durchschlüpfen konnte. Die Bauern hatten bestimmt angenommen, dass wir da draußen im Olivenhain umkommen würden, da sollte auch die Kleine nicht verschont bleiben.

Unser Land war zerstört, aber wir lebten und waren gesund, hatten zu essen. Wir waren von riesiger Dankbarkeit erfüllt und in lustiger Stimmung, sogar den Bauern verziehen wir die böse Tat, denn wir fühlten uns in Gottes Hand, das war es, wir fühlten uns in Gottes Hand. Zärtlich sah ich meine Lieben an und sagte: „Dieses Erlebnis wird uns fest verbinden, wir sind verschmolzen zu einem Ring. Ein Kreis, aus dem nie einer heraustreten kann. Jeder wird für den anderen da sein. Wir küssten uns daraufhin feierlich. Als wir ins Freie traten, hörten wir das Jammern, das aus der Stadt heraufscholl.

Tausenddreihundert Bomben wurden abgeworfen, mehr als achthundert Menschen verloren ihr Leben. Überall Einsturzgefahr, kein Wasser, keine Elektrizität, und wer immer kann, sucht in den Grotten und Höhlen der Umgebung Schutz. Die Gasbarras bleiben auf ihrem Landgut oder zumindest auf dem, was davon noch übrig geblieben ist.

Am Nachmittag kam unser Freund, der Fliegerleutnant, schmutzig von den Bergungsarbeiten zu uns und bat Livia ihm zu helfen, denn das Sacré-Cœur war eingestürzt und hatte die Direktorin und Claudias Lieblingslehrerin unter den Trümmern begraben. Er suchte eine schlanke Frau, die sich trauen würde, über die zerborstenen Balken zu balancieren, um Nachschau zu halten. Livia war sofort bereit dazu, denn sie wusste, dass die Nonnen es keinem Mann erlauben konnten, einen Blick auf ihre nun reglos daliegenden Schwestern zu werfen.

Als Livia nach Hause kam, sah ich ihr sofort an, dass sie den Tod gesehen hatte. Noch drei Tage lang hörten wir das Wimmern und Jammern aus der Stadt zu uns herüberwehen.

Mit Gasbarra geschah eine große Wandlung. Er wurde kalt und zynisch und war nur noch auf seinen Vorteil bedacht. Alles war ihm egal, nur dass er durchkam und für sich genug zum Leben hatte. Dass die Soldaten zu Hunderten starben oder verreckten, begrüßte er mit einem Lächeln, so würde der Krieg schneller vorbei sein. Er wurde mir immer unverständlicher.

Frascati war weder Front noch Nachschub. Auf der Suche nach einer Erklärung heißt es noch heute in den Lokalchroniken der Stadt: „Kesselring war unser Unglück." Kesselring, der sich gerne, oft auch in Begleitung seines Übersetzers Eugen Dollmann, in den Straßen des Städtchens gezeigt hat, überlebte den 8. September durch glückliche Umstände.

Nach einigen Wochen hat die Wehrmacht ihre Schäden beseitigt und die Flugzeugabwehr verstärkt. Die Luftangriffe auf Frascati und eine gezielte Menschenjagd aus der Luft halten dennoch an. An diesem 8. September hat Italien mit den Alliierten einen Waffenstillstand geschlossen. Marschall Pietro Badoglio löst sich aus dem „Stahlpakt" mit Hitler. Das Land erwartet nun seine „Befreiung", stattdessen hält die deutsche Kriegsherrschaft Einzug.

Die Schweizer Journalistin M. de Wyss lebte den Krieg über in Rom. Ihr Tagebuch ist eine reiche Quelle. Der 8. September 1943 füllt mehrere Seiten. Einige Auszüge:

„Die Deutschen sind in Rom einmarschiert. Man kann es beobachten. In der Via dell'Imperio habe ich italienische Soldaten gesehen, die in alle Richtungen davongerannt sind. Sie warfen ihre Waffen und auch ihre Ausrüstung weg, derweil eine kleine, sehr kleine deutsche Kompanie die Männer vor sich hertrieb. Am Abend war ich zufällig bei einem italienischen Offizier zu Gast. Wir hörten gemeinsam die Nachrichten. ‚Endlich werden wir gegen die Deutschen marschieren – ich werde sie zerquetschen!', sagte er und beeilte sich, um zu seinem Regiment zu gelangen. Zwei Tage später, als in den Vororten von Rom noch gekämpft wurde, klopfte ein gemeinsamer Freund bei ihm an und überraschte unseren Offizier, nun in Zivil, bei ‚pasta con gusto'. ‚Und die Schlacht? Und die Deutschen? Was machen Sie denn hier?', fragt er ihn überflüssigerweise. ‚Oh, die Deutschen – ja die Deutschen, die töten, die töten dich wirklich!' und isst seine Pasta ruhig zu Ende. […]

„Nachts tobten sich die Deutschen in der Stadt aus: Gewalt, Plünderungen, Vergewaltigungen, Morde! Sie brechen in Wohnungen ein, sogar in Klöster. Tagsüber entwenden sie den Menschen auf offener Straße Armbanduhren, Ohrringe, Halsketten. Motorräder mit aufgesetzten Maschinengewehren rasen durch die Stadt. Geschossen wird ohne Grund und ohne Vorwarnung. Sie verbreiten Terror. Das ist ihre Methode, um die Bevölkerung einzuschüchtern. Damit sind sie sehr erfolgreich muss ich zugeben. Sie haben auch die Märkte leergeräumt. Auf Frauen, die noch etwas Obst oder Gemüse erhaschen wollten, wurde geschossen. Die Nachricht vom sogenannten Waffenstillstand verbreitete sich wie ein Lauffeuer und bei einigen löste sie auch Panik aus – besonders bei den Juden."

Am 12. September verbreitet Radio Roma die Ankündigung von Marschall Kesselring, dass ganz Italien nun Kriegsgebiet sei und damit unter deutschem Kriegsrecht stehe.

Das Landgut der Gasbarras – weitgehend zerstört – bleibt vom Terror der Wehrmacht verschont. Es ist schon längst zu einer kleinen deutschen Exklave geworden, deren Bewohner, obwohl sie Italiener sind, nichts zu befürchten haben. Ganz im Gegenteil, das Kriegsrecht verstärkt die freundschaftlichen Bande.

Gasbarra nutzt das große Aufräumen, um vorsorglich auch verräterische Attribute seiner Zugehörigkeit zum Fascio verschwinden zu lassen. „Der schwarzen Uniform mit dem Käppi aufs Ohr gedrückt", für die ihm Doris 1941 ein nettes Kompliment gemacht hat, wird er nicht nachgetrauert haben. Er nannte sie seine „Pfefferminzverkäufer-Uniform", da sie ihn an Bergmänner erinnerte. Auch das Parteibuch lässt er verschwinden – so wie einst den „Rot-Front" krächzenden Papagei –, den von Hitler verliehenen Schwarzer-Adler-Orden wohl eher nicht. Der könnte noch nützlich werden – wer weiß?

Felix hat nun reichlich Zeit, auch das Haus wieder bewohnbar zu machen. Als Tischler und begabter Schreiner ist ihm das ein willkommener Zeitvertreib. Die Landwirtschaft hingegen liegt brach. Zu tief sind die Krater.

Die Via Colonna gehörte inzwischen zu den gefährdeten Punkten. Unser Haus lag genau in der Luftlinie zur Villa Falconieri, wo Generalfeldmarschall Kesselring in einem Bunker stationiert war. Ich weiß heute nicht mehr, wie wir gelebt haben, unser Tag war voller Arbeit. Das Vieh musste versorgt werden. Die Hennen legten zum Glück vom Krieg unbesorgt auch weiterhin ihre Eier. Brot mussten wir uns selbst backen, denn es existierte keine Bäckerei mehr. Fleisch gab es keines mehr, überhaupt hatte jede Versorgung mit Lebensmitteln aufgehört. Aber wir hatten ja unseren Garten, und wenn ein Arbeiter zu uns kam, der bei uns half, gaben wir ihm von unserem wohlangesparten und versteckten Vorrat etwas mit.

Unser Bauer rief mich eines Tages in sein Haus, wo die Bilder des Duce mit durchlöcherten Augen hingen und er unter wüsten Drohungen weiter darin herumstach. Er sah mich wild an und rief, so müssten alle

Vaterlandsverräter sterben. Ich fand das gefährlich und als er andeutete, er werde uns verlassen, sagte ich: „Geh nur, so schnell wie möglich!"

Ein weiterer Arbeiter war zum Leichenfledderer geworden. Seine Frau zeigte uns ihre großen Brillantringe, auf die sie sehr stolz war. Auf meine Frage, woher sie die denn hätte, sagte sie unverschämt: „Giuseppe hat sie mir zur Hochzeit geschenkt."

Dann schlachteten wir die Schweine, denn im Haus war das Fleisch besser aufgehoben als draußen im Schweinestall, den wir eventuell gegen Diebe verteidigen mussten.

Jeden Tag, wenn die Sonne hochstand, kamen noch Flugzeuge und bombardierten Frascati. Das letzte übrig gebliebene Drittel der Bevölkerung war weggezogen. Wir beschlossen, Dinge, die wir nicht unbedingt brauchten, wie das Klavier oder auch Möbel, und haltbare Lebensmittel in das große Zimmer neben dem Vorratsraum zu schaffen, um sie dort einzumauern.

Am 21. Januar 1944 erfolgt ein weiterer schwerer Bombenangriff auf Frascati. Da leben die Gasbarras schon in Hörweite der deutschen Verteidigungslinie bei Montecassino, wo der Durchbruch der alliierten Übermacht in Richtung Rom vier Monate zum Stillstand kommt.

Diese Monate haben Gasbarra geprägt. 1953 schreibt er an Piscator:

```
Wenn es arg wird, rufe ich mir die Zeit von
1943/44 ins Gedächtnis, als ich fast ... Jahr
unter täglichen und allnächtlichen Luftan-
griffen lebte und Hunderte von Malen mit dem
Tod um die Wette gelaufen bin, und ich sage
```

mir, dass es doch ein ganz wundervolles Geschenk des unbegreiflichen Schicksals sei, noch atmen zu können, zu denken, Musik zu hören und überhaupt noch da zu sein. Später im Alltag gehen ja solche Überlegungen gewöhnlich wieder verloren und man sinkt in den alten kleinlichen Schlendrian zurück. Immerhin, es war eine Lehre. Ich werde versuchen, sie zu behalten.

                                          Dein alter Felix

Im Nachhinein wird er sich immer wieder gefragt haben, wie er diesem Inferno, an dessen Ende das Landgut „Trichter an Trichter wie eine Somme-Landschaft 1917" aussah, unversehrt entkommen konnte. Für Doris ist es „Gottes Hand", eine Sinngebung, die der eingefleischte Atheist Gasbarra nicht gelten lassen kann. „Wir sind jedenfalls heil herausgekommen", bleibt sein nüchternes Fazit.

———

Mit Beginn der Schlachten um Montecassino wird die zehnjährige Claudia zur Zia Rita nach Rom geschickt, wo die Eltern sie in Sicherheit wissen. Livia, Doris und Felix harren in Frascati aus.

Rom war inzwischen zur freien Stadt erklärt worden, wer Geld hatte die teuren Wohnungen zu bezahlen, ging nach Rom. Wir zogen es vor, in dem Haus zu sterben, wenn uns das bestimmt sein sollte. Die Flieger, die jetzt über das verlassene Land strichen, wurden immer frecher und machten mit Maschinengewehren Jagd auf Menschen. Das Kloster von Monte Cassino war dem Erdboden gleichgemacht worden, die Truppen wankten im Niemandsland einmal vor, einmal zurück. Im Eisenbahntunnel stand eine Kanone mit einem unwahrscheinlich langen Rohr. Wenn die in Tätigkeit war, hatten wir das Gefühl, unser Haus schwanke.

Die Situation wurde immer unhaltbarer. Wir standen am Straßenrand mit Obst und frischem Wasser aus unserem Brunnen. So erfrischten wir die vorbeiziehenden Männer, die völlig verstaubt waren. Kein Lächeln erschien auf den erschöpften Gesichtern. Dann waren wir allein auf weiter Flur, der Strom ebbte ab. Livia muss jetzt weg, war mein einziger Gedanke. Ein junges Mädchen, mag es noch so tapfer sein, hat nichts in der Gefahrenzone zu suchen.

Diesen Tag wollte sie noch bleiben und sich erst dann auf die Wanderung nach Rom begeben. „Ich nehme noch ein Sonnenbad", damit ging sie unter die große Dornenhecke dicht beim Haus. Sie rekelte sich zufrieden in der Sonne.

Plötzlich sah sie ein paar Soldatenstiefel in der Luft, dann ein Paar Soldatenhosen. Dicht vor ihr landete ein deutscher Fallschirmspringer, der verdutzt dreinschaute und noch verdutzter wurde, als Livia ihn auf Deutsch anredete. So kamen der Nachrichtenoffizier Holm und sein Fahrer Willie in unser Haus. Seine Leute und die Funkgeräte wurden im Bauernhaus einquartiert.

Wir waren mittendrin im letzten Akt des blutigen Geschehens. Nach jedem Alarm aßen wir wie die Wilden. Ich sagte, besser wir fressen alles weg, als dass die, die nach uns kommen, alles wegtragen. Essen und Trinken hält Leib und Seele zusammen. Leutnant Holm und Willie hielten tüchtig mit, denn die Verpflegung blieb oft aus. Die Front rückte immer näher, wir lagen knapp auf dem Kampfgebiet. Wir waren nun die einzigen Menschen weit und breit, die in ihrem Haus geblieben waren.

Jetzt gab es nur noch eines, das war raus. In der Nacht sollten unsere Sachen nach Rom aufgeladen werden.

Und wieder muss sich Doris auf Wohnungssuche machen. Von Frascati kommend beschreibt sie Rom als „eine Schöne, die sich jeden Morgen dem Tag entgegenrekelt"; keine Bomben, keine Leichen, keine Trümmerhaufen. In der „offenen Stadt" ist Leben, auch wenn die deutschen Besatzer ein hartes Regime führen.

Zu Doris' Bekannten zählt eine Frau Nobile, deren Wohnung in der Via Ruggero Faro unbewohnt ist, da sie sich – trotz ihrer jüdischen Herkunft – mit einem deutschen Offizier liiert hat, der, wie Doris schreibt, „sie zwischen den Beinen nutzte, was zwar wenig appetitlich ist, aber auch die Zeit war wenig appetitlich". Herr Nobile hat sich nach Norditalien abgesetzt, wo er als Schieber gemeinsame Sache mit den Deutschen macht. Es sind zwar nur zwei Zimmer zu haben, doch Doris willigt ein, und es wird verabredet, beim Einmarsch der Amerikaner die Wohnung wieder freizuräumen. Endlich kann sie auch Claudia wieder zu sich holen.

Die Gasbarras haben dank der Lastwagen von Leutnant Holm, die ihr Hab und Gut nach Rom chauffierten, alles „in Hülle und Fülle". Es geht ihnen gut, obwohl die Stadt unter einem schrecklichen Mangel an Lebensmitteln leidet. Die Vorräte reichen für höchstens zwei Tage und in den Straßen sieht man immer mehr Menschen aus Hunger in Ohnmacht fallen. Die Armenküchen des Vatikans speisen mittlerweile täglich hunderttausend Menschen.

Gasbarra hat in Parioli eine leer stehende Garage gemietet, wo Mobiliar und wertvolle Lebensmittelvorräte gelagert werden. Das einjährige Maremma-Pferd Orsa wird nebenan in Stallung gegeben. Wieder erweist sich Doris als tüchtige Geschäftsfrau. Orsa wird vor einen Karren gespannt und besorgt mit Livia und dem Stallburschen Ernesto Umzugsfuhren im Umland und in den Vorstädten. Es lässt sich damit viel Geld verdienen. Ganz Rom ist in Bewegung, täglich drängen Menschen aus der näher rückenden Kampfzone in die Stadt. Ist an einem Tag nichts zu besorgen, reitet Livia in die Via Flaminia aus.

Holm kam uns öfters in Rom besuchen, um sich zu baden und ein gutes Essen zu haben. Er und Willie machten die Fahrt unter Lebensgefahr, um, wie sie sagten, sich mal wieder menschlich zu fühlen.

Eine Zeit lang sahen wir die beiden nicht mehr, doch als sie wieder kamen, machten sie sehr ernste Gesichter. „Sie müssen mitkommen, Gasbarra, wir brauchen Sie. Wir haben viele englische Kriegsgefangene und keinen Dolmetscher."

Wir sahen uns an, dann ergriff ich das Wort: „Herr Leutnant, Sie haben uns sehr geholfen, aber das nun doch nicht, dazu gebe ich meine Erlaubnis nicht. Mein Mann ist in diesem Land unser Ernährer."

„Ihr Mann wird mitkommen müssen, oder ist es Ihnen lieber, wenn ich einen Unteroffizier mit zwei Mann schicke, die ihn abholen sollen?" Ich wusste, was das bedeutete.

So bereiteten wir alles vor, dass Gasbarra wieder in die Gefahrenzone ging. Die drei stiegen ins Auto und fuhren mit ernsten Gesichtern ab. Ich sagte noch zum

Leutnant: „Passen Sie gut auf meinen Mann auf, er ist das Beste, was ich auf der Welt habe."

Von nun an schlief ich keine Nacht mehr. Am Tag stand ich am Fenster und sah in die Ebene, die man bis zu den Albaner Bergen übersehen konnte. Wenn dort weiße Wolken zerplatzten, wurde mir das Herz schwer. Ich kann mich nicht mehr daran erinnern, was ich damals noch getan habe. Ich verließ das Haus nicht mehr und verfiel in ein schweres Brüten. Immerhin hatte ich die Kinder bei mir, das war eine große Beruhigung.

Der Krieg wurde immer grausamer. Immer häufiger fielen Bomben auf Frascati. Man munkelte, dass die Deutschen auf dem Rückzug wären. Man sah vereinzelt Lastwagen mit Soldaten und Hausrat durch die Straßen rasen. Bei uns kam einer vorbei, der eine große Stehlampe hintendrauf hatte, deren rosa Seidenvolants im Wind flatterten. Was wollen die mit solchem Hausrat auf der Flucht?

Wie alle, erhofft auch Doris im Frühjahr 1944 den baldigen Einmarsch der Amerikaner in Rom. Ihre Angst um Gasbarra wird zur Geduldsprobe, denn die Front bewegt sich kaum. In Rom nimmt der Widerstand, die „Resistenza", gegen die deutsche Besatzung täglich zu – auch Vergeltung, Razzien und Terror sind Alltag: Das Bombenattentat in der Via Rasella vom 24. März 1944, bei dem 33 Angehörige des Polizeiregiments Bozen ums Leben kommen, die daraufhin angeordnete Exekution von 335 Zivilisten in den Ardeatinischen Höhlen, die Verschleppungen zur Zwangsarbeit in Deutschland.

In diesem Klima von Verunsicherung, Angst und Verzweiflung klingelt es Mitte März 1944 an Doris' Wohnungstüre. Ein alter Bekannter, der Schuhmacher Italo

Cavicchia, steht vor ihr. „Signora Doris, zwei meiner engen Verwandten sind von den Deutschen mitgenommen worden. Man verdächtigt sie, einen illegalen Sender zu betreiben. Dabei haben sie nur BBC gehört. Sie sind eine anständige Deutsche. Helfen Sie uns." Doris macht sich ohne viel Federlesens auf den Weg zur Kommandantur – sie muss dort überzeugend gewirkt haben. Zwei Tage vor dem Attentat in der Via Rasella wurden die Männer aus dem Gefängnis Regina-Coeli entlassen. Schon bald darauf wird sich Italo bei ihr erkenntlich dafür zeigen.

―

In diesen Monaten, da Rom unter Hunger und Gewalt leidet und die Besorgung von Wasser an den wenigen Brunnen der Stadt den Tagesablauf bestimmt, haben Doris, Livia und Claudia untätig auszuharren. Livia hat Sehnsucht nach ihrem Fabrizio, der in Neapel lebt und schon seit einem halben Jahr „befreit" ist, doch zwischen ihr und ihm ist immer noch Kampfgebiet und kein Durchkommen. Von Felix kommen keine Nachrichten. Er ist irgendwo im Hinterland der Front, dort, wo die kriegsgefangenen Briten, Neuseeländer, Kanadier, Amerikaner oder Polen gesammelt werden, bevor man sie in ein Durchgangslager bei Modena weiterschiebt.

Welchen „Dienst" Gasbarra als Dolmetscher zwischen den Prisoners of War und ihren Bewachern ausübte, wissen wir nicht – sein Schweigen hat System. Was uns hingegen dazu einfällt, ist, dass er zeitlebens bedauert hat, nicht als Engländer zur Welt gekommen zu sein, denn er bewunderte ihr Understatement, ihren trockenen Humor, kleidete sich gerne in Tweed und Flanell, rauchte Pfeife und Navy-Cuts. Gewohnheiten, die er als junger Mann in den noblen Internaten am Genfersee und während seiner Sprachaufenthalte in London angenommen hatte. Zudem beneidete er die „Brits" um deren Uniformen. Aus seiner Bewunderung für die Tommies machte er nie einen Hehl. Sollte er ihnen im Frühjahr 1944 begegnet sein, dann mit Sympathie.

Er, der keine Uniform der Wehrmacht trug, hätte bestimmt nach einigen Wochen türmen können. Doch er blieb mit seinem Leutnant. War es eine Männerfreundschaft mit Holm, die Flucht vor dem Familienleben oder wiederum die Tarnkappe, unter der er sich einmal mehr verschwinden ließ, bis wieder klare Sicht herrschte?

Am 18. Mai hissen deutsche Fallschirmjäger die weiße Fahne auf dem Montecassino. Das Signal für Gasbarra, sich von der Truppe abzusetzen und nach Rom durchzuschlagen. Den Befehl, in Richtung Norden mitzuziehen, verweigert er. Wie schon so oft, ergreift er die für ihn bessere Laufrichtung.

Eines Morgens klingelte das Telefon, die müde Stimme von Gasbarra sprach: „Ich bin bei Fassi an der Porta Pia, ich erwarte euch hier, ich kann nicht mehr laufen." In fieberhafter Eile wurde Orsa vor den Wagen gespannt. Wir konnten es gar nicht erwarten, Gasbarra zu umarmen.

Er sah furchtbar müde aus von seinem langen Fußmarsch. Was waren wir froh und glücklich. Wir konnten uns gar nicht genugtun vor lauter Freude. So hatten wir unseren liebsten Menschen wieder und auch den Chow-Chow Kaia, den er mitgenommen hatte. Den wollten wir nun auch nie wieder hergeben.

„Wie hast du es nur angestellt, zu entwischen?"

„Leutnant Holm und Willie waren auf Urlaub gefahren, da kam der Befehl: ‚Alles aufsitzen!' Es war eine fieberhafte Aufregung, alle vergaßen alles. Da kam ein Unteroffizier auf mich losgesteuert: ‚Los, rauf, wir fahren!' ‚Sie fahren – ich nicht.' ‚Mann, machen Sie keine Sachen, kommen Sie mit.' ‚Wer zwingt mich, haben Sie ein Befehl für mich?' ‚Nein.' ‚Nun gut, dann ich gehe nach Hause.'" Die Soldaten schrien, der Unteroffizier schwang sich auf den abfahrenden Wagen, und Gasbarra, der die Gegend gut kannte, ging über Feldwege in Richtung Rom. Er ging die ganze Nacht hindurch, was sehr gefährlich war, denn es wurde viel geschossen und bombardiert.

Zu Hause ließen wir Gasbarra erst mal ordentlich ausschlafen. Wir schlichen auf leisen Sohlen umher und waren unendlich glücklich.

Nach drei Tagen kreuzten die Amerikaner auf. Rom erwachte und bestaunte den ersten Lastkraftwagen der U.S. Army.

Zu Gasbarras „Desertion" gibt es eine Erinnerung von Claudia. Sie erzählt ein Detail, das Doris – vielleicht aus Scham – weggelassen hat: „Als die Deutschen das Kampfgebiet verließen, blieb mein Vater zurück. Da er nicht auf der Hauptstraße – dem kürzeren Weg – nach Rom gehen wollte, wählte er den Umweg über das Städtchen Grottaferrata. Dort, oder in Frascati, wäre er beinahe gelyncht worden. Averino der Leichenfledderer hatte ihn, aus Rache für seine Entlassung, als deutschen Agenten bloßgestellt. Gasbarra konnte sich nur knapp vor dem aufgebrachten Mob retten. Zwei Tage später kam er völlig entkräftet bei uns an."

Felix ist seelisch erschöpft. Die vergangenen drei Monate beim Kommiss im Inferno der Bomben und Kanonen haben ihn ausgezehrt. Den Pazifisten und militanten

Kriegsgegner von einst hat das Leben an den Rand der Schützengräben und Verteidigungswälle geführt, dorthin, wo die grausigen Zeichnungen von Otto Dix, die er in der Klosterstraße ausgestellt hat, Wirklichkeit sind. In den Wochen am Montecassino haben den nun beinahe fünfzigjährigen Mann viele Déjà-vus ereilt, die Rechenschaft von ihm forderten: Fünfzehn Jahre ist es her, dass die „Piscator-Bühne" zusammenbrach und mit ihr die Ordnung seines Lebens. Seither musste er sich von Provisorium zu Provisorium hangeln, musste den Zerfall seiner Bedeutung konstatieren und sich letztlich – so sein Bild im Brief an Piscator – im Strom der Zeit an ein diesmal schwarz-braun getünchtes Blumenbrett anklammern. Doch dieses kenterte, wie auch das gute Leben auf dem Landgut und möglicherweise die Ehe, selbst wenn sie ihm nicht viel bedeutet haben mag. Es macht sich Bitternis in ihm breit. In den Wochen mit der Truppe befand sich Gasbarra im Niemandsland seines Lebens. Es mag unwirklich klingen, doch seit Langem hatte er nun die Ruhe, um über sich nachzudenken. Er führte ein kleines Tagebuch, worin die Vergangenheit an ihm vorüberzieht. Pläne konnte er nicht ersinnen, so wenig wie die Männer um ihn herum. Er wusste, dass Doris ihn mit Freude und offenen Armen empfangen würde, darum mochten ihn viele Landser beneidet haben, doch für Gasbarra war das mehr Bedrängnis als Erleichterung. Für ihn konnte es in Rom – mit allem, was dort gewesen war – kein Weiter so geben. Er hatte keine Antwort auf die Frage, wohin mit sich. So blieb er bei der Truppe. Erst als er keinen Aufschub mehr hatte, machte er sich – weiterhin ratlos – davon.

―

Was sollten wir machen, wo bleiben? Das war die große Frage, die uns beschäftigte, hatten wir doch versprochen, die Wohnung zurückzugeben, sobald die Amerikaner einrückten. Wir waren noch beim Überlegen, als es klingelte und unser Schuhmacher eintrat. „O Signora, wie glücklich ich bin, Sie zu sehen. Ich bin bei Ihnen in tiefer Dankesschuld, Sie haben meine Verwandten vor dem Tod gerettet."

„Wir brauchen eine Wohnung", sagte ich ohne Umschweife. Wir hatten erfahren, dass unser neugieriger Nachbar in der Civinini, Herr Palmgreen, Rom eilig verlassen hatte und auch keine Miete mehr bezahlte, doch der Portier rückte die Schlüssel nicht raus.

Italo lachte mich an. „Ich bin Partisan, wir haben die Macht, wir helfen Ihnen. Draußen steht ein Lastwagen mit meinen Männern."

„Das kannst du nicht machen", sagte Gasbarra, ganz fassungslos.

„Ich nicht machen? Es ist Krieg. Ich schlafe mit meinen Kindern nicht auf der Straße, und da der Wohnungsinhaber als Spion verschrien ist, kommt er bestimmt nicht mehr zurück."

Wir fuhren also hin. Der Portier gab bereitwillig Auskunft, dass der Herr sich nie mehr habe sehen lassen; er könne zwar den Signore Palmgreen nicht leiden, aber den Schlüssel hergeben, nein das wäre zu gefährlich.

Italo meinte, das sei nicht nötig: „Das machen wir so." Und mit der Schulter, eins, zwei, drei, war die Tür offen.

Im Handumdrehen war die Wohnung voller Partigiani, und wer hemdsärmelig eingetreten war, ging mit einem schönen Jackett gekleidet von dannen.

Die Möbel brauchte ich auch nicht. „Umso besser", meinte Italo, „wir haben unter den Partisanen viele, die alles in den Bombenangriffen verloren haben. Das wird eine Freude werden." Und im Handumdrehen war die Wohnung leer.

Sie fanden auch Papiere und sagten, der Palmgreen sei tatsächlich ein Spion gewesen. Dann zeigte mir Italo noch triumphierend eine SA-Armbinde.

Auch in Schreiberhau werden bald alle Möbel weg sein. Mögen sie, dachte ich mir. Ich will denen keine Träne nachweinen. Hauptsache die Kinder haben ein Dach. Gasbarra wollte zunächst nicht einziehen, doch auf der Straße leben, wie viele Italiener in diesen Tagen, wollte er auch nicht. So kehrten wir denn nach Parioli zurück und richteten uns mehr schlecht als recht ein. In der ersten Zeit gab es kein Wasser und auch kein Gas. Wir kochten auf der großen Terrasse auf einem kleinen, eisernen Ofen.

Doris ist erleichtert. Sie hat ihre Familie im vertrauten „Käseloch" in Sicherheit gebracht. Gasbarra würde wieder auf die Beine kommen. Seit dem Einmarsch der Amerikaner ist der Weg nach Frascati wieder frei, wenn auch gefährlich. Der Kutscher Ernesto berichtet, dass etwa zwanzig „Ausgebombte" aus den Höhlen um Grottaferrata nun auf dem Landgut hausen würden, und drängt darauf, dass es nur eine Möglichkeit gäbe, Haus und Land wieder in Besitz zu nehmen, nämlich selbst einzuziehen, auch wenn dies mit Entbehrungen verbunden sei.

Doch bevor es dazu kommen würde, erscheint Frau Nobile bei den Gasbarras, nicht allein, nicht in freundschaftlicher Absicht. Sie erscheint in Begleitung eines amerikanischen Offiziers – offenbar ist sie stets in Begleitung höherer Chargen –, um den Dottore Gasbarra als Kollaborateur des Mussolini-Regimes zu denunzieren.

Sie halte dies für ihre Pflicht, Freundschaft hin oder her, lässt sie Doris schnippisch wissen. Gasbarra wird auf der Stelle abgeführt, um verhört zu werden.

Und wieder ist Doris in Not, hat sie doch gehofft, dass die Familie nun endlich zusammenbleibt, um aufzubauen, was eingestürzt ist. Gasbarra, auf Unangenehmes gefasst, wird im Headquarter einem Colonel der Itelligence vorgeführt, der bei seinem Anblick in ungläubiges Staunen verfällt. Sein Ausruf: „Mensch, Gasbarra, was machen Sie denn hier?", wird später zum geflügelten Wort in der Familie. Der US-Offizier, ein Berliner Jude, lacht, als er sieht, wen ihm die Frau Nobile als fürchterlichen Faschisten versprochen hat. Die beiden Männer geben sich herzlich die Hand, klopfen einander auf die Schulter, und schon sprudelt der Schwall gemeinsamer Erinnerungen.

Hans Wallenberg, durch und durch Berliner, war bis zu seinem Berufsverbot 1933 ein viel gelesener Journalist des *Berliner Herold* und der *B.Z. am Mittag*. 1938 verließ er Deutschland und wurde später amerikanischer Staatsbürger. Was er nun vorhabe, erkundigt sich Wallenberg. Gasbarra, für ihn kein unbeschriebenes Blatt, zuckt mit den Schultern. Doch wie schon so oft, ist er auch hier – rechtzeitig zum Seitenwechsel – am richtigen Ort aufgetaucht.

Bei der Überprüfung seiner Identität erweist sich Gasbarra bei der britisch-amerikanischen Psychological Warfare Branch als unbescholten. Seine Fähigkeiten muss er nicht erst unter Beweis stellen. Propaganda ist sein Metier, und von Flugblättern, Desinformation und der Demoralisierung des Gegners hat er Ahnung. Alles sehr willkommen, und auch in Rom, wo seine neuen Buddies weder mit den Eigenheiten noch mit dem Redeschwall der Bevölkerung vertraut sind, kann er sogleich behilflich sein. Ihm, der jahrelang in den Ministerien, auf der Piazza, dem Corso und im Radio seine Ohren offengehabt hat, kann niemand ein X für ein U vormachen. Auch als Übersetzer ist er gefragt. Zudem schätzen die GIs seine Tipps für „Rome after Hours".

„Gasbarra machte sich viele Freunde und so nahmen ihn die Besatzungsbehörden mit, als es weiter ging nach Tirol", notiert Doris. Als er beim Abmarsch seiner Einheit Ende August 1944 die britische Uniform ausgehändigt bekommt, erfüllt sich für ihn ein Jugendtraum. Noch viele Jahre später wird er an kalten Wintertagen im schweren Uniformmantel der Tommies auf Kampenn gesichtet werden. Franz Jungs Prophezeiung – „So oder so, was man auch immer tut, irgendeine Kombination um uns herum tut mehr" – erfüllt sich bei Felix Gasbarra einmal mehr.

Gasbarra trachtete zeitlebens nach Selbstinszenierung

Für Doris und Felix bricht der letzte gemeinsame römische Sommer an. In den acht Jahren, die in der Via Filippo Civinini ihren Anfang nahmen und dort auch ihr Ende finden, haben sie viel erlebt. In Frascati waren sie glücklich, doch es ist eine Episode geblieben. Felix ist wieder im Aufbruch – was werden soll, ist unbestimmt. Auch die achtzehnjährige Livia drängt auf ein Addio. Sie will nach Neapel, zu Fabrizio. Die Schulzeit ist passé, das Leben wartet. Abschiede kündigen sich an.

Doris hat die Dachterrasse wieder hergerichtet. Sie möchte noch einmal Gäste um sich haben, auch wenn es 1944 eine ganz andere, weniger bunte, weniger ausgelassene Gesellschaft sein würde als noch vor dem Krieg. Statt mondäner Gesellschaftsdamen, Filmregisseuren und durchreisenden Emigranten sind es nun Männer in Uniform. Auch Klaus Mann gehört zu den Besuchern. Doris erinnert ihn als dickliche Person, die sehr jugendlich in die italienische Nacht hinein schwärmte. „Als ich später von seinem Selbstmord erfuhr, fand ich das eigentlich logisch, denn er schien mir irgendwie belastet", schreibt sie. Der Abend des 4. August 1944 ist in Klaus Manns Tagebuch festgehalten: „Rom: Piazza Venezia, Colosseum; mehrere Kirchen besichtigt, etc. Abend bei Dr. Gasbarra (und Frau). Abendessen auf dem Dachgarten." Dauerthema ist das Schicksal der alten Bekannten und natürlich Berlin, dem sie in gemeinsam geteilten Erinnerungen nachhängen.

Bis zum Tag von Gasbarras Aufbruch hat sich die Familie aufgeteilt. Die zwölfjährige Claudia bleibt meist in Rom, wo sie den Haushalt zu machen hat und Felix – so gut sie es kann – bekocht. Doris ist mit Livia wochenweise in Frascati, um das Landgut gegen die Übergriffe der „Sfollati" und gegen die Rattenplage zu verteidigen.

Ernesto, der mit der Stute Orsa in den ersten Friedenswochen viele Transporte besorgt hat, wird in einer Nebelnacht von einem englischen Jeep angefahren. Er ist auf der Stelle tot. Für Doris ein herber Verlust, denn Gasbarra ist inzwischen weitergezogen und Ernesto ihr einziger Beschützer gewesen. Rasch spricht sich herum, dass das Landgut nun leichte Beute sei.

Die Sfollati konnten es nicht verschmerzen, dass sie das schöne Land mit der guten Ernte nicht bekommen sollten, und beschlossen, die Signora mit ihren Kindern umzubringen. Ich sah nun ein, dass es für mich unmöglich wurde, das Grundstück alleine zu bewachen und zu bestellen, ohne männlichen Schutz.
   Die Menschen hatten sich alle zu ihrem Nachteil verändert. Ich sah noch nicht einmal die Möglichkeit einer richtigen Ernte, denn als im Dezember Olivenernte war, kamen Männer, die den Ertrag in Körben sammelten und damit wegfuhren. Die Preise waren furchtbar in die Höhe geschnellt, man konnte fast nichts kaufen. So beschloss ich, Frascati zu verkaufen, was sich als schwierig erwies, denn vorher musste ich noch das Haus instand setzen, wozu ich Orsa verkaufen musste. Ich hatte manchmal kaum das Geld, um uns mit Lebensmitteln zu versorgen. Ich hatte Sorgen, und Gasbarra war weit weg.

Im Tagebuch von Klaus Mann, der zwischenzeitlich an die Psychological Warfare der britischen Achten Armee – mit der Gasbarra unterwegs war – „ausgeliehen" wurde, lässt sich die Kampagne nachvollziehen. Im September gibt es Aufenthalte in Perugia und Assisi und kurz vor Weihnachten ist man „hoch oben im Apennin, wo es am wildesten und unwegsamsten ist". Ende Januar besuchen die beiden Propagandamänner mehrmals Florenz. Gasbarra hat immer die Hoffnung, Erwin in einer Uniform der Army zu begegnen.

5. September 1946

Eigentlich hatte ich immer erwartet, Dich in Europa auftauchen zu sehen, in irgendeiner halbmilitärischen Eigenschaft, wie ich überhaupt viele aus Deutschland unter den GIs getroffen habe. Aber diesen Weltkrieg hast Du Dir geschenkt. Recht so und doch wieder schade, denn jetzt, wo man es hinter sich hat, möchte man die vielen Erinnerungen, die damit zusammenhängen, ungern missen.

Im Winter kommt der Vormarsch der Alliierten im unwegsamen Gelände des Apennin zum Stillstand. Erst im April gelingt der Durchbruch zur Poebene.
 Von Gasbarra haben wir einen Brief an Livia vom 8. März 1945 – ohne Ortsangabe.

Mein liebes Kind!

Hab vielen Dank für Deinen ausführlichen, interessanten Brief, aus dem ich zum ersten Mal endlich eine Ahnung bekomme, was eigentlich vor sich geht. Vor allem freue ich mich, dass Du eine so gute Aufnahme in Neapel gefunden hast. Darüber, dass Du bei Fabrizios Mutter eine Kochprobe hast ablegen müssen, habe ich mich sehr amüsiert. Was hat man Dir denn für eine „Aufgabe" gestellt? Wetten, dass es „pasta" war? Über die gute Meinung, die Du von mir hast, bin ich sehr gerührt, Doris hat genau die entgegengesetzte. Jedenfalls freue ich mich, dass Deine und Fabrizios Besonnenheit mir recht gegeben haben. Gegen eine Heirat im August habe ich nichts einzuwenden.

Und noch weniger, dass Du vorher hinfährst, damit ihr euch noch ein bisschen besser – aber nicht zu viel, wenn ich bitten darf! – kennen lernt. Lieber wäre es mir natürlich gewesen, F. hätte nach Rom kommen können und das Sichkennenlernen wäre in Doris' Nähe gewesen. Bis August werden wir vielleicht auch eine kleine Aussteuer für Dich zusammenbekommen. Du wirst Doris natürlich sehr fehlen, aber das Opfer muss sie nun mal bringen. Bitte schreibe ihr oft und ausführlich, das wird ihr sehr helfen.

Um mich herum, ich sitze im Büro, ist eine wahre Schachschlacht von drei Parteien im Gange. Das geht keineswegs ruhig vor sich. Jeder äußert sich, je nach Temperament. Der eine, ein kleiner österr. J. (in amerikanischer Uniform) ruft: „Weißt Du was, ich nehme Dir den Bauern einfach weg. Was soll ich mich giften!" Ein anderer, ein Berliner J. (in engl. Uniform) schreit dagegen: „Das ist ja, was uns Katholiken so drückt!" Andere singen ein fröhliches Lied dabei oder trommeln auf der Tischplatte herum, um den Gegner zu verwirren. Von Zeit zu Zeit ruft einer verzweifelt: „Das geht nicht, den Zug muss ich zurücknehmen", worauf eine erregte Debatte über die Rücknahme von Zügen folgt. Alles in allem eine höchst komische Gesellschaft, die aber weiß, dass sie komisch ist, was sie doppelt komisch macht.

Im übrigen ist das Leben hier sehr einförmig. Man geht den Weg hin ins Amt und aus dem Amt, hin zum Essen und fort vom Essen, was dazwischenliegt ist Arbeit. Um zehn legt man sich ins Bett, liest noch eine halbe Stunde, hängt seinen Gedanken nach und macht die Augen zu. Wie aufregend war dagegen das Leben noch vor einem Jahr. Ich blättere in meinem kleinen Tagebuch und sehe, dass wir um diese Zeit mit Orsa unser erstes Geld verdienten, mit Fuhren, an denen Du nicht unbeteiligt warst. Gerade heute fuhr Ernesto eine größere Fuhre von San Saba nach Piazza Quadrata. Zwischendurch mussten wir Wasser holen und im Hintergrund spielte sich die Schlacht bei Cassino ab. Ja, das waren noch Zeiten! Na, hoffentlich denkst Du übers Jahr ebenso an das Heute zurück, oder besser noch erinnerst Dich dankbar, aber findest die Gegenwart noch tausendmal schöner.

Mach alles gut, mein geliebtes Herzkind

Nach der Abreise Gasbarras zieht Claudia zu ihrer Mutter nach Frascati. Ein Jahr nach dem schweren Bombenangriff ist das Haus wieder bewohnbar gemacht. Der gute Bauer ist zurück aus den Marken und hat sich darangemacht, die Landwirtschaft wieder in Gang zu bringen. Livia verbringt nun viel Zeit in Neapel, wo sie ihr Leben in neue Bahnen lenkt. Für die drei Frauen sind es Monate des Übergangs. Auch wenn der Krieg noch nicht vorüber ist, ist sich Doris im Klaren, dass es keine Rückkehr mehr zum bisherigen Leben mehr geben kann – weder in Frascati noch in Schreiberhau oder gar in Berlin.

Felix Gasbarra ist in den ersten Maitagen des Jahres 1945 mit der 88. US-Division im Eisacktal zum Stillstand gekommen. Er ist dem Befehlsstand in Brixen zugeordnet und wird dort Zeuge eines nicht abreißenden Flüchtlingsstroms. „In Deutschland und Österreich fanden sich bei Kriegsende etwa eineinhalb Millionen italienischer Zivilisten, illegal zurückkehrende Optanten sowie Jüdinnen und Juden, die vor den Pogromen in Osteuropa flüchteten und zu den Häfen am Mittelmeer drängten, sowie zahlreiche Nazis, die über Italien vor der alliierten Justiz flohen", schreibt die Historikerin Eva Pfanzelter. Für Gasbarra muss das ein eindrückliches Bild gewesen sein, sieht er doch als Theatermann eine Massenszene mit Tausenden von Komparsen an sich vorüberziehen. Ein Bild, das Piscator in keiner seiner noch so drastischen Inszenierungen gegen den Krieg auch nur annähernd auf die Bühne hätte bringen können. Vielleicht gehört auch dies zu den Eindrücken, die er so ungern missen möchte.

Das Schicksal hat es gut gemeint mit ihm. Er ist in der Landschaft seiner schönsten Kindheits- und Jugenderinnerungen angekommen, der Klettertouren, der märchenhaft grünen Wiesen, der Sonne und des Fröhlichseins. Er wird nicht lange nachgedacht haben, um erste Pläne zu schmieden, denn auch für ihn gibt es kein Zurück. Ihn plagt kein Heimweh – wohin auch? Ganz im Gegenteil, er ist angelangt. Wie man sich einrichten würde, wird sich ergeben. In diesem Sinne wird er bald nach seiner Ankunft an Doris schreiben.

Doch Doris kommt ihm zuvor. Noch im Mai macht sie sich auf den Weg nach Bozen. Sie möchte die Zukunft der Familie besprechen: den Verkauf von Frascati, Livias Heiratspläne, Claudias Ausbildung, Geldangelegenheiten und den Zustand der Ehe. Eine beschwerliche Reise. Und wieder stehen Doris und Felix in Bozen auf dem weiten Waltherplatz, wo sie vor fünfundzwanzig Jahren nach ihrer Rückkehr aus dem Val di Fassa, braungebrannt und voller Tatendrang, ineinander verzaubert waren, wo Felix sich sein Leben ausmalte: „Ja, hier möchte ich wohnen, das wäre der Platz, wo ich mein Leben beschließen möchte", und Doris sich damals „ein zukünftiges Leben überhaupt nicht vorstellen konnte". Selbst wenn ihr auch diesmal die Vorstellungskraft gefehlt haben mag, wie es weitergehen könnte, so weiß Doris mit Bestimmtheit, dass sie nach den vielen gemeinsam durchlebten Stürmen den Weg mit Gasbarra weitergehen muss – wohin auch immer. Noch bevor sie die Rückreise nach Frascati antritt, fallen die Würfel günstig. Bozen soll die nächste Station ihrer Lebensreise werden.

―――

Am 31. Mai 1945 verhängt der britische Provinzkommissar eine harsche Zensur, denn er muss befürchten, dass die Presse angesichts der zunehmenden Spannungen zwischen den Volksgruppen einen Schwelbrand anfachen würde. Nicht unbegründet, denn schon in den ersten Friedenswochen tobt ein Schlagabtausch zwischen Deutsch und Welsch, der von den Leitartiklern der deutschsprachigen *Dolomiten* und des italienischen *Alto Adige* angeführt wird. Und wieder ist der „Italiener mit dem Wikingerblut in den Adern" zur rechten Zeit am richtigen Ort. Der gewandte und mehrfach gewandelte Felix Gasbarra – auch „Dottore" gerufen – wird im gärenden Klima der Unversöhnlichkeit von der Besatzungsmacht zum Zensor für Presse und Radio von Südtirol ernannt.

Traumwandlerisch ist er über Nacht zu einer Respektsperson geworden, ein Ansehen, das ihm die Tore zur ersehnten Wahlheimat weit öffnen wird. Im Archiv der Stadt Bozen findet sich sein Meldeschein, der belegt, dass Felice Gasbarra im August 1945 bei einer Familie Scheitmeier in der Via Giovane Italia, der heutigen Talfergasse, zwei Zimmer bezogen hat. Dort werden auch Doris und Claudia ihre erste Bleibe in Bozen haben. Das Dokument gibt zudem Auskunft über seine Funktion: Funzionario dell Allied Publication Board. Festgehalten ist auch, dass sein gesamter Lebensunterhalt von der Militärverwaltung der Provinz Bozen bestritten wird, in deren Dienst er nun steht.

Zu seinen Aufgaben gehört der tägliche Gang in die Zeitungsredaktion der *Dolomiten*, dem klerikal geprägten Sprachrohr des deutschsprachigen Südtirol. Dazu ein journalistischer Rückblick der *Dolomiten* auf das Jahr 1945:

„Zum Unterschied ihrer faschistischen Vorgängerin stand die Zeitung unter Vorzensur, musste also jedes Mal vor dem Drucklegung dem Zensor vorgelegt werden. Das war ein liebenswürdiger und verständiger Herr – Dr. Felix Gasbarra – mit dem sich Meinungsverschiedenheiten unschwer bereinigen ließen. Für gewöhnlich kam er zur gewünschten Stunde in die Redaktion, um den Erstdruck zu überfliegen oder Manuskripte, die der Redaktion ‚gefährlich' schienen, zu überprüfen. Man konnte ihn aber auch jederzeit in seiner Privatwohnung aufsuchen, um in dringenden Fällen sein ‚Placet' einzuholen. Er war sicher nicht engherzig. Trotzdem war es natürlich nicht zu vermeiden, dass es manchmal zu lebhafter Aussprache zwischen ihm und dem Direktor kam, der von seiner Meinung nicht so leicht abzubringen war. Mit allen ausprobierten Zeitungszensuren der Vergangenheit verglichen, war diese die denkbar mildeste. Zudem war sie auch unstreitbar die billigste, denn die Militärverwaltung zahlte den Zensor selber, ohne die Zeitung damit zu belasten."

In Bozen findet Gasbarra zu sich zurück. Zehn Jahre lang ist er ein Getriebener gewesen. Auch wenn er nie das Elend und die nackte Angst des Flüchtlings durchleben musste, so war er doch seit Hitlers „Machtergreifung" stets auf der Flucht vor seinem Schatten. Nun endlich erlaubt ihm der Schutzschild der britischen Uniform, zur inneren Ruhe zu gelangen. Niemand will in Bozen wissen, woher er kommt, was er in den vergangenen Jahren gemacht hat, wie er über dieses und jenes denkt. Er ist der Herr Doktor Gasbarra, den die Sieger mitgebracht haben. Das ist eine unumstößliche Richtigkeit in einer Zeit, in der jeder seinen Platz zu suchen hat oder sich ein Auskommen ergattern muss.

Der Krieg hat Gasbarra in ein Paradies gespült, nicht in ein KZ, wie seinen in Budapest von der SS verschleppten Mentor, Botschaftsrat Alfredo Stendardo, oder vor die Gewehrmündungen der Partisanen, wie den ehemaligen Schreibtischgenossen aus der Villa Torlonia, Nicola Bombacci. Nie hat sich Gasbarra als Parteigänger und Angestellter des Propagandaministeriums Minculpop über den unbequemen Fragebogen der „Epurazione" beugen oder sich hektisch aus einer Vergangenheit häuten müssen, um den Lebenslauf ein weiteres Mal

Der Zensor mit Livia auf der Bozner Talferbrücke, Oktober 1945

anzupassen. Gasbarra ist in seinem fünfzigsten Lebensjahr ein gediegener Mann. Die Geschicke haben ihm noch einmal den Auftritt auf dem hohen Seil einer diesmal unwiderruflich zu Ende gehenden Wirklichkeit beschert.

Im Herbst 1945 werden ihn die Bozner in Uniform und Würde durch die Stadt schlendern sehen. Sein galanter Auftritt vermittelt das Bild eines gebildeten und weltläufigen Gentleman, der zu erkennen gibt, dass mit ihm vielsprachig zu reden ist. Auch macht er gegenüber niemandem einen Hehl daraus, dass – obwohl Italiener – die Heimat seiner Seele seit jeher die deutsche Sprache ist. In ihr denkt er, dichtet er, träumt er.

Das mögen nicht alle gern gehört haben, denn in der unmittelbaren Nachkriegszeit ist in Rom Deutsch, die Befehlssprache der germanischen Herrenmenschen, verpönt, wenn nicht sogar verhasst, was Vorwand genug ist, um die grundlegenden Rechte der deutschsprachigen Minderheit Südtirols weitgehend zu ignorieren. Gasbarra hält dagegen, wo immer sich ihm eine Gelegenheit dazu bietet. Auch wenn sein Einfluss als Zensor nicht dazu ausreicht, den angestammten Südtirolern ihre Sprache wieder zu erlauben, so ist ihm die Unterdrückung seiner geliebten Muttersprache ein Unrecht, gegen das er wortstark ankämpft.

Zu Beginn des Sommers 1945 ist es auf Drängen von Felix beschlossene Sache, das Landgut in Frascati zu verkaufen und den Hausrat möglichst bald nach Bozen schaffen zu lassen, denn hier will er sich nun niederlassen. Gasbarra hat es eilig, der Präfektur mitzuteilen, dass er sich mit der Absicht trage, in der Umgebung der Stadt eine bescheidene Behausung („modesta abitazione") mit Grund zu erwerben. Um dieses Ansinnen zu unterstreichen, stellt er sich als „agricultore di passione", als Landwirt aus Leidenschaft, dar. Doch wer glaubt, er würde sich mit einem bäuerlichen Anwesen oder einem bescheidenen Ansitz begnügen, wird rasch eines Besseren belehrt – selbst Doris. Die „modesta abitazione" seiner Wahl erweist sich als grandios. Denn statt eines rentablen Anwesens mit fruchtbarem Land, setzt er sich eine schwer zugängliche und kaum bewohnbare Burg hoch über Bozen in den Kopf: Kampenn.

Von der Stadt aus zeigt sich die schroffe Anlage auf einem Felsvorsprung des Kohlerer Bergs imposant. Immer wieder mag Gasbarra zu ihr aufgeschaut und sich vorgestellt haben, wie erhaben der Blick aus den Erkern und von Türmen in die Bergwelt und auf das ihr zu Füßen liegende Bozen sein müsste. Ist er denn als Abkömmling – wenn auch verschmäht – eines uralten Adelsgeschlechts nicht dazu bestimmt, die Welt erhaben zu betrachten? Verdient er denn nicht nach den Jahren seines von Fremdbestimmung und Überlebensstrategien geprägten Lebens endlich einen Ort der standesgemäßen Selbstverwirklichung? Ist es denn nicht an der Zeit, einen schweren Anker zu werfen, um weiteren Strömen und Stürmen zu widerstehen? So mögen seine Gedanken im Hinblick auf das Kommende gewesen sein. Der Verkaufspreis von 1.200 US-Dollar tut sein Übriges. Burg Kampenn, einst als „Ansitz oder Thurm-Schlößl mit Ingebäuden und Stallung, dabei 2/5 Jauchert Ackerfeld und 1 neue Tagmahd schlechtes Wiesenfeld" eingetragen, gehört seit 1918 der Opera Nazionale per i Combattenti, einem Hilfswerk für die Veteranen des Ersten Weltkriegs, das kein Interesse mehr daran hat und froh ist, den verwahrlosten Besitz um jeden Preis loszuwerden.

Gasbarra schiebt alle Vorbehalte und Einwände gegen ein Leben in dem schon seit Jahrzehnten verwaisten Gemäuer von sich und stellt Doris vor die Tatsache, Burgbewohnerin zu werden. Seine Verlockung, die alten Genossen eines Tages durch den Burghof zu ihren Gemächern zu führen, ist mächtiger als Doris' zaghaftes Fragen nach der Rentabilität der Investition. Dennoch muss der Kauf auch sie verlockt haben. Sie sehnt sich nach einem festen Dach, unter dem sie mit ihrem Felix

Gelassenheit finden könnte, und zu ihrer Malkunst zurückzukehren. Dafür scheint ihr Kampenn eine feste Burg.

In Frascati organisiert sie im Sommer 1945 den Verkauf des Landguts.

Ich hatte in Frascati gelernt, auf eigenen Füßen zu stehen, dann mich durchzusetzen und schließlich das zu tun, was ich richtig fand für meine Familie. Gasbarra wollte unbedingt in Südtirol bleiben, aber um dort kaufen zu können, brauchten wir Geld. Es waren Schäfer, die sich dafür interessierten, den Besitz zu erwerben, und bereit waren, den von mir geforderten Preis zu bezahlen. Gasbarra schrieb: „Verkaufe auf jeden Fall, wenn wir auch weniger bekommen, als wir gedacht haben." Wie der Kaufvertrag unter Dach und Fach war, schrieb er: „Verkaufe nicht." Aber ich konnte und wollte nicht mehr zurück.

Ich verlangte als Erstes das Geld, dann würde ich meine Unterschrift unter das Dokument setzen. Es wurde ein richtiger Bauernvertrag abgeschlossen. Auf dem Küchentisch stapelten sich die kleinen Scheine. Die Kinder zählten sie zweimal durch, dann steckte ich die dicken Bündel in einen bereitstehenden Koffer. Erst jetzt setzte ich meine Unterschrift unter den Kaufvertrag, in dem weder Gott noch sonst wer als Zeuge angerufen war.

Ich mietete einen Waggon, kaufte noch eine ganze Imkerausrüstung von zehn Bienenstöcken, packte alle Möbel aus Frascati, und der Wagen fuhr plombiert in Richtung Bozen. Das erste Mal, als ich meine Heimat in Schreiberhau aufgeben musste, war ich am Umsinken vor Schmerz, diesmal war wohl ein Bedauern, aber kein wütender Schmerz. Ich schied leichten Herzens von Rom. Es war eine Reise wie eine Schnecke, die ihr Haus

Die letzte Wandlung: Burgherr auf Kampenn

auf dem Buckel hatte. Ich hatte Erfahrungen gesammelt. Ich hatte viel gelernt. Ich war im Vollbesitz meiner Kräfte. Es kam ein neuer Wind auf. Bozen war eine Stadt, die nicht nur nördliches Gesicht hatte, sondern auch südliche Süße. War nicht eine neue Landschaft bereit, mich aufzunehmen? Gasbarra hatte in Südtirol seine neue Wahlheimat gefunden, und da sollte ich mich nicht einfügen können? Ich hatte im kalten Deutschland gelitten und in der südlichen Sonne von

Rom und Ostia mein Rheuma verloren. In Kampenn gab es auch am kürzesten Tag wenigstens eine Stunde Sonne. Das Haus, dem ich entgegenzog, hatte den Blick nach dem Eisacktal, den Latemar, auf die Mendel und die Ultener Berge.

Ende 1945 hat Felix Gasbarra als Zensor ausgedient. Die geliebte Uniform trägt er nun nur noch beim Holzschlag, auf seinen ausgedehnten Erkundungen rund um Kampenn oder im Eggental, dessen Fischereirecht nun zu seinem Besitz gehört. „Der Aufstieg nach Kampenn war steil und erforderte einen sicheren Schritt", erinnert sich Claudia, die bei einer Lehrerin in Kardaun das im letzten Kriegsjahr verlorene Schuljahr nachholen muss, um sich für das Examen der Mittleren Reife anmelden zu können. Sie steigt sommers wie winters dreimal die Woche zu Fuß hinab, was außer ihr kein Bewohner von Kampenn tut, obwohl vieles auf dem Rücken hochgetragen werden muss. Im Frühjahr 1946 schleppt Gasbarra tagelang über fünfzig Fensterscheiben zur Burg, denn Geld ist knapp und Hilfe nur schwer zu finden.

Der Anfang auf Kampenn ist harte Arbeit, bei der die Mühsal die erhoffte Romantik bei Weitem übertrifft, was den Gasbarras viel Geduld abverlangt und auch immer wieder unliebsame Überraschungen beschert.

Das Schloss hatte vier Etagen und ich hatte nur eine Südtirolerin, eine Zugehfrau, die auch sehr viel im Garten helfen musste, denn ich hatte Gemüse angelegt. Ich hatte auch viel Obst, die Johannisbeeren gaben so reichlich Frucht, dass die Kinder – Livia war vor ihrer Abreise nach Brasilien zu Besuch gekommen – riesige Teller davon mit Milch und Zucker essen konnten.

Die vielen Treppen rauf und runter strengten mich sehr an.

Gasbarra hatte sich sein Arbeitszimmer mit Blick auf den Ritten eingerichtet. Ich hatte lange nicht so günstige Bedingungen gehabt, das Licht in meinem Raum war prima und ich konnte auch zurücktreten. Claudia hatte ihr eigenes Refugium im Westturm. Wir hatten Decken eingezogen und elektrische Lichter angebracht, und auch die wertvollen Renaissance- und Barockkacheln der Öfen glänzten wieder. Es ließ sich leben.

Dem heutigen Inventar von Kampenn ist zu entnehmen, dass die Gasbarras die Burg einschließlich des stilechten Mobiliars erworben haben. In der Kapelle die Heiligen Franziskus und Nepomuk aus dem 17. Jahr-

Doris in ihrem Burgatelier auf Kampenn

hundert, im Stiegenhaus dreihundertjährige Truhen sowie Hellebarden, Lanzen, Degen und Seitengewehre. Im Haupthaus holländische Sessel, Zinnleuchter, Renaissancemöbel, eine holländische Standuhr, Bozner Barock, eine böhmische Madonna aus dem 16. Jahrhundert sowie ein Jesus in Öl. Doch das ist längst nicht alles. Weiteres hat Doris aus Frascati angekarrt: Betten, Stühle, Tische, Sofas, die schon in Berlin und später in Schreiberhau zum Hausstand zählten, werden auf die Stockwerke verteilt.

Man zieht ein, um zu bleiben, und Doris setzt ihre Marken, indem sie sich zügig an die Bemalung kahler Wände und blinder Butzenscheiben macht. Nicht zur Freude von Felix, der solche „Lüftlmalerei" verachtet und sein Zeichen dagegen setzt, indem er den Treppenaufgang

Doris hatte Burg Kampenn auch mit Glasmalerei ausgeschmückt. Ihre Arbeiten sind erhalten.

für alle sichtbar mit dem Konterfei seines Urahns Georgius Basta schmückt.

Um das neue Leben zu bewerkstelligen, muss Doris immer wieder in die Schatulle ihrer Dollars greifen, doch bald wird ihr – und auch Felix – klar, dass der Geldvorrat sich erschöpft, denn die Preise für das Notwendigste steigen rasant und ein Ende des „caro vita" ist nicht absehbar.

In seinem ersten Brief aus Kampenn an Erwin Piscator in New York berichtet Gas am 5. September 1946 von seinem neuen Zuhause:

Lieber Erwin,

jetzt sitzen wir, d.h. meine Frau und meine kleine Tochter Claudia, auf einer alten, verfallenen Burg bei Bozen, Schloss Kampenn heißt das Ding. Es ist von einer steilen Felswand nur durch ein schmales Stück Wiese getrennt, sodass man von unten glaubt, es müsse jeden Augenblick in die Tiefe rutschen; aber man hat einen schönen Blick in das Gebirge hinein und es ist unheimlich still und einsam. Wir haben uns ein paar Zimmer hergerichtet, sodass man wenigstens darin wohnen kann. Wir hatten uns das Ganze eigentlich etwas anders vorgestellt, meine Frau wollte malen, und ich hatte vor, Verschiedenes zu schreiben. Aber die Wirtschaftskrise, die hier seit einem halben Jahr wütet, hat alles wieder über den Haufen geschmissen, und wir müssen zusehen, etwas zu verdienen.

Was Gasbarra nicht schreibt, ist, dass auf Kampenn – ganz nach dem Vorbild von Frascati – wieder ein kleinbäuerlicher Betrieb im Entstehen begriffen ist. Wie sein Alltag aussieht, berichtet er Livia im Frühjahr 1946:

Wenn man morgens von halb sieben bis zehn Uhr allein mit Ziegen, Karnickeln, Hühnern und dem Frühstück beschäftigt ist, dann die notwendigen Arbeiten für das Haus durchführen muss und das den ganzen Tag in diesem Stile weitergeht, dann ist man die freie Stunde, die sich vielleicht am Abend findet, meistens so müde, dass man einfach nicht mehr kann und sich an den Ofen knallt und denkt: Gott sei Dank, wieder ein Tag rum. Da bleibt natürlich für eine konzentrierte geistige Arbeit verdammt wenig Zeit und Kraft. Nun soll man bekanntlich nicht den Mut verlieren. „Es geht immer weiter" ist ja von je mein Wahlspruch gewesen.

Doch das „immer weiter" gerät ins Stocken. Sein Versuch, sich der Mustermesse Bozen als Pressemann und Werbetexter anzudienen, scheitert angesichts der schlechten Wirtschaftslage, und die Idee einer unabhängigen deutschen Zeitung für Bozen, „die Gasbarra mit so viel Mühen ins Leben rufen wollte", hat ein anderer an sich gerissen, „einer, der in Mailand eine deutsche Nachrichtenagentur geleitet hatte, also Nazist war". Nur durch die Verbindung zum Radio – seine alte Liebe – kommt es für einige Monate zu schlecht bezahlter Arbeit; einige kaum honorierte Bearbeitungen literarischer Stoffe, die er gemeinsam mit der aus Essen stammenden Radiojournalistin Sophia Cornelissen gestaltet. Die beiden kennen sich aus dem Palazzo della Radio in Rom, wo auch Cornelissen bekannt war, bevor sie 1943 Frau Magnago wurde und etwa zur selben Zeit wie Gasbarra mit ihrem Ehemann nach Bozen übersiedelte. Mit ihr und dem langjährigen Südtiroler Landeshauptmann Silvius Magnago pflegt Gasbarra eine seiner wenigen Bozner Freundschaften. 1948 logiert er sogar im selben Haus in der Runkelsteiner Straße, wo er für die Südtiroler Volkspartei gelegentlich auch die englischsprachige Korrespondenz redigiert.

Nach diesen Misserfolgen und Enttäuschungen betritt Gasbarra Bozen nur noch aus Notwendigkeit und entpuppt sich als das, was ihn zunehmend prägt, als ein leicht mysteriöser Einzelgänger, als ein merkwürdiger Zeitgenosse. „Ich las kürzlich von einer ‚schalltoten Kammer', in der man nicht einmal mehr seinen Atem hört. Sie dient eigentlich wissenschaftlichen Zwecken, man kann aber auch Leute darin zum Verrücktwerden treiben. Das ist Bozen", schreibt er 1949 an Piscator und bleibt dennoch, denn die unnahbare Burg ist für ihn mittlerweile zur Festung geworden.

Auch Doris hält ihre Eindrücke vom Bozner Leben fest. Die sind längst nicht mehr so euphorisch wie bei ihrer Ankunft vor einem Jahr:

Man hatte das Gefühl, überall waren die Leute gegeneinander. Die zurückgebliebenen Südtiroler waren gegen die Deutschen, die Italiener waren gegen die Südtiroler und die Optanten kamen heimlich über die Grenze zurück. Es war ein gegenseitiges Geschimpfe und Geschubse. Alle Welt war unzufrieden und an jeder Straßenecke standen irgendwelche Personen und tuschelten. Ich habe selten eine so intrigante Luft geatmet.

Das letzte Familienbild: Claudia, Felix und Doris 1948 in Bozen

Selbst wenn die Gasbarras mit den Boznern und anfallsweise mit ganz Südtirol hadern, so ist ihr Leben auf Kampenn keineswegs eintönig. Es kommen erste Besucherinnen und Gäste. Im Sommer 1946 fängt Doris „Goldsittiche" ein. Graf und Gräfin Rospigliosi, eine mit Frascati verbundene Adelsfamilie, die auf der Weiterreise nach Südafrika ist, geben ihre zwei Kinder bei den Gasbarras in Pension, was zwar viel Arbeit, aber auch ein beträchtliches Kostgeld einbringt. Damit ist der Lebensunterhalt bis zum Jahresende gesichert.

Auch gänzlich mittellose Besucherinnen und Besucher stellen sich ein. Zu ihnen gehört Franz Jung, der mit seiner Lebensgefährtin in einem Südtiroler Seitental Zuflucht gefunden hat. Von einem seiner Besuche schreibt Gasbarra im Juli 1947 an Piscator:

```
Ich sehe ihn jetzt öfter, seitdem er weiß, dass
ich hier bin, kommt er manchmal nach Bozen
herunter. Er lebt mit einer Frau zusammen,
```

einer Ungarin, die sehr schwer krank ist und die ihm viele Sorgen macht. Er hat sie in Ungarn, jetzt schon vor vier oder fünf Jahren kennengelernt, sie haben sehr schwere Zeiten durchgemacht, und auch jetzt geht es ihnen nicht gut.

Da er nicht gut sieht, macht er manchmal schon einen sehr alten Eindruck, er ist überhaupt eine rührende Erscheinung geworden, gar nicht mehr gefährlich und wirklich begeistert nur, wenn es aufs Kuchenbacken kommt, wovon er tatsächlich etwas zu verstehen scheint. Was er schreibt, weißt Du besser als ich. Er redet fast nie davon. Er lebt hoch oben im Gebirge, und muss um 4 Uhr in der Frühe aufstehen, um in Bozen um 9 Uhr zu sein. Er redet gerne und am liebsten von früher. Er erinnert mich komischerweise an Lenz, den Jugendfreund Goethes. Er möchte nach Amerika!

Auch Unerwartetes steht vor dem Tor, „Leute, die augenblicklich nicht in den Strom der Deutschen kommen möchten, die derzeit nach Deutschland abgeschoben werden". Doris beschreibt damit ein deutsches Ehepaar, dem sie eine Bleibe auf Kampenn angeboten hat. „Er war ein Offizierstyp. ‚Wie heißen Sie?', war meine Frage. ‚Nennen Sie mich ruhig Klaus.' Ich hatte meine großen Bedenken, aber sie sahen mich so beschwörend an, dass ich einwilligte, sie aufzunehmen." Gasbarra ist über diese Ankömmlinge gar nicht erfreut, denn er kann sich leicht einen Reim darauf machen, weshalb das Paar nicht in die Heimat zurückkehren möchte. Später stellt sich heraus, dass Hermann Klaus als Polizeioffizier zu

Mussolinis Eskorte in Gardone gehörte und seine Frau Susi für das Protokoll im Berliner Außenministerium tätig war.

Doris findet das alles „höchstspannend" und sieht in der fremden Frau eine Vertraute, der sie sich mitteilen kann, denn es geht ihr vieles durch den Kopf, wofür Gasbarra kein Ohr hat. Susi macht sich rasch unverzichtbar. In der Abgeschiedenheit wachsen die beiden Frauen zusammen, so sehr, dass Felix den Argwohn einer lesbischen Liebesbeziehung hegt, was ihn umtreibt und weswegen er Doris Vorwürfe macht.

Für Doris löst die zugereiste Susi, mit der sie Tarotkarten legt und einen spirituellen Gleichklang verspürt, „einen neuen Ansturm auf dem Weg zum Ausdruck aus", denn seit ihrer Vertrautheit mit Käthe Kollwitz ist es das erste Mal, dass sie sich einer Frau anschließt. „Ein geistiger Austausch fehlte mir sehr und hier war eine Welt, die ich noch nicht kannte und die ich zu erforschen hatte."

„Du hast recht", schreibt sie Felix später aus Brasilien, „dass ich mich sehr dieser Frau zuwandte, sodass ich dir im Moment ferne war. Aber ich habe mich immer gehütet mit Männern Freundschaften zu pflegen, weil ich mich vor dem Mehr der freundschaftlichen Gefühle fürchtete."

Felix hat solches „Mehr" stets für sich in Anspruch genommen. Für ihn eine Selbstverständlichkeit, an der nicht zu rütteln ist, eine Freiheit, die er Doris noch nicht einmal in Gedanken zugesteht. Die Eifersucht auf die vermeintliche Nebenbuhlerin lässt ihm keine Ruhe und so sucht er nach Wegen, um das ihm aus mehreren Gründen unliebsame Paar loszuwerden. Eines Morgens stehen zwei Carabinieri mit einem Haftbefehl für Hermann Klaus im Burghof. Noch am selben Tag sitzt der mit Handschellen gefesselt in der Bahn auf dem

Weg in das Centro Raccolta Profughi Stranieri von Fossoli bei Modena, wohin unliebsame Ausländer zum Abschub in ihre Herkunftsländer verfrachtet werden.

Doris hat ihren Felix als Informanten im Verdacht. Er ist ihr immer ein wenig unheimlich geblieben, erinnert sie sich doch noch daran, wie er sie mit kompromittierender Post in Schreiberhau beinahe ans Messer geliefert hat. Doch sie schweigt.

Klaus kommt nicht wieder zurück. Susi aber, von Felix „Frau Zackig-Nett" genannt, da sie weiterhin von den „zackig-netten Aufmärschen" in Berlin schwärmt, bleibt zu seinem großen Missfallen noch bis zu Doris' Abreise auf Kampenn.

Am 16. Juni 1946 schreibt Doris an Livia, die kurz vor ihrer Auswanderung nach Brasilien steht, nach Neapel:

Hier hat sich Verschiedenes ergeben. Felix hat aus der Schweiz von Ilse Heim-Winter, jener berühmten Dame, um die ich einmal sehr gelitten habe, eine Buchübersetzung erhalten, zahlbar in Schweizer Franken. Da er seelisch einfach zugrunde ging ohne Arbeit, ohne eine Selbstbestätigung und es ihm nachgrade peinlich ist, von meinem Geld zu leben, sagte ich mir, Hauptsache der Schornstein raucht.

Hier hat niemand Geld, darum hoffe ich auch sehr, etwas für Schreiberhau zu erhalten und dass nicht alles so sang- und klanglos verloren geht. Wenn Ihr es machen könnt, komme ich später zu Euch nach Brasilien. Nur nicht das Schiff versäumen!

In inniger Liebe D.

Ilse hat ihren Molz nie aus dem Sinn verloren. Aus seinen Briefen ist sie stets gut unterrichtet gewesen, wie es um ihn steht, so auch über die Lage auf Kampenn, was ihr nicht missfällt, denn in Bozen ist er nach Jahren der Unerreichbarkeit nun nicht mehr fern. Seine immer schon schwankenden Stimmungen kennt sie gut, was ihrer Zuneigung keinen Abbruch tut, denn Jo-Jo begehrt ihren Molz in den Bildern einer Erinnerung, die nie verblasst ist und in gegenseitigen Briefen sehnsüchtig wachgehalten wurde.

Als die erste Post aus Bozen eintrifft, ist Ilse sehr erfreut. Sie ist mittlerweile zu einer gut situierten Frau avanciert. 1943 hat sie in Zürich den wohlhabenden Schweizer Hemdenfabrikanten Alfred Heim geheiratet, der ihr ein luxuriöses Leben finanzieren kann. Heim hat sich in die beinahe mittellose Berliner Schauspielerin verliebt, die 1937 in Basel Aufnahme gefunden hat. Ilse lässt sich von ihm aushalten, hat skandalöse Affären mit angesehenen Professoren und Journalisten, versteht es aber, den gutmütigen Herrn Heim nie so weit zu vergrätzen, dass er sie fallen lassen würde. Trotz Heirat wird es nie eine Ehe. Alfred Heim ist Ende 1944 in seine Fabrik im elsässischen Mulhouse zurückgekehrt, sie indessen schart in Zürich alte Berliner Freundinnen und Freunde um sich, denen sie mit seinem Geld großzügig unter die Arme greift. Als ihr Molz zu Beginn des Jahres 1946 schreibt, wie schmal die Kasse auf Kampenn sei und dass er in Bozen kaum Arbeit finden könne, „man stammt eben doch aus verschiedenen Welten", verschafft sie sich eine Buchübersetzung, die Felix – „große Scheiße, dafür sauschwer" – unter ihrem Namen gegen gutes Geld besorgen soll.

Felix macht sich an die Arbeit. Etwa zur selben Zeit schreibt Doris nach Rio de Janeiro, wo Livia und Fabrizio vor Kurzem angekommen sind.

Kampenn, 5. November 1946

Mein geliebtes Kind –

Wir sind herzlich froh Euch drüben in Sicherheit zu wissen. Ja, Ihr seid Sonntagskinder, es wird alles gut gehen. Hier sagen alle Leute noch für dieses Jahr den Dritten Weltkrieg voraus. Nach angeblichen Prophezeiungen soll das Rote Tier im Rhein ertränkt werden, andere wieder sagen, Bozen wird dem Erdboden gleichgemacht, Rom desgleichen und der Papst wird die überlebenden Gläubigen auf freiem Felde unter seiner Fahne sammeln. Felix dagegen meint, dass hier diesmal ein toter Winkel sei. Doch viele fürchten den neuen Krieg, während andere auf einen neuen Krieg hoffen. Die einen, um ihre verzweifelte Lage zu verbessern, die anderen, um leicht zu verdienen und um später gut plündern zu können, denn die meisten haben bisher von dem gelebt, was die Wehrmacht aufgeben musste. Und die Großen, die Protektion haben von den früheren Leuten, die sind wieder obenauf. Nein, mich ekelt diese menschliche Gesellschaft und ich sage Dir nur eins, Burgtor zu und für sich gelebt oder aber in ein neues Land gegangen. Sage mir offen und frei, sollen wir rüberkommen und hier verkaufen? Wie sind die Farmmöglichkeiten? Wir Alten sind für die Stadt verloren, und bloß so unterkriechen müssen, das können wir nicht mehr. Wenn die Russen hierher kommen, dann allerdings ist alles hinfällig. Da bleibt kein Auge trocken. Felix muss verdienen, wie soll es denn sonst weitergehen? Diesen Winter können wir noch zusehen, aber danach? Es hat von meiner Seite viel Geduld und Kraft gekostet, um ihn wieder auf die seelische Bahn zu bringen, und ich darf ihn jetzt auch nicht alleine lassen. Doch wohin unser Weg geht, weiß ich noch nicht genau. Claudia soll im Juni Examen machen. Nebenbei hütet sie die Ziegen und kann schon melken.

Im Schloss habe ich die Fensterschränke mit sehr schönen Tieren bemalt. Jetzt kommen die Türen mit Blumenstilllleben dran. Heute bin ich wieder lebensmutiger. Ich bin begabt und es soll mit dem Teufel zugehen, wenn ich kein Geld verdienen sollte.

In unendlicher Liebe umarmt Euch Eure D.

Die Übersetzung – Frank G. Slaughters *Der Ruhm von morgen* – ist geschafft. Nun will Gasbarra nach Zürich reisen, um das Manuskript abzugeben, und sein Honorar abholen. Ilse ist kein Geheimnis mehr. Statt eine Szene zu machen, kauft ihm Doris noch einen „sehr schönen" dreiteiligen Anzug.

Ich wollte nicht, dass er wie ein abgerissener Mensch in der Schweiz erscheint. Er war schrecklich mager und ich sagte noch lächelnd: „Hoffentlich sagt sie nicht, dass es meine Schuld wäre, dass du nicht mehr jung aussiehst." Ich hatte kurz vorher einen Brief von ihr gefunden und den vollgültigen Beweis ihrer beider

Untreue in Händen. Aber es tat nicht mehr weh. Ich war anderen Horizonten zugekehrt. Ich hatte nicht mehr die rasende Eifersucht, die ich früher fühlte, wenn sich schöne und elegante Frauen um meinen Mann scharten.

Felix' Reise sollte das lang ersehnte Wiedersehen werden. Doch vor Ilse steht ein Mann, der in der Mitte seines Lebens den Glauben daran verloren hat, dass es immer weitergehen würde.

Nach der Rückkehr schüttet er Erwin Piscator sein Herz aus:

17. November 1946

Ich finde es rührend von Dir, dass Du Dir um mich Sorgen machst und mir schreibst, ich solle sofort etwas für mich tun, und ich dürfe nicht im letzten Moment aufgeben. Lieber Erwin, was nennst Du angesichts der gesamten Lage eigentlich den letzten Moment? Wo ist das Schlachtfeld, auf das wir die letzten Bataillone werfen müssen? Ich sehe weit und breit nichts mehr, für das sich noch zu kämpfen lohnte, sehe es schon seit vielen Jahren nicht mehr. Das scheint mir der Hauptpunkt zu sein, in dem wir uns noch nicht verständigt haben.

Als damals, vor nunmehr fast 14 Jahren, die Welt faktisch und moralisch zusammenbrach, für die wir seit 1919 gekämpft hatten, da trat eben jenes Vakuum ein, das sich wenigstens für mich bis heute noch nicht wieder geschlossen hat. Gewiss, man tut dies und jenes, schreibt oder liest, bestellt sein Haus und seinen Acker, sucht das Leben irgendwie in Gang zu halten, freut sich an diesem oder jenem höchstselten, ärgert sich über vieles, weit öfter – aber der Sinn, der dem Ganzen bisher seinen Wert gegeben hatte, der wahre Zweck, um dessen Willen man lebte, der Glaube, der einen hochhielt, auch wenn es manchmal dreckig herging, das alles ist weg. Also, wozu noch?

Ein Leben, das keinen Zweck mehr hat, ist ein Irrtum. Wozu es noch verlängern? Ja, es fällt mir schwer, noch an irgendetwas innerlich Anteil zu nehmen, und dass ich hier auf dieser alten Burg lebe, ist kein Zufall. Ich bin ein hoffnungsloser Outsider geworden, der nirgends mehr hingehört, und wenn ich mich noch rühre und dies oder jenes unternehme, so nur aus dem schäbigen Grunde, nicht gerade Hungers zu sterben, meine Familie nicht leiden zu lassen und der Kleinen, die bei uns geblieben ist (die Große sitzt mit ihrem Manne in Rio de Janeiro), eine einigermaßen anständige Erziehung mitzugeben. Es ist also nur noch das Pflichtgefühl gegenüber den paar Menschen, die ihr Leben mit meinem verbunden haben, das mich aufrechterhält. Sonst entdecke ich in dem Ganzen keinen Sinn mehr. Meine Idee, mich auf eine alte Burg zurückzuziehen und das Tor hinter mir zuzuschlagen, war schon ganz richtig.

Ich hatte nur, wie schon so oft in meinem Leben, ganz vergessen, dass man zum Leben,

wenn man schon muss, Brot, Kartoffeln, Fleisch, Zucker, Salz usw. braucht, und dass das Geld, um das man alle diese Dinge bekommt, ein sehr relativer Wert geworden ist. Wir sind hier nämlich mitten in der schönsten Inflation. Meine Frau – sie hat noch immer ihr altes, etwas törichtes, kindliches Lachen, sie ist überhaupt ein kindlicher Mensch – trägt das alles mit einer rührenden Geduld und ich habe nicht den Mut, ihr zu sagen, wie es wirklich mit mir steht, um ihr nicht jede Hoffnung zu nehmen.
Ich war drei Tage auf eine Einladung hin in Zürich, habe aber bis auf Ilse Winter, an die Du Dich im Zusammenhang mit mir und Mehring vielleicht noch erinnerst, niemanden gesehen. Im Übrigen war es so satt, dass einem das Kotzen kam. Du als alter Frontsoldat wirst verstehen, dass man eine Abneigung gegen den Friedensbetrieb bekommen kann und dass man sich nach dem „Schützengraben" zurücksehnt. So ging es mir in Zürich.

Doris hat im Rückblick das Jahr 1946 auf Kampenn dennoch als „glücklich" in Erinnerung. Es ist ein Neubeginn, diesmal mit der Hoffnung, dass Felix das Kap der fünfzig Jahre dank der Erfüllung seines Lebenstraums unbeschadet umrunden würde. Ihr Eheschiff hat nach den Trennungen und Turbulenzen wieder frischen Wind in den Segeln – wie soll es auch anders sein an solchem „Ort voller Magie und Licht". Sie fühlt sich verstanden. Zu Doris' erstem Geburtstag auf Kampenn reimt er ihr:

> Wer lenkt mit aller ihrer Liebe
> Des Hauses kleines Weltgetriebe?
> Und wer am Ende schmückt das Haus
> Mit Kunstgebilden herrlich aus?
> Wem müssen wir das alles danken?
> Nur unserer Doris, unserer schlanken
> Und immer lustigen und jungen,
> Der hier ihr schönstes Werk gelungen.
> Du bist es, die, solange man denkt
> An allen Orten, allen Enden
> Uns täglich überreich beschenkt.

Streit gibt es um die Burgkapelle, in der Gasbarra, ohne ihre Widerrede zu dulden, seine Tischlerwerkstatt einrichtet. Anstelle von Altar und Kirchenbank: Bandsäge, Bretter, Hobelbank. Doris, die nicht gläubig, doch gottesfürchtig ist, verzeiht ihm diesen Frevel nie. Noch Jahre nach ihrer transatlantischen Trennung schreibt sie ihm: „Ich muss noch meinen Schwur einlösen den Altar wieder aufzubauen, die Glasfenster zu malen und die Kirche dem ihr zugedachten Zweck zuzuführen. Du wirst den Kopf darüber schütteln, aber so ist das nun mal mit spiritistisch eingestellten Menschen."

Im Alltag des Jahres 1946 lässt sich Doris hingegen nicht beirren, es gibt genug zu tun, um aus der strengen Burg ein gemütliches Haus zu machen. Sorgen bereitet ihr vielmehr Gasbarras nur mäßig kaschierte Mutlosigkeit, denn auch sie erkennt, dass die „Leisetreterei" in Bozen dem intelligenten Mann keine Anregung bieten kann und man nicht darauf warten darf, irgendwelche Einladungen zu bekommen.

„Da muss man schon selbst aus der Reihe treten", ermuntert sie Felix. Das ist auch dringend nötig, denn der

Lebensunterhalt ist selbst bei äußerster Sparsamkeit nur noch bis zum Sommer gesichert, obwohl Doris auf der Weihnachtsausstellung des Kunstvereins einige Bilder verkaufen kann und von der lokalen Kunstkritik lobende Anerkennung erhält. Doch mit regelmäßigen Einkünften ist nicht zu rechnen. Also muss Gasbarra anschaffen gehen, was er nach längerem Zögern auch tut, denn in Bozen gibt es nur einen Mann, der ihm Arbeit bieten könnte. Nach Neujahr 1947 ringt er sich durch und sucht den Schriftleiter der *Dolomiten*, den Priester und erzkonservativen Publizisten Michael Gamper, auf. Gasbarra hat sich diesen Bittgang nicht gewünscht, denn als Kommunist im Herzen, Atheist in der Seele und Gotteslästerer aus Überzeugung kommt der Schritt über Gampers Schwelle einer Selbstverleugnung nahe. Die klerikal und auf territoriale Selbstbestimmung ausgerichteten *Dolomiten* sind ihm ein Gräuel. Mildernd ist nur, dass er sich mit Gamper in seiner Zeit des Allied Publication Board jeweils gut verständigt hat und der Gottesmann, dem das Weltliche nicht fremd ist, nun Verständnis für Gasbarras missliche Lage zeigt. Er braucht ihm also nichts vorzumachen.

Der scharfsinnige Kanonikus weiß Gasbarras profunde Kultur zu schätzen, zudem hat dieser sich als verständiger und umgänglicher Zensor um die Wiederauferstehung des Blatts verdient gemacht. Nun kommt Gamper dem „Dottore", der in Bozen auf dem Trockenen sitzt, entgegen. Man einigt sich per Handschlag auf seine Beschäftigung als Schlussredakteur der Tageszeitung. Als Leitartikler oder Kolumnist – Pseudonyme hätten Gasbarra in Bozen kaum geschützt – taugt er nicht. Zu tief ist die Kluft zwischen ihm und der klerikal geprägten Herausgeberschaft. Gamper hätte ihn wohl auch kaum gedruckt, und Gasbarra ist nicht mehr imstande, selbst wenn ihm das Wasser am Hals steht, wie gerade jetzt, nochmals Kreide zu fressen.

Am 1. Februar 1947 tritt Felix seinen neuen Arbeitsplatz an, wo er beinahe zehn Jahre – bis zu Gampers Tod im Jahr 1956 – viele Stunden seines Lebens im abendlichen Schichtdienst absitzen wird. Mit seiner Entscheidung, in Bozen zu arbeiten, endet die weltferne Zweisamkeit von Doris und Felix auf der Burg. Sie bleibt „oben", malt, besorgt Haus und Garten, kümmert sich um Claudia, schreibt Briefe und verbringt die Abende in enger Vertrautheit mit ihrer neuen Freundin. Felix ist nun „unten". An einen täglichen Aufstieg in der Dunkelheit ist nicht zu denken. Er bezieht ein Zimmer in Untermiete und steigt nur zu den Wochenenden und an den freien Tagen hinauf.

Jeweils gegen 14 Uhr macht Gasbarra sich auf den Weg zum Haus der Athesia in der Museumsgasse, wo er meist bis 10 Uhr abends in der Redaktion anzutreffen ist. Dort sucht ihn auch Franz Jung auf: „Gasbarra saß in Bozen, in der Redaktion des deutschsprachigen Regierungsblattes Dolomiten, von Ordensbrüdern und Dompröbsten als den eigentlichen Leitartikelschreibern umgeben. Ich habe ihn dort ein Jahr nach meiner Entlassung aus dem Konzentrationslager Bozen wiedergesehen. Die Begrüßung war sehr herzlich. [...] Mit Mussolini verband ihn das eine, dass er sich tarnen konnte. Mussolini tarnte sich gegen Ende rot, Gasbarra weiß, beide mit einem guten Anspruch auf wirkliche Echtheit."

Zwei Jahre nach seiner hoffnungsvollen Ankunft in Südtirol macht sich Ernüchterung bei Gasbarra breit. Dass er aus seinem Traum erwachen könnte, ist ihm offenbar nie in den Sinn gekommen, und wie es danach aussehen würde, noch weniger. Dass er sich dereinst Abend für Abend über Druckfahnen beugen muss und sich mit Satzstellungen und sprachlichem Unverstand rumzuärgern hat, wäre ihm bestimmt nicht eingefallen, es sei denn in einem Albtraum. Zudem gibt es in Bozen keine Entschädigung für derlei Fronarbeit, wie einst in Rom oder Berlin, denn es wartet weder eine Via Veneto noch die Friedrichstraße, kein Romanisches Café oder lukullisches Horcher. Draußen – die Zeitung von morgen unter dem Arm – erwartet ihn lediglich eine dumpfe Wirtsstube am Obstmarkt und danach das kahle Zimmer. In solcher Stimmung schreibt er seinem alten Berlin-Zürcher Freund, dem Regisseur Leopold Lindtberg:

Von den 12 Jahren, die vergangen sind, seit ich Zürich verließ, habe ich mich sechs mit den Nöten des täglichen Lebens und sechs mit dem Kriege herumschlagen müssen. Die Hoffnungen, die ich auf Bozen als „Kulturzentrum" gesetzt hatte, sind schwer enttäuscht worden. Ich glaubte, hier würde nach dem Kriege, wenn auch bescheidenes „geistiges Leben" einsetzen – mit entsprechendem Verdienst und Lebensmöglichkeiten – aber die Leute hier wollen nur ihre „Ruhe" haben und sind geradezu böse auf jeden, der sie in ihrer versoffenen Idylle stört.

So hat sich Felix Gasbarra sein zukünftiges Leben nicht vorgestellt – damit will er es auch nicht bewenden lassen. „Unten" und „oben" driften auseinander.

Gasbarra ist jetzt über fünfzig Jahre alt und ich bin siebenundzwanzig Jahre verheiratet, da kann doch gar nichts mehr passieren. Das Schloss instand zu setzen, das war eine schöne Arbeit. Ich dachte, die Zeit würde ein wunderbarer Kitt sein. Ich war sicher, nun würde mein Eheschiff nie stranden können. Aber es war sehr labil gebaut und hatte keinen Tiefgang, es war nur so eine leichte Barke gewesen, die wohl eine Zeit lang ihren Dienst getan hatte. Ich habe nicht auf die Zeichen, die sich mehrten, geschaut. Ich war glücklich, weil ich glücklich sein wollte.

Mit der Zeit hält noch eine weitere Wirklichkeit Einzug auf der Burg. Die Post bringt nach und nach Gewissheiten über das Schicksal von Doris' Angehörigen, ihren Freundinnen und Freunden und ihres Hauses in Schreiberhau. Ihr Bruder Heinz lebt in „allerärmlichsten Verhältnissen" in der Nähe von Recklinghausen: „Sie können sich nicht vorstellen, wie primitiv! Ein Eisenbett, ein Strohsack, eine Wolldecke und ein kleiner Tisch ist alles Inventar. Er ist seinem Alter entsprechend mehr als gealtert." Seine Gattin Hedi, die hitlerbegeisterte Schweizer Missionarstochter, wurde drei bis vier Monate nach der Kapitulation in Berlin festgenommen, als sie beim Versuch, ihre Möbel abzuholen, randaliert hatte. „Gestohlen wird in Berlin. Jeder hat sich im Mai 1945 bereichert, wo er nur konnte. Es war ein furchtbares Chaos. Auch Dein Bild ist auf einmal nicht mehr da! Auswandern ist das Beste. Die Juden, die nach Deutschland oder Berlin kommen, bleiben auch nicht da. Sie wandern aus. Ich glaube, das ist das sicherste Zeichen, dass es hier nicht besser wird", berichtet sie ihr Unglück.

Es treffen nun auch Briefe von ehemaligen Nachbarn ein, die Schreiberhau mittlerweile hinter sich lassen mussten, auch von Olly Oltmanns, der noch ausharrt, vom 7. Juli 1946:

„Es wird Sie gewiss besonders interessieren, wenn ich Ihr Besitztum in Schreiberhau erwähne. Bis Ende Juni 1946 habe ich alles beobachten können und dabei festgestellt, dass in Ihrem Haus eine pensionierte Oberlehrerin, halbjüdischer Abkunft, wohnte. Die Arme! Sie hat sehr viel durchgemacht. Vier oder sechs Mal von russischen Soldaten vergewaltigt, obwohl sie bereits bejahrt ist. Sie hat auch eine Plünderung nach der anderen über sich ergehen lassen müssen. Die Bilder von Ihnen und sonstige Sachen sind in alle Winde zerstreut, nachdem Ihr Atelier aufgebrochen, geplündert und in unvorstellbarer Weise beschmutzt worden war. Von all Ihrer jahrelangen Arbeit ist nichts übriggeblieben. Der alte Polizeiinspektor, der Ihr Besitztum nebenbei betreute, hat nichts retten können. Sie können sich gar nicht vorstellen, was sich vom Einmarsch der Russen bis zu meinem Wegzug im Juni 1946 dort abgespielt hat. Man könnte ganze Bücher davon schreiben und die Welt würde auch hier, wie bei den Nazigräueln, schaudernd in die Abgründe der menschlichen Seele schauen. Ich denke noch manchmal an die Zeit zurück, wo Sie und ich, selbst in den Wäldern, uns nur flüsternd unterhalten haben, weil wir wussten, dass wir von der Geheimpolizei überwacht wurden. Wir wussten schon damals, wie es kommen würde und nun müssen wir selbst die Zeche dafür zahlen."

Später treffen nur noch Bittbriefe ein:

„Wir wissen uns in unserer Not nicht anders zu helfen, als Sie um ein Paket mit Lebensmitteln zu bitten."

Für kurze Zeit erwägt Doris eine Reise nach Schreiberhau, doch es ist nicht mehr als ein Mut der Verzweiflung. An eine Fahrt ist nicht zu denken. Der Eiserne Vorhang ist herabgelassen. Ihr gesamter Besitz an Möbeln, Büchern, Bildern bleibt verschollen. Die Arbeit von zwanzig Jahren ist ausradiert! Noch bis in die Siebzigerjahre hängt Doris „dem süßen Wahn nach", von Deutschland eine Wiedergutmachung oder in Italien eine Entschädigung zu erhalten. Sie geht leer aus. Geblieben sind unzählige Inventarlisten, die ihr reiches, künstlerisches Werk erahnen lassen.

Doch es kommt auch erfreuliche Post. Livia und Fabrizio sind in eine hübsche Pension an den Abhängen des luftigen Hügelzugs von Santa Teresa mit schönem Blick auf die Bucht von Rio de Janeiro gezogen. Sie arbeitet in einer italienischen Buchhandlung, Fabrizio ist bei einem großen Verlag beschäftigt, wo man ihn wegen seiner Vielsprachigkeit schätzt. „Es gelingt uns heute, uns selbständig über Wasser zu halten. Natürlich hat unser Leben noch keine definitive Form erreicht, auch weil wir viele Pläne haben. Auch ist es uns gelungen Bekanntschaften mit Leuten der Presse und den literarischen Kreisen zu machen. Alle sind wirklich reizend und so freundlich, wie wir es von Europa her nicht gewohnt sind. Was uns betrifft, so werde ich Euch in meinem nächsten Brief eine Nachricht geben, die – wie ich hoffe – Euch Freude machen wird."

Noch sind keine Pläne gereift, doch in ihren Briefen an Livia sendet Doris deutliche Signale. Es sind die Vorboten einer Auswanderung. Ob mit oder ohne Felix ist noch nicht absehbar. Doch die Gasbarras sind unruhig. In Europa verbreiten sich wieder Kriegsängste. Durchschläge von Doris' Briefen haben in der alten Seekiste überlebt.

Wir sind sehr gespannt auf alles, was bei Euch kommen mag und voller Hoffnung, denn wir sind der Meinung, dass gerade Südamerika die Rolle der aufsteigenden Nationen übernehmen wird. Europa hat ausgespielt. Solange wir leben, ist es nicht mehr konvenient, hier zu bleiben, es wird doch ein ewiges Gemurkel bleiben. Wir hätten die Möglichkeit nach Argentinien auszuwandern. Auch Venezuela und Chile tun ihre Pforten weit auf. Dort ist Menschenmangel, hier treten sich alle nur auf die Füße. Mexiko ist auch ein Land, das mich wegen seiner Kunst sehr interessieren würde, aber ich glaube, es ist sehr rot eingestellt. Klimatisch wäre Argentinien nicht schlecht, aber die haben eine große Sympathie für die Nazis. Wo man hinsieht, alles ist politisch gefärbt. Meine Politik ist nun mal die Familie. Ich fange schon an, Sachen zu verschenken, damit es später nicht auf einmal geht. Von Piscator ist ein großes Lebensmittelpaket von 23 Kilo unterwegs zu uns. Hoffentlich ist Felix' Lieblingsspeise, die Peanut-Butter, mit dabei.

In aller Liebe D.

Während Doris trotz Unruhe und zunehmenden Ängsten den Blick nach vorne nicht verliert, lässt Felix seinen düsteren Gedanken freien Lauf. Doch anders als in Monte Sacro hat er nun seinen Lebensfreund wieder. Im November 1946 schreibt Gas an Pis:

Wären die Künstler wirklich Menschen des Geistes, woran ich auch seit Langem zweifele, dann gäbe es nur noch eine Aufgabe für sie: Kassandra! Ohne damit etwas ändern zu können, Europa ist eine ausgebrannte Rakete, und nach dem Worten O'Neills „We are the greatest failure in history" scheint es in Amerika nicht viel besser auszuschauen. Nein, mein lieber Erwin, da hilft kein Selbstbetrug und kein „Optimismus" à la „Kraft durch Freude", wir, d. h. die ganze Kulturwelt, die ihre Prägung durch das Abendland empfangen hat, steht vor dem totalen Bankrott.

Und es wäre weit würdiger, der alten Tradition des Hauses weit mehr angemessen, dies offen einzugestehen, statt sich und anderen vorzureden, dass die Geschäfte glänzend gehen. Es hat alles nur noch verdammt wenig Wert und Zweck, ich sehe für Europa eine Zeit kommen, wo die Menschen sich mit dem Vieh um das Gras auf den Wiesen streiten werden und fremde Völkerschaften, wie von einem anderen Planeten, in den Straßen von Paris und Rom umherirren und nicht verstehen werden, wozu dies alles gedient hat. Millionen von Menschen bereiten sich jetzt in diesem Augenblick, in dem ich an Dich schreibe, darauf vor, eines nicht mehr fernen Tages wieder übereinander herzufallen und zu zerfleischen, mit all jenen Mitteln, die ihr krankes Gehirn erzeugt hat. Man muss schon sehr viel Humor besitzen, um das weiter mitzumachen, aber von jenem griechischen Humor, dessen Lachen eigentlich das Lachen der Verzweiflung war. Ich habe mich viel mit Philosophie beschäftigt und finde, namentlich in Schopenhauer, vieles bestätigt, was mir selbst durch den Kopf gegangen ist. Der zappelt und rappelt sich ab, von morgens bis abends, einen Tag um den anderen, macht Geschäfte, frisst, säuft, rülpst, furzt, begattet sich, kutschiert herum, hat Schmerzen, sitzt bei Ärzten herum, lügt sich und andern etwas vor, schreit, lacht mit gefletschten Zähnen und redet, redet, redet, immer mit der würgenden, nie ganz eingestandenen Angst vor dem Kommenden im Nacken, und bildet sich allen Ernstes ein, die Krone der Schöpfung zu sein, und ist in Wirklichkeit nichts anderes als das madige Gewimmel auf der schimmeligen Kruste eines alten Edamer Käses, der sich eines Tages in seine stinkenden Bestandteile auflösen wird.

Den Arbeitsplatz hatte sich Gasbarra in diesem Erker der Burg eingerichtet. Hier entstanden seine Hörspiele und literarischen Übersetzungen.

Nach nur zwei Jahren ist Burg Kampenn für die Gasbarras zu einem Wartestand geworden. Die Kraft, dort eine Bleibe für den Rest des Lebens zu errichten, scheint verflogen. Zwar malt Doris viel, doch ihre Sinne richten sich nach neuen Ufern. In ihren Briefen an Livia erkundigt sie sich immer öfter nach dem Leben in Brasilien und den Verdienstmöglichkeiten. Felix malt ihr die europäische Zukunft in düstersten Farben und prophezeit der abergläubischen Doris, dass sich „eines Tages auch diese relativ friedliche und ordentliche Provinz in ein Konzentrationslager für ‚politisch Andersgesinnte' verwandeln werde, in dem ‚gearbeitet' werden muss." Auf Kampenn zieht Weltuntergangsstimmung ein.

Im Frühjahr 1947 trifft sich Felix mit Piscators zweiter Ehefrau Maria Ley im Grand Hotel Majestic in Pallanza am Lago Maggiore. „Ha, der Gasbarra sieht wundervoll aus, ist ganz der Alte, frisch lebendig, voll von Ideen!", berichtet sie Piscator begeistert vom Charme, den Gasbarra in mondäner Begleitung nach wie vor zu versprühen weiß. Es wird verabredet, dass er „rüberkommt", um mit Pis das gemeinsame Buch von 1929, *Das Politische Theater*, neu zu schreiben.

Gasbarra mag sich das ein paar Tage überlegt haben, doch mit dem Gedanken, aus dem ursprünglichen Buch ein neues zu machen, kann er sich letztlich nicht anfreunden. „Ich halte Deine Gedanken, das alte Buch in das neue einzubauen, nicht für glücklich. Das alte ist etwas in sich Abgeschlossenes, trotz vieler Mängel, ein Dokument einer bestimmten Entwicklung, die ihre Zeit gehabt hat." Er ist nicht bereit, seine besten Jahre noch einmal aufleben zu lassen. Sein Schlussstrich ist gezogen. „Deshalb wird vielleicht der brasilianische Urwald, 200 Kilometer von der nächsten menschlichen Ansiedlung entfernt, meine letzte Etappe sein, und bestimmt nicht ein Gropius-Bau am Nollendorfplatz, aller liebenswerter Illusionist, der Du bist und bleibst." Von Pallanza ist es dann nur ein Katzensprung bis nach Ascona, wo Molz seinen Ausflug an den Lago Maggiore in Gesellschaft seiner lebensfrohen und stets optimistischen Jo-Jo ausklingen lässt.

—

Anfang 1947 werden Livia und Fabrizio Eltern eines Sohnes, Fabrizio junior. Noch sind sie Pensionsgäste, doch das Stadtleben zehrt an ihnen. „Dieses Leben, auch wenn es viel Genugtuung gibt, ist doch nicht das, was wir uns wünschen. Es ist nicht gesund genug. Viel besser wäre, etwas Eigenes zu haben, und noch besser, auf dem Land zu wohnen. Wir sind nicht abgeneigt, unser Leben, oder sagen wir, einen Teil unseres Lebens in der Einsamkeit zu verbringen." Wer so schreibt, ist die ungestüme Livia der Frascati-Jahre. Doris wird es mit Genugtuung gelesen haben, entspricht es doch auch ihrer Vorstellung eines Neubeginns. Sie braucht nicht lange zu warten, schon bald treffen weitere aufregende Nachrichten ein.

Zu Livias neuem Bekanntenkreis gehört Georges Zananiri, ein umtriebiger Gutsverwalter, der die kleine Familie für ein paar Wochen auf seine Kaffeeplantage, etwa fünf Autostunden nordwestlich von Rio, einlädt. Livia lässt sich nicht zweimal bitten. Dort tut sich ihr das Land auf, nach dem sie sich seit ihrer Abreise aus Neapel gesehnt hat. Ihr Brasilien, das ist nicht Rio, ihr Brasilien findet sie am Rand des Urwalds. Zananiri gefällt Livias zupackende Art und ihre Begeisterung für alles Neue. Nach drei Wochen gründlicher Erkundung macht er ihr das Angebot, die Plantage als Verwalterin zu übernehmen. Und erneut überlegt Livia nicht lange. Auch der verwöhnte Städter Fabrizio, zunächst skeptisch, willigt ein, seine Stelle in Rio aufzugeben, um mit ihr das größere Abenteuer zu wagen.

Kurz darauf schreibt Livia an Doris und Felix von der unverhofften Wendung in ihrem Leben: „Nun die große Neuigkeit: Wir ziehen auf eine Fazenda, sie heißt Araponga, was der Name eines hier weit verbreiteten weißen Vogels ist. Der Hauptgrund ist der Kleine. Wir wollen, dass er seine Jugend im engen Kontakt mit der Natur verbringt. Natürlich wird es nicht leicht sein. Es handelt sich um eine große Fazenda. 140 Hektar in einem breiten Tal auf 800 Meter Höhe. Das Klima ist gut. Neigung zu Kälte in der Nacht. Es gibt ein Wohnhaus für uns und verschiedene im Tal verstreute Häuschen. Das Einkommen wird mit einer mittelgroßen Kaffeeplantage erarbeitet, die aber nach 25 Jahren schon fast das Ende ihres Ertrags erreicht hat. Zudem eine ganze Menge Zicklein und Ziegen sowie Kühe und eine Erde, die ausgezeichnet aussieht. Meiner Meinung nach würden hier auch Reis, Bohnen, Mais, Kartoffeln und alle Gemüse ausgezeichnet gedeihen. Auf der Fazenda arbeiten nur zwei Bauernfamilien. Das Land war lange Zeit völlig verlassen gewesen. Wir werden ein paar Hühner mit hinaufnehmen. Na, du weißt, ob ich so etwas liebe!!! Die Stadt ist nun mal nicht für mich, jedenfalls nicht für immer. Um in den nächsten, halbwegs menschenwürdigen Ort zu kommen, braucht man auf der Naturstraße für die 18 Kilometer etwa eine Stunde. Der Besitzer hat uns ausgezeichnete Bedingungen gemacht, auch haben wir völlig freie Hand. Wir können tun und lassen, was wir für richtig halten! Das Einzige, wovor ich heiligen Respekt habe, sind die Schlangen." Damit und mit langen Briefen von Doris an Livia vergeht der Sommer 1947 auf Kampenn, der in Araponga ein Winter ist.

Claudia hat mittlerweile ihr Abschlussexamen bestanden und Doris möchte, dass sie eine Ausbildung als Keramikerin beginnt, denn sie sei plastisch begabt. Felix stimmt schon deshalb zu, da er noch immer der Ansicht ist, dass seine Töchter nicht studieren sollen. „Rausgeschmissenes Geld", wie er sich gerne wiederholt. Nach außen hin ist es ein ruhiger Sommer auf Kampenn, nicht so in Bozen, wie Gasbarra seinem Freund Piscator berichtet: „Ein Autoverkehr, dass einem schon zu viel ist, und Läden, Läden, Läden – einer immer schöner als der andere. Dasselbe mit Cafés."

Gasbarra, der viele Wochentage in der Stadt verbringt, erstaunt sich über die Vorboten des „miracolo economico",

Auch auf der Kaffeeplantage malt Doris. Die Bilder haben in Claudias Garage überlebt.

was ihn hoffen lässt, die Burg in absehbarer Zeit mit Gewinn verkaufen zu können. Über Piscator hat er vorsorglich einen New Yorker Makler damit beauftragt. Sollte das gelingen, könnte auch er sich mit der Auswanderung anfreunden. Doch noch ist Brasilien für ihn ein Gespinst. Noch gibt es keine Visa oder Schiffspassagen, noch will er sich nicht entschließen. Er hat auch keine Eile, denn in seinen Alltag zwischen Redaktion und Burg hat sich seit Kurzem eine junge, blonde Frau geschoben, deren Zuneigung ihn schmeichelt. Ende 1947 schreibt er an Erwin:

Meine Frau und Tochter werden nun, wenn die Ereignisse ihnen nicht noch einen Strich durch die Rechnung machen, Anfang nächsten Jahres nach Rio gehen, vielleicht folge ich, vielleicht auch nicht, das muss sich entwickeln. Sie malt viel und zum Teil ausgezeichnete Sachen, hat auch Verschiedenes verkauft, aber wenn man es sich genau betrachtet, geht so ein Bild bei der schleichenden Inflation, die wir hier haben, um 5 Pf. Schmalz fort.

Jung sehe ich oft, er hat seine Koffer bei mir in Bozen eingestellt und war ein paar Tage auf der Burg oben. Er weiß gar nicht, wohin mit sich, er wartet, glaube ich, auf irgendein Papier, um dann nach New York zu fahren, wo er sich genauso unglücklich und fehl am Platz fühlen wird wie überall. Im Frühjahr hatten er und die Frau, mit der er oder die mit ihm herumzieht, ein altes Gasthaus auf dem Berg gepachtet, um Sommergäste aufzunehmen.

Es kam aber niemand, und so gaben sie es wieder auf. Sie verkaufen ein Stück nach dem andern, so lange, wie es geht. Er kann übrigens ausgezeichnete Apfelstrudel und dergl. backen und wird bei der Schilderung von Rezepten geradezu dramatisch. Sonst ist er sehr menschenscheu und still.

Bei der Gelegenheit fällt mir ein, dass ich Dich einmal um ein paar alte abgelegte Sachen von Dir oder Deinen Freunden bat, es können auch alte Militärsachen sein, ich habe hier immer wieder Gelegenheit, ein paar Leuten zu helfen, die buchstäblich nichts mehr besitzen, als was sie auf dem Leibe tragen, und das ist schon sehr wenig, manchmal Deutsche, manchmal Juden, meistens arme, dumme Hunde, die gar nicht verstehen, was eigentlich geschieht, aber auf jeden Fall die Prügel einstecken müssen. Mit der Gesundheit geht es soso, mal runter, mal rauf, meistens runter. Meistens müde, ohne schlafen zu können, es mag auch an der Nachtarbeit in der Redaktion liegen, die an den Nerven reißt. Mehr weiß ich nicht im Augenblick. Grüße Maria herzlich und sei selbst gegrüßt von Deinem alten.

Das Jahr 1948 bricht an. Gasbarra geht seiner Arbeit bei den *Dolomiten* nach, Doris lebt in großer Bedrängnis, denn sie spürt, dass das Leben erneut große Veränderungen von ihr verlangt. Kampenn stehen und liegen lassen kann sie nicht, doch da ist ihre Angst vor einem Krieg. Würde Gasbarra mit ihr und Claudia nach Brasilien aufbrechen? Doch was könnte dort das Auskommen sein? Die Ersparnisse reichen kaum für die Schiffspassagen, und Livia, die dabei ist sich eine eigene Existenz aufzubauen, will sie nicht auf der Tasche liegen. Von Zweifeln geplagt, befragt sie ihr Tarot. Doch statt Antworten auf diese Fragen, liest sie in den Karten, dass sie betrogen wird. Angesichts des großen Wirrwarrs in ihrem Kopf muss sie sich Klarheit darüber verschaffen, denn nur so kann sie zu ihren Entscheidungen gelangen. Kurzentschlossen steigt sie an einem der nächsten Tage nach Bozen hinab.

Wie konnte ich noch leben, immer mit der Unwahrheit? Wenn es sich bewahrheiten sollte, dann gut, dann werde ich mein Leben anders einrichten, nach Frascati, wo wir im Bombenhagel zusammengestanden haben, durfte keine Lüge mehr herrschen. Nun tat ich etwas, was ich selbst verabscheue. Aber ich musste es tun, um nicht als feiger Mensch vor mir selbst dazustehen.

Ich machte mich unkenntlich und wartete unten im Flur der Redaktion. Es war furchtbar kalt, draußen lag Schnee. Gegen zehn Uhr verließ Gasbarra das Haus. Er ging auf der anderen Straßenseite fröhlich beschwingten Schrittes, einen Rucksack über die Schulter geworfen, und ich folgte ihm in einiger Entfernung auf der anderen Straßenseite. Am Obstmarkt verschwand er im Wirtshaus Täubele, vermutlich hatte er ein Stelldichein. Nach einer Weile ging auch ich hinein, fand ihn jedoch nicht in der Gaststube. Also wandte ich mich an die Bar, wo auch die Zimmerschlüssel an einem Brett hingen. Ich erkundigte mich, ob ein Herr Gasbarra hier ein Zimmer gemietet hätte. Nein, nicht dass man wüsste, war die Antwort. Das Wirtshaus hatte nur einen Ausgang, also musste ich warten. Es ging gegen Mitternacht und ich fror schrecklich. Da sah ich zwei Carabinieri, die ihre Runde machten. Ich erklärte ihnen die Situation und bat darum mir zu helfen.

Nach einer Weile kamen die Männer irgendwie verlegen zurück. „Signora wird keinen Skandal machen, wenn ich sie jetzt zu ihrem Mann führe?" Nein, versicherte ich. Ich will nur die Wahrheit wissen. „Kommen Sie mit. Ihr Mann befindet sich auf Nummer 13." Das war seine Lieblingsnummer.

Ich trat nach dem Offizier ein, wo finster mein Mann stand mit einem blonden Gift. „Was treibst du hier?", herrschte er mich an. „Oh, ich wollte nur sehen, was du hier machst, wo du mir doch versprochen hattest, keine Frauengeschichten mehr anzufangen."

Der Offizier befahl ihm zu folgen. „Diese beiden Personen sind verhaftet und kommen mit mir. Die Signora hat ja nun Zeugen und kann Anklage erheben. Die andere Signora wird morgen als lästige Ausländerin" – sie war eine Deutsche – „sofort über die Grenze geschoben."

Die ganze Wirtstube hatte zugeschaut. Morgen wird ganz Bozen davon wissen und Gasbarra könnte seine Stelle verlieren. Das wollte ich nicht, denn dann hätte ich ihn sowieso auch verloren. Also verzichtete ich auf eine Anzeige und der entgeisterte Offizier ließ beide laufen. Gasbarra verabschiedete sich von dem blonden Gift. Was er sprach, war mir egal. In mir war etwas zerbrochen, woran ich Jahrzehnte geglaubt hatte. Hätte ich nach seinem ersten Seitensprung, damals in Berlin, anders gehandelt, hätte ich ein ganz anderes Leben gehabt. So aber bestand mein ganzes Leben aus Selbstaufgabe, jetzt aus Güte.

Ich hatte keine Tränen, aber ich hatte das Lügennetz zerhauen, und nun hatte ich keine Banden mehr. Ich konnte mir aussuchen, wo ich hingehen könnte. Es würde wohl Brasilien sein. Ein neuer Wind würde unter meine Flügel kommen, andere Eindrücke würden mich freimachen von der Fesselung, die ich mir durch meine Liebe auferlegt hatte. Mir war, als begann in mir ein Aufhorchen nach den Stimmen der Schicksalsgöttinnen, und ich sah die Waage vor mir, in der mein ganzes Leben lag.

Am nächsten Morgen wanderte ich hoch nach Kampenn, wo ich meiner Freundin alles erzählte. Im August vorigen Jahres waren wir sehr glücklich gewesen, aber es hatte sich viel geändert. Wenn ich nun fortginge, so ginge ich ja nicht fort, um mit einem anderen Mann zu leben. Ich wäre bei ihm geblieben – hätte es als Verpflichtung angesehen –, wenn er mich nötiger brauchen würde. Es war mir auch gleichgültig, wenn die Leute von Bozen mich vielleicht als schlechte Frau bezeichnen werden, die ihren Mann alleine lässt. Ich musste weg.

Doris zeigt sich nobel. Sie schreibt an Kanonikus Gamper, er möge Nachsicht mit Gasbarra walten lassen, denn sie weiß, dass man in der Stadt nun mit dem Finger auf ihren Mann zeigen wird, auch in der Redaktion, wo es Leute gibt, denen der „geschmeidige Dottore" schon längst ein Dorn im Auge ist. Gamper hat ein Einsehen und verspricht ihr, seine Hand über Gasbarra zu halten.

Über die Weihnachtszeit macht sich Felix aus dem Staub zu Ilse nach Zürich. Er wird keine Lust gehabt haben, die besinnlichen Tage in eisernem Schweigen auf Kampenn zu verbringen. Bestimmt wird er sich mit Ilse über Doris' bevorstehende Abreise unterhalten haben und dass er keine Eile habe, Kampenn zu verlassen. Ilse, stets unternehmungslustig, kommen dabei auch erste Gedanken eines Zusammenlebens und auch an ein Kind, das sie sich, nun sechsunddreißigjährig, schon lange von ihm gewünscht hat. „Magari" – vielleicht?

———

Mitte Januar überschlagen sich die Nachrichten von Livia, die seit wenigen Wochen auf der Fazenda Araponga lebt. Sie wirft sich mit aller Kraft in ihre neue Lebensaufgabe, engagiert Tagelöhner, lässt die brachen Anbauflächen pflügen, kauft Saatgut und Zuckerrohrsprösslinge, bestellt Ananaspflanzen und macht verheißungsvolle Pläne für die Zukunft der Plantage.

Kaum sind Doris und Claudia nach Brasilien aufgebrochen, macht sich Jo-Jo auf den Weg zu Molz. Ein Wiedersehen mit Folgen.

Fabrizio muss mitansehen, wie ernst es Livia dabei ist. Selbst wenn er aus Liebe eingewilligt hat, dieses Abenteuer mit ihr zu wagen, so erkennt er nun schlagartig, dass seine Frau auf der Fazenda eine andere ist als jene, die er in Neapel und Rio erlebt hat. Das „Bäurische" ihrer Mutter tritt hervor, und Livia lässt keine Zweifel aufkommen, dass ein Leben mit der Natur die wahre Erfüllung und Bestimmung ist. Damit will Fabrizio nicht mithalten. Die Vorstellung, die nächsten zwei, fünf oder gar zehn Jahre weitab von literarischen Zirkeln, Kinos und pulsierenden Avenidas sein Leben an sich vorüberziehen zu lassen, löst Panik aus. Er nimmt Reißaus und kehrt nach Rio zurück.

Livia ist nach wenigen Wochen auf der Fazenda nun ohne Mann, nicht unglücklich, doch zum ersten Mal in ihrem Leben ruft sie um Hilfe. Ihre ansonsten ausführlichen Briefe an die Mutter sind nun kurz und statt mit Schreibmaschine hastig von Hand verfasst. Am 10. Januar 1948 schreibt sie: „Ich bin hier in Araponga augenblicklich alleine umgeben von schwarzen Dienstmädchen, denen ich den Kleinen nicht anvertrauen kann, während ich die Arbeiten tagsüber überwachen müsste. Fabrizio ist in Rio und die Trennung wird wahrscheinlich endgültig sein. Ich wenigstens will es so und deshalb gibt es nur eins – ich brauche Dich hier so schnell wie nur irgend möglich – DRINGEND! Ich warte auf Euch. Ich brauche Euch!" Deutlicher kann eine in Not geratene Tochter nicht sein.

Das Schicksal beschert Doris, die noch vor wenigen Tagen mit dem Leben gehadert hat, eine neue Lebensaufgabe – ganz nach ihrem Gusto. Drei Frauen, die ihre Zukunft in die eigene Hand nehmen, sich von der Willkür und dem Sexus der Männer befreien, loslassen und sich mutig machen – ganz Doris. Frauenleben war schon immer ihr Leitmotiv; in ihren Freundschaften, in ihren Bildern, Zeichnungen und Reportagen. Sie erkennt sich und findet in Livias Hilferuf ihre Bestimmung, nach der sie lange gesucht und um die sie gebangt hat.

Was folgt, ist ein langes Abschiednehmen. Drei Monate mit nervenzehrenden Rennereien um Visa, Zollgenehmigungen, Schiffspassagen und Geldangelegenheiten, sehnsüchtiger Erwartung und Durchhaltebriefen an Livia. Kampenn ist von Aufbruch und Abreise erfüllt. Doris fühlt sich nun stark und so furchtlos wie damals, als der junge Tischlerdichter Felix Gasbarra in ihr Leben getreten ist. Sie verspürt die Schmerzen ihrer Liebe – doch sie leidet nicht mehr.

Mein Geliebtester,

dass Du Dich abquälst und es schwer hast, fühle ich so intensiv, dass ich Dir zu Hilfe eilen möchte, aber ich weiß auch, dass ich Dich allein lassen muss. Nur sollst Du wissen, ich bin da, ich bin ganz da, trotz allem! Meine Segel sind gerichtet und mein Kurs geht auf die Herzmitte. Steig ein, Du, der Du in anderen Gefilden weilst.

Felix kann den Ruf nicht hören – er bleibt zurück. Dass Doris eine große Leere in ihm hinterlässt, kann er sich nicht zugestehen. Was ihn in Wirklichkeit am Leben hält, schreibt er erst viele Jahre später auf: „Kampenn und das Andenken an meine Mutter, denen ich beiden nicht die Schmach antun will, aus diesem Leben desertiert zu sein."

Doris und Felix werden sich nie mehr begegnen.
Tu l'as voulu, George Dandin!

―――

Postskriptum: Ein von Insekten zerfressener Band von August Strindbergs *Buch der Liebe*. Er hat auf dem Grund der tiefen Seekiste überdauert, die im Mai 1948 von Genua nach Rio verschifft wurde. Auf der Umschlagseite hatte sich Doris Homann mit Bleistift eingetragen. Ein kurzer Absatz ist von ihr mit blauer Tinte ergänzt:

„Ein Mann ging treulos von einer Frau und sie brach entzwei. Aber ihr schlimmstes Leiden war die Wahrnehmung, dass er mit einer anderen Frau ging und ihre

Seele besudelte, die er noch mit sich herumtrug. Bis in den Tod hat sie ihn geliebt, sagten die Leute. Das hat sie nicht getan; sie hat ihn gehasst, denn sie musste ihre Seele wiederhaben, und diese Sehnsucht nannte sie lieben."

Bilder von Doris Homann

Seite 349: Selbstbildnis
Seiten 350/351: Das Buch Hiob
Seiten 352/353: Der Tod der Mutter / Die Ertrinkende
Seiten 354/355: Selbstbildnis: Schuldig? Nein! / Das Fotoalbum
Seiten 356/357: Der gestiefelte Tod / Der Racheengel
Seiten 358/359: Contadina / Der Landarbeiter
Seiten 360/361: Aquarell, ohne Titel / Um gol para Brasil

Ich hathan auf,
zu hetzen
Foster bleiben sol,
len die Sterne, wen
sie heran dämmert,
auf licht harre sie,
und keins komme.

Claudia Junge geb. Gasbarra mit dem Bild „Livia und Claudia" ihrer Mutter (Campinas-Sousas, 2022).

Wie es weiterging ...

Doris Homann (1898–1974)
„Das Leben hat einen schönen Klang erhalten. Wenn ich das heute – 1964 – zu schreiben wage, so steht das im Zusammenhang mit jenem Gefühl des Geborgenseins, das mich beschlich, als ich den Arm um meine Tochter legte, die mich in Rio am Kai erwartete." Doris hat ihr Leben wieder in die eigenen Hände genommen. Der Entschluss, die alte Welt hinter sich zu lassen, beglückt zunächst. Voller Zuversicht und mit Mut ist sie aufgebrochen und lässt sich nun auf Brasilien und Livias Abenteuer auf der abgeschiedenen Plantage von Araponga ein.

Doris Homann
(1898–1974)

Sie entdeckt eine „märchenhafte" Welt. „Die Landschaft zieht mich günstig an. Der Regenwald steht sehr hoch und unser Haus duckt sich unter großen Mangobäumen." Drei Jahre wird sie mit ihren Töchtern und dem unter ihrer Obhut heranwachsenden Fabrizio junior, genannt Chippo, auf der Fazenda leben. Sie zeichnet und aquarelliert, meist Landschaften, weiterhin ihre Träume und erstmals Menschen, deren Haut „dunkel, helldunkel, schwarz und schwarzblau schimmert". 1951 stellt sie zum ersten Mal in Rio de Janeiro aus und wird am Salon de Belas Artes gleich mit einer Medaille prämiert.

Doch die Idylle trügt. Trotz guter Erträge wird Livia durch den Gutsbesitzer um ihren Anteil betrogen. Der Versuch, eine Kaffeeplantage zu erwerben, scheitert. Die drei Frauen verlassen die Fazenda und ziehen in die Kleinstadt Miracema, wo Livia den Lebensunterhalt damit verdient, die weit verstreuten Siedlungen des *Interior* mit Medikamenten zu versorgen. „Die Zeit schleicht dahin, trotzdem Abwechslung genug ist."

1952 sind die Ersparnisse aufgebraucht und ein rettender Verkauf von Kampenn ist nicht in Sicht. Doris, Livia und Claudia ziehen nach Rio de Janeiro. Sie mieten im Hafenviertel von Niterói ein geräumiges Haus, wo Doris eine Pension mit Mittagstisch eröffnet. „Alles ist ungeheuer schwer, aber doch durchzuhalten", schreibt sie an Felix, mit dem sie trotz allem in regem Kontakt bleibt, und drängt darauf, die Burg zu Geld zu machen: „Du wirst doch nicht dein ganzes Leben in Bozen sitzen wollen!"

Dieser will nicht darauf eingehen und schiebt ständig Hindernisse vor, die einen Verkauf von Kampenn verunmöglichen sollen. Er weigert sich vehement, das „Luxusobjekt" aufzugeben. Doch Doris kann nicht davon ablassen, ihren Anteil zu fordern, denn sie will sich in Rio für immer sesshaft machen, „obwohl in Brasilien ein für Kunst merkwürdiges Publikum den Ton angibt". Der erbittert geführte Streit um Burg Kampenn wird den Briefwechsel zwischen Doris und Felix bis zu ihrem Lebensende überschatten.

Anfang 1956 übernimmt Doris eine gepflegte Pension für alleinstehende Herren in Copacabana. Dort lernt Claudia ihren zukünftigen Ehemann Günter Junge kennen. Livia, in der Doris den „Geist des Ganzen" erkennt, zieht mit ihrem Sohn nach Ipanema und führt ein rastloses Leben. Der Reihe nach betreibt sie mehrere französische Restaurants, dann einen Schönheitssalon, später auch einen Fernfahrerimbiss mit Tankstelle in Petrópolis. Sie kauft Ländereien im Bundesstaat Pará, pachtet Touristenstrände auf der Morro de São Paulo bei Bahia, handelt mit Immobilien und Bauland und gründet mit sechzig Jahren die erste ökologische Fazenda Brasiliens. Claudia lässt das bewegte Leben ihrer Herkunft hinter sich und zieht mit ihrem Mann in die Stadt Campinas, an deren grünem Rand sie heute noch lebt. Sie ist Mutter von zwei Söhnen, handelt erfolgreich mit brasilianischer Volkskunst und bewirtschaftet – wie alle Homann-Frauen – ein Stück Land mit Hühnerhof, Obstbäumen und Gemüsebeeten.

1961 gelingt es Doris, ein großes Lebensziel zu verwirklichen. Sie baut ihr eigenes Haus. Nach fünfundzwanzig bewegten „Wanderjahren" ist sie endlich frei, um ein selbstbestimmtes Leben führen zu können. Ein kleines, lichtdurchflutetes Malerinnenrefugium hoch über der Bucht von Niterói hat sie sich ausgedacht und angespart. „Ja, als ich mal in Frascati auf der Terrasse stand, dachte ich, da bleibe ich für immer. Wie oft habe ich seither schon gepackt …"

In ihrem Haus findet Doris zur Kunst zurück. Sie schafft ein Spätwerk und ist als Porträtmalerin gefragt. Sie findet Anerkennung und „schreibt zu allem Überfluss ein Buch" – ihre Lebenserinnerungen *Die Quelle*, jenes Manuskript, das hier erstmals in Teilen abgedruckt wird. In ihren letzten Ausstellungen zeigt Doris Werke aus vierzig Jahren.

In Deutschland ist Doris Homann als „Malerin der Moderne" vollkommen in Vergessenheit geraten. 1974 verstirbt sie im Alter von sechsundsiebzig Jahren in Rio de Janeiro. Doch wirkt sie weiter: „Nie ist etwas zu Ende, deshalb ist es schön, wenn das Leben abwechselnd war."

Felix Gasbarra (1895–1985)
„Manchmal kommt es mir wie ein Traum vor, dass ihr so weit fort seid. Möge es zu eurem und unser aller Glück sein. Alles, alles Gute Dir meiner Allerbesten und Geliebtesten am allermeisten – auf ein baldiges Wiedersehen!" Einsam auf Kampenn, überkommt Felix eine Leere, die er mit jener Sehnsucht füllt, die ihn immer schon nur die Fernen lieben lässt. Ein Jahr, so schreibt er an Livia, habe er gebraucht, um sich vom „Schlag" des Alleinseins zu erholen. Doch er glaubt „an diese Gegend" und sieht in Kampenn eine Aufgabe, die er zu lösen hat. Es ist ihm klar, dass er sein Versprechen nachzukommen, nicht einhalten wird – „schicksalsmäßig", schreibt er nach Araponga. In dieser Zeit macht sich Ilse öfters auf Reise zu ihrem Molz. Es müssen schöne Wiedersehen gewesen sein, denn das Paar unternimmt Liebesfahrten nach Florenz oder Venedig und verbringt stille Tage auf Kampenn.

Gasbarra findet Freude am „Schriftstellerischen" und knüpft mit einem neuen Hörspiel an seine Leidenschaft

Felix Gasbarra
(1895–1985)

fürs Radio an. „Schade, dass wir nicht ein paar Stunden zusammensitzen können und so lange sprechen, bis die alte Erinnerung sich wieder mit neuer Arbeit verknüpft", schreibt er auf der Suche nach einer Bestimmung an Piscator.

Im November 1950 telegrafiert ihm Ilse aus Zürich: „Mutter und Kind sind wohlauf." Er wird sich diese Vaterschaft nie zu eigen machen, verbringt aber dennoch im Sommer 1952 zwei Ferienwochen mit Ilse und dem kleinen Gabriel in der Schweiz.

Einmal noch unternimmt Ilse den Versuch, mit Hab und Gut und Sohn zu ihm nach Kampenn zu ziehen.

Der einzige Sommer mit dem „Vater"

Felix wehrt ab: „Ich habe in Erwägung gezogen, zu meiner teuren Familie zu ziehen, falls Du nicht Ruhe geben solltest. Es wäre sozusagen das größte Opfer, das ich Dir noch bringen könnte, und es käme gleich an zweiter Stelle hinter dem Selbstmord. Ich hoffe, dass Du mich nicht dazu zwingen wirst." Ilse gibt klein bei. Und von da an werden Molz und Jo-Jo getrennte Wege gehen, auch wenn sie von Zeit zu Zeit – und das ihr Leben lang – „zueinander flüchten" werden.

Mitte der Fünfzigerjahre gehört Felix Gasbarra zu den erfolgreichen Autoren des Deutschen Hörspiels. Die Fronarbeit bei den *Dolomiten* ist nun Vergangenheit. Kampenn entwickelt sich zur Schreibwerkstatt „eines Mannes, der mit dem Wort nie leichtfertig umgegangen ist", schreibt der Norddeutsche Rundfunk 1958 über seinen „berühmt gewordenen Funk-Autor". Unterstützt wird er von seiner neuen Lebensgefährtin, einer Hamburger Regieassistentin, die ihm Erwin Piscator vermittelt hat. 1960 schreibt Doris nach Bozen: „Wie ich höre, quäkt wieder ein Kind auf Kampenn." Gasbarra ist noch einmal Vater eines Sohnes geworden, den er ebenfalls nicht anerkennen wird.

Felix Gasbarra ist fleißig. Neben den vielen Hörspielen arbeitet er als Übersetzer für den Züricher Diogenes-Verlag, veröffentlicht eine grundlegende Neubearbeitung von Piscators *Das Politische Theater* und schreibt seinen einzigen Roman, *Schule der Planeten,* dessen Hauptfigur zum Ende hin das Bekenntnis ablegt: „Es gibt nichts Trostloseres als die Erreichung aller Ziele und Wünsche, mögen sie nun töricht oder weise gewesen sein."

Kampenn erweist sich für den nun alternden Mann als anstrengend und unbequem. Doch ganz davon lassen kann er noch nicht. Die kalten Winter verbringt er in Hamburg bei seiner Altersfreundin, die Sommer gemeinsam mit ihr auf der Burg. Livia, mit der Felix all die Jahre in inniger Verbindung steht und die ihren Vater „trotz alledem!" liebt, kann endlich eine gütliche Einigung für Kampenn herbeiführen. Die Burg wird verkauft, der Erlös durch vier geteilt, Felix handelt sich eine abgetrennte Wohnung auf Lebenszeit aus. Mit Doris wird er sich nicht mehr versöhnen können. Noch 1973 schreibt sie ihm: „Ja, Pilgersmann, jetzt zu überlegen, wie es anders hätte werden können, hat keinen Zweck. Du da und wir hier und dazwischen der tiefe Abgrund deiner Erlebnisse und unseres Lebens."

Seine letzten Lebensjahre kann Felix nur noch schemenhaft wahrnehmen. Er entschließt sich, in das

Die letzte Station einer langen Lebensreise: Felix Gasbarra im Blindenheim Bozen-Gries.

Blindenheim von Bozen zu ziehen, wo ihn niemand kennt und wo niemand etwas von ihm will. 1985, kurz vor seinem neunzigsten Geburtstag, verstirbt er dort.

An seiner Beerdigung auf dem evangelischen Teil des Bozner Friedhofs steht nur ein Häuflein Menschen. Etwas abseits, eine „vornehm gekleidete Dame, die niemand kannte". Jo-Jo?

Was wurde aus ...

Ilse Heim-Winter (1912–1999)
Meine Mutter Ilse war durch und durch Berlinerin. Schon mit siebzehn Jahren geht sie zum Theater und hat rasch Erfolg. Bis 1933 kann sie auf eine Karriere hoffen – doch als Jüdin darf sie nicht mehr beschäftigt werden. Sie verlässt deshalb Deutschland und folgt Walter Mehring nach Paris, wo sie bis 1937 mit ihm lebt. Danach emigriert sie nach Basel und nimmt dort ein Studium auf. Sehr auf das eigene Leben bedacht, vernachlässigt sie die Hilferufe ihrer Mutter, die 1942 von Berlin nach Minsk deportiert und dort ermordet wird. Ilse wird ihr Leben lang unter diesem Trauma leiden.

1943 heiratet sie den Schweizer Fabrikanten Alfred Heim, zu dem sie nach Zürich zieht. Die Ehe wird bald getrennt, doch nie geschieden. Ilse wird Journalistin. Sie schreibt über Theater, Film, Literatur und verkehrt im intellektuellen Milieu der Stadt. Italien, das sie mit Gasbarra entdeckt hat, bleibt das Land ihrer Sehnsucht.

1961 kauft sie ein stattliches Landhaus am italienischen Ufer des Lago Maggiore. Die Casa Elisabetta im Dörfchen Trarego wird von nun an zum Mittelpunkt ihres Lebens. Die großteils auch vor mir verborgene Vergangenheit Ilses habe ich zehn Jahre nach ihrem Tod ergründet und aufgeschrieben. Daraus wurde mein erstes Buch: *Ich will keine Blaubeertorte, ich will nur raus. Eine Mutterliebe in Briefen.*

Walter Mehring (1896–1981)
An ihn kann ich mich gut erinnern. Er war in den Fünfzigerjahren oft zu Besuch bei Ilse in Zürich. „Für Gabriel

den jungen Engel – von dem greisen ‚Dichter' – Walter Mehring", schrieb er mir in mein Autogrammbuch. Ich konnte nicht ahnen, dass Ilse und Walter einst ein Paar waren, dass Ilse ihn für Gasbarra verlassen hat und er alles wusste, was ich erst Jahrzehnte später erfahren sollte.

Mehring, dessen Bücher die Nazis verbrannt haben und auf deren Todeslisten er ganz oben stand, flieht nach Paris, wo er mit Ilse in kleinen Hotels lebt und wie viele seiner Berliner Emigrantenfreunde in den Cafés des Quartier Latin gegen den braunen Terror anschreibt. 1940 flieht Mehring nach Südfrankreich, wo er in ein Internierungslager verbracht wird. Es gelingt ihm, sich nach Marseille durchzuschlagen. Im letzten Augenblick besorgt ihm das Emergency Rescue Committee Papiere zur Ausreise nach den USA. Seine betagte Mutter wird deportiert und ermordet. Mehring kehrt erst 1953 nach Europa zurück.

Der Ur-Dadaist Walt Merin, so sein Pseudonym, war gemeinsam mit Kurt Tucholsky der Begründer des politisch-literarischen Kabaretts in Berlin. Zu seinen bekanntesten Werken gehören der Roman *Müller. Chronik einer deutschen Sippe* und *Die verlorene Bibliothek. Autobiographie einer Kultur.* Sein Grab befindet sich in Zürich.

Erwin Piscator (1893–1966)
„Piscator war ein einflussreicher Avantgardist der Weimarer Republik, der das Theater unter Ausweitung der bühnentechnischen Möglichkeiten zum ‚politischen Tribunal' umfunktionierte", charakterisiert Wikipedia den Mann, der Gasbarra – trotz Turbulenzen und Dissonanzen – vierzig Jahre lang die Freundschaft und unverbrüchliche Kameradschaft gehalten hat. Mit dem von ihm geschaf-

fenen *Politischen Theater* und seinen Inszenierungen an den Berliner „Piscator-Bühnen" schreibt er Theatergeschichte. Auch wenn diese große Zeit nur gerade zehn Jahre dauern konnte, gilt Erwin Piscator bis heute als der bahnbrechende Erneuerer der Sprechbühne im 20. Jahrhundert.

1931 verlässt Piscator Deutschland, um zunächst in der Sowjetunion, dann in Paris und ab 1939 in New York zu arbeiten. Erst 1951 – auch Gasbarra hätte ihn früher zurückerwartet – kehrt Erwin Piscator nach Deutschland zurück. Nach schwierigen Jahren als Gastregisseur tritt er 1962 seine einzige und auch letzte Theaterintendanz an der Berliner Freien Volksbühne an. Mit den späten Inszenierungen von Peter Weiss' *Die Ermittlung* und Rolf Hochhuths *Der Stellvertreter* schafft Piscator noch einmal „bedeutende und erregende" Theaterereignisse.

Franz Jung (1888–1963)
Als Franz Jung und Felix Gasbarra sich zum ersten Mal in Berlin begegnen, hat Jung schon ein bewegtes Leben hinter sich. Er ist im Ersten Weltkrieg desertiert, hat Gefängniserfahrung, schreibt Romane, ist Wirtschaftsredakteur und Dada-Aktivist. Seine frühen Theaterstücke werden von Piscators „Proletarischem Theater" aufgeführt. Er verkehrt mit vielen, die Felix und Doris erst noch kennenlernen sollten: John Heartfield, George Grosz, Käthe Kollwitz. Jung ist „Spartakus"-Kämpfer und fährt – auf einem gekaperten Fischkutter – in die Sowjetunion, um sich mit Lenin und Bucharin zu treffen. Von seiner zweiten Fahrt in die Sowjetunion, wo er zeitweilig auch marode Fabriken saniert, kehrt er 1923 illegal nach Berlin zurück. In dieser Zeit freundet er sich mit Gasbarra

an. Ende der Zwanzigerjahre arbeitet er in Piscators „Dramaturgischem Büro" mit.

Den Krieg überlebt Jung mit Geschick und Glück in Budapest. 1945 wird er auf seiner Flucht verhaftet und in das KZ Bozen verbracht. Nach der Befreiung bleibt er zunächst in Südtirol. Da begegnen sich Franz und Felix nach langer Zeit wieder. Auch wenn Jung dem „Genossen" Gasbarra den Seitenwechsel nicht nachsehen mag, besucht er ihn oft auf Kampenn.

1948 wandert Franz Jung in die USA aus, wo er erneut als Wirtschaftskorrespondent arbeitet. 1960 kehrt er nach Europa zurück. Ein Jahr darauf erscheint seine Autobiografie *Der Weg nach unten*. Sein umfangreiches Gesamtwerk wurde von der Edition Nautilus seit 1982 neu aufgelegt.

Otto Katz (1895–1952)

Otto Katz ist tschechisch-jüdischer Abstammung. 1921 zieht er nach Berlin, wo er Mitglied der Kommunistischen Partei (KPD) wird. Erwin Piscator engagiert den tüchtigen Organisator 1927 als Verwaltungsdirektor seiner Bühnen. Nach der Pleite, die auch Katz in Misskredit bringt, reicht ihn Piscator an den roten Pressezaren Willi Münzenberg weiter, dessen engster Mitarbeiter er wird. 1931 übernimmt Katz die deutsche Geschäftsführung von Münzenbergs Moskauer Filmproduktion Meshrabpom, die zwischen 1931 und 1934 auch Erwin Piscators einzigen Spielfilm *Der Aufstand der Fischer* produziert.

Katz lernt Russisch und wird an der Internationalen Lenin-Schule zum Spion ausgebildet. 1933 ruft ihn Münzenberg nach Paris, wo er die Herstellung des *Braunbuchs über Reichstagsbrand und Hitlerterror* leitet. 1934 folgt ein zweiter Band, den Gasbarra – vermutlich mit

Wissen von Katz – an Doris nach Schreiberhau schicken lässt. Auch Ilse, mit der Otto Katz in Paris befreundet ist, wird als Kurier in die gefährliche Verbreitung der *Braunbücher* in Deutschland eingespannt.

Nach Ausbruch des Krieges lebt Katz zunächst in den USA. Von dort aus wird er als illegaler Funktionär Moskaus nach Mexiko entsandt. Gegen Ende des Krieges vertritt Katz unter dem Eindruck der Ermordung von Vater und Bruder im Holocaust zionistische Positionen.

1946 kehrt er in seine ursprüngliche Heimat zurück, wo ihm einige Regierungsämter übertragen werden. Im sogenannten Slánský-Prozess, bei dem eine vorgebliche „trotzkistisch-zionistische Verschwörung" in der Tschechoslowakei aufgedeckt werden sollte, wird Otto Katz 1952 zum Tod verurteilt und im Prager Pankrác-Gefängnis „unter den Galgen geführt". Im Januar 1953 schreibt Gasbarra an Piscator: „Zu O. K. kann ich nur sagen, ich hatte ihn für gescheiter gehalten."

Familie Kürschner (Freitod am 11. März 1939)
Die Kürschners stammen aus Budapest. Nach dem Ersten Weltkrieg ziehen sie nach Berlin, wo Renée (*1895), Eugen (*1890) und Arthur (*1887) unter dem strengen Blick der Mutter Leonore (Geburtsdatum unbekannt) Karriere machen. Arthur steigt bei der Berliner Funkstunde zum Leiter der Aktuellen Abteilung auf, Eugen ist Produktionsleiter an den Filmstudios von Neu-Babelsberg und Renée wird eine junge, vielversprechende Schauspielerin. 1933 verlieren sie als Juden zunächst ihre Stellungen und bald darauf auch alle Arbeitsmöglichkeiten.

Die Schrecken des Terrors gegen alles Jüdische veranlassen die Kürschners zur Flucht aus Deutschland.

„Jeder mit zwei Koffern. Ihre große, herrschaftliche Wohnung im Berliner Westen blieb mit allem, was drin war, zurück. Sie hatten das nackte Leben gerettet", schreibt Doris über die letzte Tage der Kürschners in Nazideutschland. Nach einem kurzen Aufenthalt in Venedig beschließen sie, nach Rom weiterzuziehen, wo sie bessere Möglichkeiten für sich sehen.

Doch auch in Italien treten nun scharfe antijüdische Dekrete in Kraft. Im November 1938 werden die Maßnahmen „zum Schutz der Italienischen Rasse" Gesetz. Kurz darauf wird verfügt, dass alle ausländischen Jüdinnen und Juden das Land bis zum 12. März 1939 zu verlassen haben. Leonore Kürschner und ihre drei Kinder sehen keinen Ausweg mehr für sich, zudem sind ihre Mittel beinahe aufgebraucht. Ein Tag vor dem Inkrafttreten des Abreisebefehls besteigen sie in Taormina auf Sizilien ein kleines Boot: „Wir alle vier werden heute freiwillig, unfreiwillig sterben. Zum Abschied vom Leben haben wir uns einen der schönsten Plätze ausgesucht."

Der gemeinsame Freitod der Familie ruft unter Emigranten Entsetzen hervor – heute ist er vergessen.

Quellenverzeichnis

Originalmanuskripte

Doris Homann: Die Quelle. Unveröffentlichtes Typoskript, 240 Seiten. Entstehungszeit 1964/65. Nachlass Doris Homann, im Besitz von Claudia Junge geb. Gasbarra, Sousas (BR).

Archive und Sammlungen

Archiv der Akademie der Künste, Berlin
Erwin-Piscator-Center (EPC) und Erwin-Piscator-Sammlung
Bertolt-Brecht-Archiv
Leopold-Lindberg-Archiv
John-Heartfield-Archiv
Friedrich-Wolf-Archiv
Archivio Centrale dello Stato (Rom)
Berlinische Galerie Künstler*innen Archive
Bundesarchiv (Berlin)
Institut für Zeitgeschichte, Hamburg
Staatsbibliothek zu Berlin
Stadtarchiv Bozen
Stadtarchiv Zürich
Universität Innsbruck, Brenner-Archiv

Privatarchive

Gabriel Heim, Basel (CH) – darin: Korrespondenz Felix Gasbarra mit Ilse Heim-Winter

Claudia Junge geb. Gasbarra, Sousas (BR) – darin: Korrespondenz Felix Gasbarra mit Livia Gasbarra/Doris Homann mit Livia Napoletani-Gasbarra/Livia Napoletani-Gasbarra mit Doris Homann

Sekundärliteratur

Jakob Altmaier: Wie es anfing! – Zur Geschichte des Piscator-Theaters. In: Das Politische Theater. Berlin 1929.

Jörg Becker: Ernst Friedrich und seine Schockfotos aus dem Ersten Weltkrieg. In: Medien im Krieg – Krieg in den Medien. Wiesbaden: Springer Fachmedien 2016.

Bertolt Brecht: Briefe 1 (1913–1936), bearb. von Günter Glaeser unter Mitarb. von Wolfgang Jeske und Paul-Gerhard Wenzlaff. Frankfurt am Main: Suhrkamp 1998.
Elisabeth Castonier: Stürmisch bis heiter – Memoiren einer Außenseiterin. München: Nymphenburger Verlagsanstalt 1964.
Max Dessoir: Buch der Erinnerung. Stuttgart: Ferdinand Enke 1946.
Eugen Dollmann: Roma Nazista. Milano: RCS Libri 2002.
Felix Gasbarra: Walpurgisnacht. Berlin: Malik 1922.
Hermann Haarmann/Christoph Hesse (Herausg.): Briefe an Bertolt Brecht im Exil (Band 1: 1933–1936). Berlin: De Gruyter 2014.
Gabriel Heim: „Ich will keine Blaubeertorte, ich will nur raus." Eine Mutterliebe in Briefen. Berlin: Quadriga-Verlag 2013.
Jost Hermand/Frank Trommler: Die Kultur der Weimarer Republik. München 1978.
Max Herrmann-Neiße: Briefe, Bd. 2 (1929–1940). Herausg. von Klaus Völker und Michael Prinz. Berlin: Verbrecher 2012.
Richard Huelsenbeck: Reise bis ans Ende der Freiheit. Autobiografische Fragmente. Heidelberg: Lambert Schneider 1984.
Gianni Isola: Una radio allo sbando: l'8 settembre 1943 ai microfoni dell'Eiar. Mélanges de l'école française de Rome 1996.
Franz Jung: Der Weg nach unten. Aufzeichnungen aus einer großen Zeit. Hamburg: Edition Nautilus 2013.
Klaus Mann: Tagebücher 1944 bis 1949. München: edition spangenberg 1991.
Hede Massing (Gumperz): Die große Täuschung. Freiburg: Herder 1967.
Walter Mehring: Ode an Berlin. In: Ders.: Und euch zum Trotz. Chansons, Balladen und Legenden. Paris: Europäischer Merkur 1934.
Alfred Mühr: Kulturbankrott des Bürgertums. Dresden, Berlin: Sibyllen 1928.
N. N.: Versuch einer Rekonstruktion: Internationale Ausstellung Revolutionärer Künstler 1922 in Berlin. Neuer Berliner Kunstverein 1975.
Cesare Pavese: Der Genosse. Übersetzung Maja Pflug. Zürich: Rotpunkt 2019.
Eva Pfanzelter: Südtirol unterm Sternenbanner. Bozen: Edition Raetia 2005.
Erwin Piscator/Mitarbeit Felix Gasbarra: Das Politische Theater. Berlin 1929.

Erwin Piscator: Zeittheater. Das Politische Theater und weitere Schriften. Neubearbeitet von Felix Gasbarra. Hamburg: Rowohlt 1986.

Erwin Piscator: Briefe Band I–IV. Herausg. von Peter Diezel. Berlin: B&S Siebenhaar Verlag 2004.

Alexander Rodtschenko: Ossip Brik. LEV 1924.

H. G. Rudolph: Kurze Geschichte des Rettungshauses zu Schreiberhau. Schreiberhau 1852.

Hans-J. Weitz: Drei jüdische Dramen mit Dokumenten zur Rezeption. Göttingen: Wallstein 1995.

Alfred Wolfenstein. In: Das Programm der Piscatorbühne, Nummer 1, 1927 Berlin, Faksimile d. Originalausgabe. Archiv Verlag, Braunschweig 1995.

M. de Wyss: Rome under the Terror. London: Robert Hale Limited 1945.

Zeitungen und Zeitschriften

Felix Gasbarra. In: Welt am Abend, Berlin, 28. Januar 1928.

Carl von Ossietzky: Die Kaufleute von Berlin. In: Die Weltbühne, 25. Jg., Nr. 38, 17. September 1929.

Felix Gasbarra. In: Berlin am Morgen, Berlin, 20. Juli 1930.

Felix Gasbarra. In: Berlin am Morgen, Berlin, 11. Okt. 1931.

Felix Gasbarra: Cinema e Teatro. In: Intercine, VII, Nr. 11. Rom, November 1935.

Arthur Hollitscher. In: Die Weltbühne, 8. März 1927.

Alfred Kerr. In: Berliner Tageblatt, 4. September 1927.

N. N. In: Vorwärts, Berlin, 5. September 1927.

N. N. In: Corriere Della Sera, 11. Mai 1936.

Ilse Reicke: Eine Mutter, die das Grausen malte. In: Mutter- und Kinderland, April 1936, SAdK, Berlin John-Heartfield-Archiv 120

Johann Tschurtschenthaler: Das Wiedererscheinen der „Dolomiten" im Jahr 1945. In: Dolomiten, 6. Dezember 1952

Transkriptionen

Interview mit Felix Gasbarra am 4. Dezember 1969. Institut für Zeitgeschichte Hamburg (Akz. 5974/79)

Gespräch mit Felix Gasbarra in „Mosaik der Momente", Österreichischer Rundfunk (ORF), Moderation Otto Grünmandl, Brenner-Archiv (Magnetband), Universität Innsbruck

Korrespondenz

Akademie der Künste, Berlin (AdK):
Erwin Piscator an Carl Piscator, 13. September 1923, Erwin-Piscator-Sammlung
Felix Gasbarra an Otto Katz 18. Juli 1934, AdK EPC 3245
Erwin Piscator an Felix Gasbarra, 22. Juli 1934, AdK EPC, Gasbarra-Bestand – zitiert nach Erwin Piscator: Briefe, Bd. 1: Berlin–Moskau (1909–1936). Herausg. von Peter Diezel. Berlin: B&S Siebenhaar Verlag 2004.
Otto Katz an Felix Gasbarra, 24. Juli 1934, AdK EPC 3245
Erwin Piscator an Felix Gasbarra, 12. Mai 1935, Berlin, AdK EPC, Gasbarra-Bestand
Felix Gasbarra an Erwin Piscator, 5. September 1946, AdK EPC 1077
Felix Gasbarra an Erwin Piscator, 17. November 1946, AdK EPC 1046
Felix Gasbarra an Leopold Lindtberg, 28. November 1946, AdK Lindtberg 1286
Erwin Piscator an Felix Gasbarra, 12. März 1947, AdK EPC
Felix Gasbarra an Erwin Piscator, 9. Mai 1947, AdK EPC, Gasbarra-Bestand
Felix Gasbarra an Erwin Piscator, 20. Juli 1947, AdK EPC 4499
Erwin Piscator an Friedrich Wolf, 8. September 1947, AdK Friedrich-Wolf-Archiv
Felix Gasbarra an Erwin Piscator, 10. Oktober 1947, AdK EPC 2625
Felix Gasbarra an Erwin Piscator, 13. Januar 1948, AdK EPC 1077
Felix Gasbarra an Erwin Piscator, 11. September 1953, AdK EPC 1080
Felix Gasbarra an Erwin Piscator, 26. Januar 1954, AdK EPC 2627

Staatsarchive

Archivio Centrale dello Stato (Rom), Direzione Generale Pubblica Sicurezza, A1, Informazioni su persone 1911–1943, 0001738 – scaffale 20 – Gasbarra Felice (Felix)
Bundesarchiv (Berlin), Barch RKK-Kartei Felix Gasbarra, 7. Dezember 1895, Berlin Document Center (BDC), R 9361-V/19115

Historische Bild- und Tonquellen

Der Duce in Berlin. https://www.youtube.com/watch?v=IPUMvD3imDc (abgerufen: 6. Februar 2023)

Bildnachweis

Die Quellen sowie die Rechtsinhaber der verwendeten Bilder sind unten stehend aufgelistet. Etwaige Rechtsinhaber, die nicht ausfindig gemacht bzw. nicht kontaktiert werden konnten, werden gebeten, sich mit dem Verlag in Verbindung zu setzen.

Antiquariat Ulrich Heider, Köln: 350/351
Archivio Centrale dello Stato, Rom: 22, 178
Paula Baumgarten, Bozen: 370
Bundesarchiv, Berlin: 47
Das Programm der Piscatorbühne, Nummer 1, September 1927: 100
Julian Gumperz (Hrsg.): *Platz dem Arbeiter. Erstes Jahrbuch*. Berlin: Malik, 1924: 50
Jüdisches Museum Berlin, Berlin: 155
Nachlass John Heartfield, The Heartfield Community of Heirs/ VG Bild-Kunst, Bonn: 69
Gabriel Heim, Basel: 25, 27, 135, 137, 236, 242, 261, 308, 345, 362, 367, 368, 383
Nachlass Doris Homann, Campinas-Sousas/Brasilien: 8, 30, 42, 52, 78, 108, 116, 120, 123, 131, 168, 192, 204, 210, 213, 221, 227, 253, 256, 264, 271, 273, 294, 304, 310, 315, 339, 349, 352–361, 363
Nachlass Margarete Kubicka und Stanislaw Kubicki, Berlin: 51
Regine Mahrer, Basel: 360
Peter Masten, Bozen: 269
walter-mehring.info: 147
Moskauer Fotomuseum/culture-images/fai: 83
Multimedia Art Museum, Moskau/Collection of L. Brik, Wassily Katanian: 85
Neuer Berliner Kunstverein, Berlin: 81
Erwin Piscator: *Das Politische Theater*. Berlin: Adalbert Schultz 1929: 93, 128, 148
Staatsbibliothek zu Berlin, Berlin: 121, 152
Stadtarchiv Zürich, Zürich: 187
Alfred Tschager Photography, Karneid: 12, 311, 335

Danksagung

Dieses Buch hat viele Väter, ohne die nicht hätte aufgeschrieben werden können, was der eigene Vater verschwinden ließ. Da sind zunächst die vielen bereichernden Begegnungen und Gespräche in Bozen zu nennen, in denen Erinnerungen an Felix Gasbarra lebendig wurden. Zu danken ist dem Historiker Davide Jabes, der sich während der Pandemie der römischen Archiv-Quarantäne zum Trotz auf die Fährten von Felice Gasbarra, Alfredo Stendardo und Graf Basta begeben hatte. Zu Gasbarras Theaterlaufbahn gab mir der Berliner Piscator-Biograf Hermann Haarmann bei Fragen zum *Politischen Theater* wertvollen Rückhalt. In Bozen ermöglichte mir die anhaltende Gastfreundschaft von Peter Masten die Entdeckung der Hinterlassenschaften von Doris und Felix auf Burg Kampenn. Dank auch dem Verleger Thomas Kager für die aufmerksame Gestaltungsarbeit und der Literaturförderung der Stadt Basel für den Zuschuss zur Finanzierung meiner Forschungsreisen.

Wo Väter sind, ist stets auch einer Mutter zu danken. Das kann an dieser Stelle nur Doris Homann sein, deren Lebenserinnerungen *Die Quelle* Herz und Seele meiner Vatersuche sind. Was sie mit Leben erfüllt, wäre jedoch ohne die stille Bewahrung durch Livia und Claudia unwiederbringlich geworden. Dank auch an Beate Kosmala, die mich im September 2021 nach Schreiberhau begleitet hatte, und natürlich meiner Frau Regine Mahrer, die während meiner ausgedehnten Reisen in die Vergangenheit stets um das Gegenwärtige besorgt war. Bleibt meine spät verbundene Vater-Schwester Claudia, deren Innigkeit ein Geschenk des Leben ist.

Mit freundlicher Unterstützung der Südtiroler
Landesregierung, Abteilung Deutsche Kultur

Der Abdruck der Zitate von Franz Jung erfolgt mit
freundlicher Genehmigung der Edition Nautilus.

© Edition Raetia, Bozen
1. Auflage, 2023

Lektorat: Verena Zankl
Korrektur: Helene Dorner
Umschlaggrafik: Philipp Putzer, www.farbfabrik.it
Umschlagfoto: Nachlass Doris Homann
Druckvorstufe: Typoplus
Printed in Europe

ISBN: 978-88-7283-873-0
ISBN E-Book: 978-88-7283-899-0

Unser Gesamtprogramm finden Sie unter www.raetia.com.
Bei Fragen und Anregungen wenden Sie sich bitte an
info@raetia.com.